1 あいさつ p.1

2 紹介 p.15

3 日常生活 p.29

4 お礼を言う・あやまる p.34

5 祝う・なぐさめる p.39

6 呼びかけ・質問 p.47

7 肯定・否定 p.54

8 能力・可能性 p.59

9 感情表現 p.64

10 意見・好み・願望 p.73

11 誘う・約束 p.90

12 許可・依頼 p.99

13 数・時間の表現 p.107

14 現在と過去の出来事 p.120

15 未来の予定 p.129

＊後半は巻末に

Daily
Japanese-Italian-English
Dictionary of Conversation

デイリー日伊英
3か国語会話
辞典 カジュアル版

藤村昌昭 [監修]
三省堂編修所 [編]

© Sanseido Co., Ltd. 2007

Printed in Japan

装丁　三省堂デザイン室
装画　内山洋見

はじめに

　海外旅行や日常生活の場面で，さまざまな外国語とふれあう機会が，一昔前に比べると飛躍的に増えています．むずかしいことはさておき，まずは「こんにちは．Buongiorno!/ボンジョルノ/」のひとことで見も知らぬ外国の人と意思を通わせることができたら，旅や出会いの楽しさも倍増するのではないでしょうか．この辞書は，そんな読者を後押しするために作りました．

　全体を 27 の状況に分けて，それぞれの場面でよく使われる表現を集めました．イタリア語にはカナ発音が付いています．
　『3か国語』のタイトルどおり，英語も示してありますので，イタリアならではの文化を英語で表現する楽しみも味わっていただけることと思います．
　「トレヴィの泉」「ヴェローナの野外劇場」など，実際の場面を想定した会話のやりとり（シミュレーション）も収めました．また，まとめて覚えると効率のよい関連語や知っておくと得するミニ情報のコラムもあります．巻末には，日伊・伊日単語帳も付いているので，看板や掲示でよく見かける単語を勉強することもできます．

　本書は，監修を大阪外国語大学教授　藤村昌昭先生にお願いいたしました．株式会社ジャレックスには編集作業全般にご協力いただきました．ハンディで見やすいこの辞書とともに，Buon viaggio! /ブオンヴィアッジョ/ 楽しい旅を！

　2006 年　12 月

三省堂編修所

* 本書は 2007 年版を新たな判型のカジュアル版として刊行したものです．

基本文法
■アルファベット (21文字)

A	B	C	D	E	F	G	H	I	L	M
a	b	c	d	e	f	g	h	i	l	m
ア	ビ	チ	ディ	エ	エッフェ	ジ	アッカ	イ	エッレ	エンメ

N	O	P	Q	R	S	T	U	V	Z
n	o	p	q	r	s	t	u	v	z
エンネ	オ	ピ	クウ	エッレ	エッセ	ティ	ウ	ヴ	ゼータ

* 主に外来語に用いられる5文字

J	K	W	X	Y
j	k	w	x	y
イ・ルンゴ	カッパ	ドッピオ・ヴ	イクス	イプスィロン (イ・グレーコ)

■アクセント (カタカナ表記の太字との対応)

1. イタリア語のアクセントは,音の強弱ではなく,音の「長さ」と「高低」を利用.

   ① 長音 [ー]: 他の音節よりも少し長めに.
      amico (ア**ミ**ーコ), bambino (バン**ビ**ーノ), vino (**ヴィ**ーノ)
   ② 促音 [ッ]: 二重子音の前では少し詰まって.
      gatto (**ガ**ット), fatto (**ファ**ット), letto (**レ**ット)
   ③ 撥音 [ン]: 二重子音と同様に長く伸ばさずに.
      mamma (**マ**ンマ), donna (**ド**ンナ), anno (**ア**ンノ)
   ④ [l, r, s +子音] の前の母音も,特に長く伸ばさずに.
      forte (**フォ**ルテ), molto (**モ**ルト), posto (**ポ**スト)

2. アクセントの位置

   ① 語尾から2番目の音節 (母音) が最も多い.
      i-ta-li-**a**-no (イタリ**ア**ーノ), giap-po-**ne**-se (ジャッポ**ネ**ーゼ)
   ② 語尾から3番目の音節にある単語には要注意.
      te-**le**-fo-no (テ**レ**フォノ), **mu**-si-ca (**ムー**ズィカ)
   ③ 語尾にある場合はアクセント記号 [`] (右下がり) を付す.

città (チッタ), caffè (カッフェ), lunedì (ルネディ)
*[-e] の場合に左下がり [`] が好まれるもの：né, sé, perché, ventitré

■語尾切断 (トロンカメント) の法則

単語の語尾が (-[l, n, r]+[o, e]) の場合，必要に応じて母音 [o, e] を省略でき，省略記号 (アポストロフィ) は不要.
signore → signor, avere → aver, Quale è? → Qual è?

■イタリア語とローマ字

アクセントの「長音 (‐)」の特徴にだけ注意すれば，イタリア語の発音はローマ字式で十分に対応できますが，ここでは特にヘボン式とは異なる表記や日本人には区別が困難と思われる発音だけを ABC 順にまとめておきます.

1) C の文字で日本語の「カ行」「チャ行」の音を区別 (特に太字に注意).
   ca (カ), **che** (ケ), **chi** (キ), co (コ), cu (ク)
   cia (チャ), **ce** (チェ), **ci** (チ), cio (チョ), ciu (チュ)
2) D の文字では日本語の「ダ行」にない「di (ディ)」と「du (ドゥ)」に注意.
   da (ダ), de (デ), **di** (ディ), do (ド), **du** (ドゥ)
3) G の文字で 4 種類の音を区別.
   ga (ガ), **ghe** (ゲ), **ghi** (ギ), go (ゴ), gu (グ)
   gia (ジャ), **ge** (ジェ), **gi** (ジ), gio (ジョ), giu (ジュ)
   glia (リァ), **glie** (リェ), **gli** (リィ), **glio** (リォ), **gliu** (リゥ) *
   語中では「ッリ」: famiglia (ファミッリア)
   gna (ニャ), **gne** (ニェ), **gni** (ンニ), **gno** (ニョ), **gnu** (ニュ)
4) H の文字は日本語の「ハ行」ではなく無音.
   ha (ア), **hi** (イ), **ho** (オ)
5) L を使った「ラ行」は，舌の先を歯茎に押しつける感じで.
   la (ラ), le (レ), **li** (リ), lo (ロ), lu (ル)

6) Nの文字は日本語の「ナ行」と「ン」にあてるが，p, b, m の前ではMの文字.

   sempre (センプレ), bimba (ビンバ), mamma (マンマ)

7) Qは常に母音 [u] を従えて用いられ，「ウ」を無視しないこと.

   qua (クワ), que (クエ), qui (クィ), quo (クオ), qu (クゥ)
   *acqua (アックワ)

8) Rを使った「ラ行」は，日本語よりも舌の先を震わせて.

9) Sの文字で4種類の音を区別. 特に「si (スィ)」と「sci (シ)」に注意.

   sa (サ), se (セ), **si** (スィ), so (ソ), su (ス)
   * 母音間では「ザ行」にも: casa (カーサ) / (カーザ)
   scia (シャ), sce (シェ), **sci** (シ), scio (ショ), sciu (シュ)
   sca (スカ), sche (スケ), schi (スキ), sco (スコ), scu (スク)

10) Tの文字の「タ行」では，特に「ti (ティ)」と「tu (トゥ)」に注意.

    ta (タ), te (テ), **ti** (ティ), to (ト), **tu** (トゥ)

11) Vの文字には「ヴ」をあて，「バ行」にならないように.

    va (ヴァ), ve (ヴェ), vi (ヴィ), vo (ヴォ), vu (ヴ)

12) Zの文字は日本語の「ツ」で対応. 濁音「ヅ」は「ザ行」でもOK.

    za (ツァ), ze (ツェ), zi (ツィ), zo (ツォ), zu (ツ)
    za (ザ), ze (ゼ), zi (ズィ), zo (ゾ), zu (ズ)

■ **音の連続性と抑揚**

イタリア語は「滑らかな音の連続」を大切にしますから，カタカナ表記の「太字」を目印に音の「まとまり」をつかんでください．なお，疑問詞を使った表現では，通常，最後の部分で音調を「上げる」必要はありませんが，カタカナ表記に「？」がある場合は軽く上げてください．

「今晩テレビで何かいいのある？」

C'è qualcosa di bello stasera alla televisione?

チェクワルコーザディベッロ スタセーラ アッラテレヴィズィ**オ**ーネ？

■名詞の性・数と語尾母音の対応

男性（単→複）	女性（単→複）
-o → -i	-a → -e
-e → -i	

■形容詞の語尾母音の対応

基本形 [-o]	
男性（単→複）	女性（単→複）
-o → -i	-a → -e

基本形 [-e]	
男性（単→複）	女性（単→複）
-e → -i	-e → -i

* 本文中の付記 (-a, -i, -e) は主語に対応した語尾で，男女混合の複数は (-i).

■冠詞（不定冠詞，部分冠詞，定冠詞）

		不定冠詞	部分冠詞	定冠詞	次に来る語の先頭の音
男性	単	un	del	il	大部分の子音
	複	-	dei	i	
	単	un	dell'	l'	母音 *省略形 (un') は用いない
	複	-	degli	gli	
	単	uno	dello	lo	S＋子音, Z gn, pn, ps, x
	複	-	degli	gli	
女性	単	una	della	la	子音
	複	-	delle	le	
	単	un'	dell'	l'	母音 *una も用いられる
	複	-	delle	le	

1. 部分冠詞は「若干の数量」を意味し，数えられる名詞には「複数形」，数えられない名詞 (液体・気体・顆粒・塊) には「単数形」：dei libri, dell'olio
2. 形容詞 buono の不定冠詞に対応した語尾変化
   un – buon, uno –buono, una – buona, un' – buon'
3. 定冠詞に対応した語尾変化
   quello: il – quel, i – quei, lo – quello, gli – quegli,
   　　　　l' – quell', la – quella, le – quelle
   bello: il – bel, i – bei, lo – bello, gli – begli,
   　　　 l' – bell', la – bella, le – belle

■冠詞前置詞 (前置詞＋冠詞)

前置詞	定冠詞・男性形					定冠詞・女性形	
	il	i	lo	gli	l'	la	le
a	al	ai	allo	agli	all'	alla	alle
di	del	dei	dello	degli	dell'	della	delle
da	dal	dai	dallo	dagli	dall'	dalla	dalle
in	nel	nei	nello	negli	nell'	nella	nelle
su	sul	sui	sullo	sugli	sull'	sulla	sulle
con	(col)	(coi)	*di → de-, in → ne-				

■人称代名詞 (特に太字の区別に注意)

人称	主格	再帰	間接	直接	強調・後置形
1 単	io	mi	mi	mi	**me**
2 単・親称	tu	ti	ti	ti	**te**
2 単・敬称	Lei	si	**Le**	**La**	Lei
3 単・男	lui	si	**gli**	**lo**	(a) lui
3 単・女	lei		**le**	**la**	lei
1 複	noi	ci	ci	ci	noi
2 複	voi	vi	vi	vi	voi
3 複	loro	si	**gli**	**li/le**	loro

1. ci (< noi), vi (< voi): 場所の副詞「そこで（に）」の意味にも：
   c'è…, ci sono…
2. 後置・強調形は前置詞と共に用いられる場合にも適応：
   con me, per te, a Lei
3. 間接（人に）[mi, ti, si, gli / le (Le), ci, vi, gli] と直接（〜を）
   [lo, la (La), li, le, ne] を併用する場合は,
   [me, te, se, glie-, ce, ve, glie-] + [lo, la (La), li, le, ne]
   *ne: 日本語の「単位」の意味や，主に前置詞句 (di…) を代用．
4. 基本的な位置
   ①活用している動詞の直前：Come si chiama?
   ②不定詞の語尾：Piacere di conoscerLa.

■所有形容詞 (男性・複数形と loro の語尾に注意)

主格	男性 単数(複数)	女性 単数(複数)	主格	男性 単数(複数)	女性 単数（複数）
io	mio (miei)	mia (mie)	noi	nostro (-i)	nostra (-e)
tu	tuo (tuoi)	tua (tue)	voi	vostro (-i)	vostra (-e)
Lei	Suo (Suoi)	Sua (Sue)	Loro	Loro(Loro)	Loro(Loro)
lui/lei	suo (suoi)	sua (sue)	loro	loro(loro)	loro(loro)

*原則として冠詞(主に定冠詞)を添える：il mio libro（私の本）

*親族関係の名詞の「単数形に前置」させる場合に限り定冠詞を省略（mio padre）するが，以下の場合には原則に戻って定冠詞を添える．

1. 複数形：mio fratello → i miei fratelli（私の兄弟）
2. loro: il loro padre, i loro fratelli
3. 他の形容詞と併用：il mio fratello maggiore（私の兄）
4. 縮小辞などによる変形：mia sorella → la mia sorellina(幼い妹)

■疑問詞 (基本形と前置詞との併用形)

1. Quando?「いつ」: Da quando?「いつから」
2. A che ora?「何時に」: Fino a che ora?「何時まで」
3. Dove?「どこで (へ)」: Da dove?「どこから」
4. Chi?「誰が / 誰を」: Con chi?「誰と (一緒に)」
5. Che cosa? / Cosa?「何を / 何が」
6. Quale?「どれ (どの〜)」 *名前，住所，電話番号にも．
7. Perché?「なぜ / どうして」 *「なぜなら〜だから」にも．
8. Come?「どのように / いかに」
9. Quanto?「どれだけ」 *語尾は名詞の性・数に対応．

■数詞
基数

1 uno ウーノ	11 undici ウンディチ	21 ventuno ヴェントゥーノ	31 trentuno トレントゥーノ
2 due ドゥーエ	12 dodici ドーディチ	22 ventidue ヴェンティドゥーエ	33 trentatré トレンタトレ
3 tre トレ	13 tredici トレーディチ	23 ventitré ヴェンティトレ	38 trentotto トレントット
4 quattro クアットロ	14 quattordici クァットルディチ	24 ventiquattro ヴェンティクアットロ	40 quaranta クァランタ
5 cinque チンクェ	15 qundici クインディチ	25 venticinque ヴェンティチンクェ	50 cinquanta チンクアンタ
6 sei セーイ	16 sedici セーディチ	26 ventisei ヴェンティセーイ	60 sessanta セッサンタ
7 sette セッテ	17 diciassette ディチャッセッテ	27 ventisette ヴェンティセッテ	70 settanta セッタンタ
8 otto オット	18 diciotto ディチョット	28 ventotto ヴェントット	80 ottanta オッタンタ
9 nove ノーヴェ	19 diciannove ディチャンノーヴェ	29 ventinove ヴェンティノーヴェ	90 novanta ノヴァンタ
10 dieci ディエーチ	20 venti ヴェンティ	30 trenta トレンタ	100 cento チェント

200 duecento
ドゥエ**チェ**ント

300 trecento
トレ**チェ**ント

400 quattrocento
クァットロ**チェ**ント

500 cinquecento
チンクェ**チェ**ント

600 seicento
セイ**チェ**ント

700 settecento
セッテ**チェ**ント

800 ottocento
オット**チェ**ント

900 novecento
ノヴェ**チェ**ント

1.000 mille
ミッレ

2.000 duemila
ドゥエ**ミー**ラ

10.000 diecimila
ディエチ**ミー**ラ

20.000 ventimila
ヴェンティ**ミー**ラ

100.000 centomila
チェント**ミー**ラ

200.000 duecentomila
ドゥエチェント**ミー**ラ

1.000.000 un milione
ウンミリ**オー**ネ

2.000.000 due milioni
ドゥエミリ**オー**ニ

10.000.000 dieci milioni
ディエチミリ**オー**ニ

100.000.000 cento milioni
チェントミリ**オー**ニ

1.000.000.000 un miliardo
ウンミリ**ア**ルド

2.000.000.000 due miliardi
ドゥエミリ**ア**ルディ

序数

I primo*(-a, -i, -e)*
プ**リー**モ (マ, ミ, メ)

II secondo
セ**コ**ンド

III terzo
テルツォ

IV quarto
ク**ア**ルト

V quinto
ク**イ**ント

VI sesto
セスト

VII settimo
セッティモ

VIII ottavo
オッ**ター**ヴォ

IX nono
ノーノ

X decimo
デーチモ

XI undicesimo
ウンディ**チェー**ズィモ

XII dodicesimo
ドディ**チェー**ズィモ

XX ventesimo
ヴェン**テー**ズィモ

C centesimo
チェン**テー**ズィモ

M millesimo
ミッ**レー**ズィモ

■その他各種記号

.	punto	/プント/
,	virgola	/ヴィルゴラ/
:	due punti	/ドゥエプンティ/
;	punto e virgola	/プントエヴィルゴラ/
…	puntini	/プンティーニ/
-	lineetta	/リネエッタ/
" "	virgolette	/ヴィルゴレッテ/
?	punto interrogativo	/プントインテッロガティーヴォ/
!	punto esclamativo	/プントエスクラマティーヴォ/

*本書では,男性名詞を *m.*, 女性名詞を *f.*, 複数を *pl.* で示しています.

キーワード索引

あ行

会いたい	67
空いていますか	93, 172, 210
合いますか	213
会う	91
上がって	231
秋	143
あきらめないで	45
開けて	102
あけましておめでとう	43
あこがれて	203
預かって	176
預けます	257
預ける	164
暖かい	142
暑い	141
会ってみたい	86
あとにして	104
雨	140
嵐	141
ありがとう	34, 35
あります	231
ありますか	166, 229
ありません	177
歩いて	181
アレルギー	224, 279
安心	66
案内	185
案内所	186
いい	55, 92, 101, 160
いいえ	56
いい知らせ	66
いいですか	48
いかが	222
行かなくては	14
〜行き	149
行きたい	87, 180
行き止まり	185
行きます	31, 134
行きますか	149
行きませんか	90
いくつ	237
いくら	108, 160, 166, 240
行けます	63
行けますか	180
行けません	63
いけません	102
居心地	66
医師, 医者	271
以前	123
急いで	58, 104, 159
忙しい	3, 58, 121
痛い	272, 277
いただけますか	215
痛み止め	286
痛みます	277
いつ	82, 94, 114, 115, 130, 164, 187, 272
いつか	14
いつから	132
いっしょに	31
行ったことが	123, 124
行って	160
行っても	100
いつでも	36
一方通行	185
いなくなりました	266
違反	147
今ごろ	121
いやです	57
いらいら	70

いらして	9, 92
いらっしゃいますか	248
入り口	187
いりません	57
入れ歯	280
色違い	238
印象的	65
インターネット	167, 259
上	22, 24
うかがいます	9
動けません	269
売っていますか	230
うまくいく	46
生まれました	18, 116
売り場	230
うるさい	177
うれしい	5, 41, 66, 67
うれしく	39
運	45
うんざり	70
運転	60
エアコン	176
ATM	258
駅	148
駅前	96
エコノミー	163
エレベーター	231
遠慮	93, 102, 221
おいしい	65, 222
おいしかった	224
お祈りします	40
応援	196
往復	148
大きい	238
大きすぎ	238
大雪	116
おかわり	224
起きます	29
置き忘れ	175
送って	103, 246
お悔やみ	44
お先にどうぞ	47
教えて	158, 185, 205
お勧め	211
遅くまで	33
落ち着いて	46
お伝えください	249
おつり	160
お出かけ	130
落としました	263
お取りください	222
お腹が一杯	224
お腹がすきました	204
お願い	102, 159
おはようございます	1
お待たせ	37
お待ちください	217, 248
おまわりさん	268
おみやげ	10, 194
おめでとう	39, 40, 42
お目にかかる	98
おもしろい	64
おやすみなさい	1
下りて	231
降りて	152
降りる	158
折れて	283
下ろします	257
お詫び	36

か行

カード	176, 218
~階	171
書いて	16, 104, 208
買いました	124
買い物	32
替えて	257
買えますか	194
帰ります	133

確認	121, 172	聞こえません	49
かけ直します	249	期待外れ	78
過去	124	北口	158
火事	267	来たことが	17
貸して	103	貴重品	174
風邪	274	きつい	239
課税	146	喫煙	209
風が強い	141	気遣い	34
風邪薬	285	切って	281
片道	148	切符売り場	148
勝ちました	198	来て	48, 105, 268
がっかり	69, 71, 78	着ています	267
飼っています	22	機内	147
悲しい	71	気に入って	224
かなり	181	気に入りました	65
かまわないで	58	気にしないで	38
かもしれません	136	気分	272, 274, 288
通っています	20	基本的な	59
辛い	205	来ました	115
〜から	132	来ます	134
〜から〜まで	111	来ません	216
雷	141	決めます	137
かわいそう	45	気持ち	45
考え	74	休暇	17
考えごと	122	救急車	268
換金	194	休業	115
関係ありません	58	急行	149
観光	144	興味	84
観光スポット	186	嫌いな	82, 205
観光バス	186	気楽に	45
感謝	34	気を落とさないで	45
勘定	178, 218	気をつけて	11
かんたん	61	気をつけます	37
感動	66, 77	禁煙	209
乾杯	214	銀行	257
がんばって	46	禁止	101
がんばれ	199	緊張	72
聞いても	100	具合	272
気温	142	空港	164
気がつきません	37	空席待ち	163

曇り	139
暮らしています	25
グラス	213
苦しい	275
車で	182
経営	19
警察官	185
警察	263
けが	280
けが人	268
消して	104
消します	261
けっこう	56, 92, 95
結婚	20
結婚記念日	43
下痢	275
元気	2, 3, 4
現金	219, 241
現金化	257
検査	273
健在	22
豪華	79
合格	40
航空券	145
高血圧	278
高校時代	28
口座	258
交差点	183
高速道路	160
交通事故	268
こうやって	223
国際電話	174
国外	147
午後	31, 95
ここで	220
心から	39
小雨	140
午前中	132
ごちそう	208, 221
ごちそうさま	35

この辺に	179
困って	72, 263
困ります	57
ごめんなさい	36, 37
来られますか	63
これです	145
これをください	240
怖い	72
こんにちは	1
こんばんは	1

さ行

サービス	79
～歳	266
最高	77
サイズ	237
サイン	170
探しています	230
探してください	266
先に	93
さっき	123
寂しい	71
寒い	143
寒さ	143
冷めて	216
さようなら	10
触っても	236
賛成	74
残念	44, 69, 93, 106
散歩	30
～時	30, 31, 96, 109, 112, 162
試合	197
～しかありません	113
～時から～時まで	112
仕事	17, 18
自信	61
地震	143
静かな	178
下	22

試着	239
湿度	142
失礼しました	37
～時発	162
持病	278
自慢	211
写真	187, 267
修学旅行	124
～週間	115
就職	40
渋滞	113
充電	262
週末	129
修理	121
熟睡	9
出身	17
出張	137
出発	113, 196
趣味	203
紹介	25, 166, 172
症状	272
上手	61, 77
冗談	68
商用	144
食後	285
食事	135, 204
食前	285
～食付き	173
食欲	274
知らせて	105
知らない	56
調べて	164
知りません	56, 125, 269
申告	145
信じられません	69
親切	34, 36, 78
診断書	146
心配	72
スイッチ	260
数年	128

末永く	42
好き	82, 83, 202
過ぎて	158
好きですか	79
好きではありません	84
好きな	79
すぐそこ	181
少ない	212
過ごす	130
涼しい	142
頭痛薬	285
吸っても	99
すてきな	35
すばらしい	64
スポーツ	200
すみません	36, 37, 47, 48
すられました	264
座っても	99
住んでいます	18, 128
税関	147
成功	40
席	208
咳	274
責任	38
説明	51
世話	35
全部で	241
先約	58
そう思います	75
送金	258
送迎バス	196
相談	46, 138
そうは思いません	75
添えて	212
素材	237
卒業	40, 125
そのとおり	54, 75

た行

語	ページ
～対～	197
大嫌い	83
退屈	71
大好物	222
滞在	132
大使館	270
大丈夫	8, 38, 61, 95
大好き	83
だいたい	33
台風	141
大変	44
高かった	78
高すぎ	219, 241
タクシー	158, 176
確かに	171
助かります	98
助けて	267
発ちます	115
楽しい旅を	11
頼んだ	216
たばこ	146, 209
たぶん	132
食べたい	205
食べたことが	124
食べてみたい	86
食べられますか	223
食べられません	223
たまに	33
だめ	60, 101, 102, 213
足りません	219
だるい	276
誰と	130
誕生日	18, 41
小さい	238
小さすぎ	238
チェック	134
チェックアウト	174
チェックイン	169
ちかいうちに	11
違います	250
違う	238
チケット	187
地図	175
中	183
昼食	30
注文	210, 216
ちょうどいい	238
ツアー	194
着いた	122
付いていますか	173, 195
ついて来て	185
ツイン	167
通訳	270
通路側	163
使えますか	59
疲れていませんか	8
疲れました	8
突き当たり	184
月に～度	33
着きました	158
つきません	177
つけて	104
つけます	261
都合	94, 95
続けて	105
包んで	246
勤めています	18, 19
つまらない	71
詰まりました	177
～つ目	152
冷たい	141
テイクアウト	219
定年	24
～ているところ	120
出かける	135
できます	46, 101
できません	57, 61

できること	46	どちら	19, 24, 43, 82, 85, 248
出口	96, 187	撮って	102
手ごろ	205	取って	104
デザート	217	撮っても	99
出た	122	届けて	164
手伝い	48	どなた	49
手伝って	103	隣り	183
手で	223	どの	196
ではまた	11	どのあたり	229
手前	184	どのくらい	181
出ません	177	止めて	160
天気	139	停めても	99
電車	149	共働き	24
電池	261	ドライブ	136
電話	97, 105, 122	取り替えて	246
電話番号	249	取りに来て	176
トイレ	167	どれくらい	113, 115, 144, 182
どういう	50	どろぼう	268
どういたしまして	36		
どう思いますか	73, 74		

な行

同感	55
同居	24
どうして	93
搭乗	163
どうしよう	69
どうすれば	180
どうぞ	10, 101
どうでしたか	76
どうですか	2, 3, 91, 139
同点	198
どうやって	180, 222
同僚	25
遠いですか	180
通して	47, 105
得意	60
独身	20
どこ	49, 84, 96, 124, 158, 174, 179, 251
どこから	16, 153
どこで	149

治る	284
長い	238
眺め	167
なくしました	263
なぜ	51
夏	142
何	41, 49, 50, 146, 222
何が	84, 217
何も	32, 121, 129, 133, 137
何より	4
何を	31, 120, 129
名前	15, 16, 169
鳴りました	125
なるほど	51
何階	170, 230
何回	284
何時	29, 109, 111
何時間	112
何時まで	111

何対何	197
何でも	205
何と	49
何度も	125
何日	114
何番	163
何曜日	116
似合い	42
似合う	239
似合わない	240
苦手	60, 83, 143
～日間	145
日数	246
荷物	159, 164
入院	283
入学	40
入国目的	144
入場料	187
入力	259
妊娠	279
～抜き	220
盗まれました	265
熱	273
熱中	203
眠れましたか	8
～年以上	128
ねんざ	281
年に～度	33
～年前	17, 123, 128
～の近く	153
乗ってください	152
喉が渇きました	204
飲みませんか	90
飲み物	213
乗り換え	149, 152
乗り場	159
のんびり	32

は行

はい	54
入っていますか	195
吐きそう	274
～泊	166
運んで	175
走って	265
初めて	17, 223
はじめまして	4
始めましょう	91
場所	175
バス付きの	167
バスで	30, 113
バス停	179
パスポート	144
話しても	100
話せる	271
春	143
晴れて	139
～番線	152
反対	74
反対側	182
半日	195
半分	212
冷え込み	142
被害者	269
日帰り	195
引き分け	198
久しぶり	5
左手	182
左端	236
ぴったり	239
ひどい	70
一口	213
暇	96, 130
秘密	42
病院	271
病人	269

昼	204
拾いました	265
便(びん)	162
ファン	197
服装	194
降ったり止んだり	140
降っています	140
吹雪いて	140
冬	143
振り込み	257
～分	110
下手	77
勉強	17
弁護士	270
便秘	275
ほかの	184, 237
没収	147
本気	68
本当	68

ま行

まあまあ	2, 83
～枚	148
毎朝	30
マイカー	30
前	110
曲がって	183
まけて	241
まさか	68
まずまず	77
またあとで	11
間違え～	153, 250
間違って	219
まっすぐ	183
待って	47, 134
待っている	120
～までに	132, 133
窓側	163
間に合う	67, 163

招き	9
迷いました	180
回ります	136
満室	172
満席	162
見えますか	63
右手	182
右端	236
短い	238
水	215, 218
見せて	104, 168, 236
みぞれ	140
見つかったら	264
見ていました	265
見ているだけ	229
見ても	100
見に行きます	135
見ました	125
名字	15
迎え	97, 98, 103, 195
向こう側	184
蒸し暑い	142
むずかしい	61
夢中	83
無理	57
～名	209
名刺	19
メール	260
メールアドレス	259
召し上がって	221
召し上がれ	221
滅茶苦茶	78
めったに	33
メニュー	210
めまい	274
免税	241
もう	124
もう一度	16, 49
申し訳ありません	38, 172
もうすぐ	109

もう少し	215
もしもし	174, 248
持ち帰り	220
もちろん	55, 92
持っていません	60
持ってきて	214
戻ります	134
戻りますか	196
最寄りの	179
もらっても	99
盛り合わせ	211

や行

やあ	1
役に立たない	75
役に立つ	75
やけど	281
安かった	78
休みましょう	204
休みます	135
やったね	39
やめて	70
やめましょう	97
遊泳禁止	200
有名な	200
有料	174
雪	140
ゆっくり	50
ゆるい	239
よい年	43
酔いました	276
ようこそ	8
曜日	94

～曜日に	96
よかった	39, 55, 76
汚して	215
余地	74
寄って	91, 160
予定	94, 95, 129
呼ばれて	133
～よりも	83
喜んで	55, 92
よろしく	4, 14

ら行

離婚	21
両替	257
旅行	136
ルームサービス	175
留守	38
連絡	14, 103, 149, 260
路線図	186

わ行

わからない	48, 184
わかりました	54, 106
わかります	54, 59
わかりますか	59
わかりません	51, 56, 75, 238
忘れました	263
私は	15, 248
渡しました	219
割増	175
悪くない	73

第1章 あいさつ

日々のあいさつ
―― こんにちは. ――

☐ おはようございます.
Good morning.
Buongiorno.
ボンジョルノ

☐ こんにちは.
Good afternoon.
Buongiorno.
ボンジョルノ

☐ こんばんは.
Good evening.
Buonasera.
ボナセーラ

☐ (親しい人に) やあ.
Hi! / Hello.
Ciao. / Salve.
チャーオ / サルヴェ

☐ おやすみなさい.
Good night.
Buonanotte.
ボナノッテ

近況・暮らしぶりをたずねる・答える
── お元気ですか? ──

1 あいさつ

❏ お元気ですか. / 元気?
How are you?
Come sta? / Come stai? [tu]
コメスタ / コメスターイ

❏ はい, 元気です. あなたは? / きみは?
Fine, thanks. And you?
Bene, grazie. E Lei? / E tu?
ベーネ グラーツィエ エレーイ? / エトゥ?

❏ どうですか. / 頑張ってますか.
How are you doing?
Come va?
コメヴァ

疑問詞を使った表現では, 最後に「?」があっても, 日本語の「〜か?」のように常に音調を上げる必要はありません. 疑問の表現の最後の音調を上げるのは, カタカナ表記の「?」を目安にしてください.

❏ まあまあです.
So-so.
Così così.
コズィコズィ

❑ まあどうということもなくやってます．

Nothing to complain about.

Si tira avanti!

スィ**ティー**ラ**ヴァ**ンティ

❑ お元気そうですね．

You look well.

La trovo bene.

ラト**ロー**ヴォ**ベー**ネ

❑ 仕事はどうですか．

How's your business?

Come va il lavoro?

コメ**ヴァ** イルラ**ヴォー**ロ

❑ 忙しいです．

I'm busy.

Sono occupato(-a).

ソノオック**パー**ト（タ）

形容詞は主語の性・数に対応して語尾の母音を変えます．基本形が「-o」のものは，男・単 (-o)，女・単 (-a)，男・複 (-i)，女・複 (-e) で，男女混合は男・複 (-i) で対応します．

❑ 奥さん[ご主人]はお元気ですか．

How's your wife [husband]?

Come sta Sua moglie [Suo marito]?

コメス**タ** スア**モッ**リェ[スオマ**リー**ト]

1 あいさつ

☐ 息子さん[娘さん]はお元気ですか.

How's your son [daughter]?

Come sta Suo figlio [Sua figlia]?

コメスタ スオフィッリォ [スアフィッリァ]

☐ ご両親はお元気ですか.

How are your parents?

Come stanno i Suoi genitori?

コメスタンノ イスオイジェニトーリ

☐ ロッシさんはお元気ですか.

How is Mr. [Mrs. / Ms.] Rossi?

Come sta il Sig. [la Sig.ra / la Sig.na] Rossi?

コメスタ イルスィニョール [ラスィニョーラ / ラスィニョリーナ] ロッスィ

☐ みんな元気です.

Thank you. They are all well.

Grazie, stanno tutt*i*(-e) bene.

グラーツィエ, スタンノトゥッティ(テ)ベーネ

☐ それは何よりです.

I'm glad to hear that.

Mi fa piacere saperlo.

ミファピア**チェ**ーレ サペルロ

初対面・再会のあいさつ
―― はじめまして. ――

☐ はじめまして. / どうぞよろしく.

Nice to meet you.

Piacere.

ピア**チェ**ーレ

❏ お目にかかれてうれしいです．

Nice [Good] to meet you.

Piacere di conoscerLa.

ピア**チェー**レディ コ**ノ**ッシェルラ

❏ ビアンキさんではありませんか．

Aren't you Mr. Bianchi?

Scusi, Lei è il signor Bianchi?

ス**クー**ズィ，レイ**エ**イルスィ**ニョー**ル ビ**ア**ンキ？

❏ 私を覚えていらっしゃいますか．

Do you remember me?

Si ricorda di me?

スィリ**コ**ルダ ディ メ？

❏ お久しぶりです．

I haven't seen you for a long time.

Non La vedo da tanto tempo.

ノンラ**ヴェー**ド ダ**タ**ントテンポ

■ tu か Lei か？ ■

イタリア語の2人称（話し相手）には，親称 (tu) と敬称 (Lei) を使い分け，動詞の活用形を2人称単数 (tu) と3人称単数 (Lei) で明確に区別します．使い分けの目安は「スキンシップ」です．何の抵抗も感じずに相手の身体に触れることができる人には「tu」で大丈夫，ということになれば，親族や友人や小さな子供以外の人は，「Lei」で対応しておくほうが賢明ですね．

1 あいさつ

> シミュレーション **空港で**
>
> **はじめまして.**

ロッシ口・鈴木鈴

口 すみません，鈴木健二さんですか？
Excuse me, are you Mr. Kenji Suzuki?
Scusi, Lei è il signor Kenji Suzuki?
ス**クー**ズィ，レーイ**エ**イルスィ**ニョー**ル ケンジ スズキ？

鈴 そうですが，あなたは…？
Yes, but you are...
Sì, e Lei...?
スィ，エ レーイ…

口 スタジオ2000のパオロ・ロッシです.
I am Paolo Rossi, from Studio 2000.
Sono Paolo Rossi di Studio 2000.
ソノ パオロ **ロッ**スィ ディス**トゥー**ディオ ドゥエ**ミー**ラ

鈴 はじめまして，お会いできて光栄です.
Hello. Nice to meet you.
Piacere, sono molto lieto di conoscerLa.
ピア**チェー**レ，ソノ モルト リエート ディ コ**ノッ**シェルラ

口 こちらこそ，どうぞよろしく.
Nice to meet you too.
Il piacere è tutto mio.
イル ピア**チェー**レ エ **トゥッ**ト ミーオ

鈴 市内へはバスがあるのですか？
Is there any bus to the city?
C'è un autobus per il centro?
チェ ウン **ナ**ウトブス ペル イル **チェ**ントロ？

🔲 もちろん，20分間隔です．
Of course. The bus comes every twenty minutes.
Certo, ogni venti minuti.
チェルト，オンニ**ヴェ**ンティミヌーティ

切符はもう買ってあります．
I have already bought a ticket for you.
Ho già comprato i biglietti.
オジャコンプラート イビッリ**エ**ッティ

🔔 ご親切にどうもありがとうございます．
Oh, that is kind of you.
Oh, grazie, molto gentile.
オー グラーツィエ，**モ**ルトジェンティーレ

🔲 どういたしまして．お荷物はこれだけですか？
You're welcome. Is this all of your luggage?
Prego. Ha solo questa valigia?
プレーゴ アソーロ クエスタヴァリージャ？

🔔 はい，でもかなり重いんですよ．
Yes, but it is pretty heavy.
Sì, ma è abbastanza pesante.
ス**ィ**，マエアッバスタンツァペ**ザ**ンテ

🔲 それじゃあ，カートで運んだほうがいいですね．
So, I think we need a cart.
Allora, è meglio portarla su un carello.
アッローラ，エメッリオ ポル**タ**ルラ スウンカレッロ

旅のあいさつ
—— ようこそ！ ——

□ ようこそボローニャ [イタリア] へ．
Welcome to Bologna [Italy].
Benvenuto(-a, -i, -e) a Bologna [in Italia].
ベンヴェヌート(タ, ティ, テ) アボローニャ [インニターリア]

「～へ（で）」の前置詞は，英語との違いに注意．イタリア語では「国は in」「町は a」と覚えておきましょう．

□ 疲れていませんか．
Aren't you tired?
Non è stanco(-a)?
ノネスタンコ(カ)？

□ いいえ，大丈夫です．
No, I'm fine.
No, sto bene.
ノ，ストベーネ

□ ちょっと疲れました．
I'm a little tired.
Sono un po' stanco(-a).
ソノウンポスタンコ(カ)

□ よく眠れましたか．
Did you sleep well?
Ha dormito bene?
アドルミート ベーネ？

❏ **熟睡しました.**
I slept well. / I slept like a log.
Ho fatto una bella dormita.
オ**ファ**ット ウナ**ベ**ッラドル**ミー**タ

> # 招待・訪問のあいさつ
> —— すてきなお家ですね. ——

❏ **うちにいらしてください.**
Come over to my place.
Venga a trovarmi a casa.
ヴェンガトロヴァルミア**カー**ザ

❏ **ぜひうかがいます.**
I'll definitely call on you.
Verrò da Lei volentieri [con piacere].
ヴェ**ロ**ダレーイ ヴォレンティ**エー**リ［コンピア**チェー**レ］

イタリア語では1人称と2人称の間での「行く・来る」には, ともに「venire」を使います.

❏ **お招きいただきありがとうございます.**
Thanks very much for inviting me.
Grazie per l'invito.
グ**ラー**ツィエ ペルリン**ヴィー**ト

❏ **すてきなお家ですね.**
What a wonderful house!
Che bella casa!
ケ**ベ**ッラカーザ

❑ これをどうぞ.

This is for you.

Ecco, per Lei.

エッコ ペルレーイ

❑ 日本のおみやげです.

It's a Japanese gift.

È un regalo dal Giappone.

エウンレガーロ ダルジャッポーネ

別れのあいさつ
—— さようなら. ——

❑ さようなら (では失礼します).

Good-bye.

Buongiorno. / Buonasera.

ボンジョルノ / ボナセーラ

❑ さようなら (またお会いしましょう).

See you.

Arrivederci. / ArrivederLa.

アリヴェデルチ / アリヴェデルラ

Buongiorno と Buonasera は時間帯で使い分けますが,出会いだけではなく別れ際にもよく使います.再会を期した別れの挨拶に添えて「Arrivederci. Buongiorno.」とも.「ArrivederLa.」は特に「あなた (Lei)」に敬意を表した挨拶です.イタリアでは元気な声の「挨拶 (saluto)」が,自分自身の「健康 (salute)」の証しなのです.

❑ それじゃあ (バイバイ).
> Bye(-bye).
> **Ciao.**
> チャーオ

❑ ではまたあとで. / また近いうちに.
> See you later. / See you soon.
> **A più tardi. / A presto.**
> アピユ**タル**ディ / アプ**レ**スト

❑ ではまた明日 [来週].
> See you tomorrow [next week].
> **A domani [Alla prossima settimana].**
> アド**マ**ーニ [アッラプ**ロ**ッスィマセッティ**マ**ーナ]

❑ よい週末 [休暇] を!
> Have a nice weekend [holiday]!
> **Buon fine settimana [Buone vacanze]!**
> ブオン**フィ**ーネセッティ**マ**ーナ [ブオネヴァ**カン**ツェ]

❑ どうぞ, 楽しい旅を!
> Have a nice trip!
> **Buon viaggio!**
> ブオンヴィ**アッ**ジョ

❑ お気をつけて!
> Take care!
> **Stia attento(-a)!**
> スティア アッ**テン**ト(タ)

❑ あなたもね. / きみもね.
> You too! / Same to you!
> **Anche (a) Lei. / Anche a te [Anche tu].**
> アンケ(ア)**レ**ーイ / アンケア**テ** [アンケ**トゥ**]

1 あいさつ

友人の家で(1)

居間のほうへどうぞ．

ビ さあ，家に着きました．どうぞお入りください．
Here we are. Please come in.
Eccoci a casa. Prego, si accomodi.
エッコチアカーザ プレーゴ, スィアッコーモディ

中 すてきなマンションですね．
It is a nice apartment.
Ha un appartamento molto bello.
アウンアッパルタメント モルトベッロ

ビ これはどうも．それほど大きくありませんが，住み心地はいいんですよ．
Thank you. It is not so big, but it is nice to live in.
Grazie, non è tanto grande, ma è comodo.
グラーツィエ, ノネタントグランデ, マエコーモド

中 お部屋はいくつあるのですか？
How many rooms does it have?
Quante stanze ci sono?
クワンテスタンツェ チソーノ

ビ 部屋が4つ，それに台所とバスルームです．
It has four rooms, and a kitchen and a bathroom.
Quattro, più la cucina e il bagno.
クワットロ, ピュウラク**チ**ーナ エイルバーニョ

ビアンキ ビ・中村 中

ここがトイレと浴室です．居間のほうへどうぞ．

Here is the bathroom. Please come to the living room.

Questo è il bagno. Si accomodi in salotto.

クエスト エイルバーニョ スィアッコーモディ インサロット

🈳 ありがとうございます．

Thanks.

Grazie.

グラーツィエ

🈳 コーヒーか紅茶はいかがですか？

Would you like a cup of coffee or tea?

Gradisce un caffè, o una tazza di tè?

グラディッシェ ウンカッフェ？, オウナタッツァディテ

🈳 紅茶をお願いできますか．

Tea, please.

Un tè, per favore.

ウンテ, ペルファヴォーレ

🈳 わかりました，すぐにお入れします．

Sure, I'll make you a tea soon.

Bene, lo preparo subito.

ベーネ, ロプレパーロスービト

ビアンキ・中村

> 「ありがとう，あなたも」というお返しの言葉には，「Grazie, altrettanto.（アルトレッタント）」も．

❑ もう行かなくては．
It's time to go.
Ora devo andare.
オーラ デヴォ アンダーレ

❑ またいつかお会いしたいですね．
I hope to see you again sometime.
Speriamo di rivederci un giorno.
スペリアーモ ディ リヴェデルチ ウン ジョルノ

❑ 今後も連絡を取り合いましょう．
Let's keep in touch.
Teniamoci in contatto.
テニアーモチ イン コンタット

❑ ご主人［奥さま］によろしくお伝えください．
Please give my regards to your husband [wife].
Mi saluti Suo marito [Sua moglie].
ミ サルーティ スオ マリート［スア モッリェ］

❑ ご家族の皆さんによろしく．
Say hello to all your family.
Tanti saluti ai Suoi familiari.
タンティ サルーティ アイ スオイ ファミリアーリ

第2章 紹介

自分の名前
—— 私は佐藤由樹子です. ——

☐ お名前はなんとおっしゃいますか.
May I have your name, please?
Come si chiama Lei?
コメスィキアーマ レーイ

☐ 佐藤由樹子と申します.
My name is Yukiko Sato.
Mi chiamo Yukiko Sato.
ミキアーモ ユキコ サトー

☐ 私は佐藤由樹子です.
I am Yukiko Sato.
Sono Yukiko Sato.
ソーノ ユキコ サトー

☐ 名字 [姓] はなんとおっしゃいますか.
What's your family name?
Qual è il Suo cognome?
クワレ**エ** イルスオコニョーメ

☐ 名字 [姓] は佐藤です.
My family name is Sato.
Il mio cognome è Sato.
イルミオコニョーメ エ サトー

❏ みんなはユッコと呼びます.
> Everyone calls me "Yukko".
>
> **Tutti mi chiamano "Yukko".**
>
> トゥッティミキアーマノ **ユ**ッコ

❏ もう一度お願いします.
> Could you repeat your name, please?
>
> **Potrebbe ripetere, per favore?**
>
> ポトレッベリペーテレ,ペルファ**ヴォ**ーレ?

❏ お名前はどう書きますか.
> How do you spell your name?
>
> **Come si scrive il Suo nome?**
>
> コメスィスクリーヴェ イルスオ**ノ**ーメ

❏ あなたの住所をここに書いてください.
> Please put your address down here.
>
> **Per favore, scriva qui il Suo indirizzo.**
>
> ペルファ**ヴォ**ーレ, スクリーヴァ**ク**ィ イルスオインディ**リ**ッツォ

出身地・誕生日をたずねる・答える
── どこからいらしたのですか? ──

❏ どこからいらしたのですか.
> Where are you from?
>
> **Da dove viene?**
>
> ダ**ド**ーヴェ ヴィ**エ**ーネ?

❏ 日本から来ました.
> I'm from Japan.
>
> **Vengo dal Giappone.**
>
> **ヴェ**ンゴ ダルジャッ**ポ**ーネ

2 紹介

2 紹介

☐ ボローニャは初めてです．
This is the first time I have been to Bologna.
È la prima volta che vengo a Bologna.
エラ プリマ ヴォルタ ケ **ヴェ**ンゴ ア ボ**ロ**ーニャ

☐ イタリアには２度来たことがあります．
I have been to Italy twice.
Sono venuto(-a) in Italia due volte.
ソノ ヴェ**ヌ**ート(ア) イン ニ**タ**ーリア ドゥエ **ヴォ**ルテ

☐ ミラノには３年前に来ました．
I came to Milan three years ago.
A Milano ci sono venuto(-a) tre anni fa.
ア ミ**ラ**ーノ チ ソノ ヴェ**ヌ**ート(タ) トレ アンニ **ファ**

☐ こちらへは休暇［仕事］で来ています．
I am here on vacation [business].
Sono qui in vacanza [per lavoro].
ソノ ク**ィ** インヴァ**カン**ツァ［ペル ラ**ヴォ**ーロ］

☐ イタリア語の勉強に来ています．
I'm here for studying Italian.
Sono qui per studiare l'italiano.
ソノ ク**ィ** ペル ストゥディ**ア**ーレ リタリ**ア**ーノ

☐ ご出身はどちらですか．
Where are you from?
Di dov'è Lei?
ディ ドヴェ **エ** レーイ

☐ 大阪です．
I'm from Osaka.
Sono di Osaka.
ソノ ディ **オ**ーサカ

❏ 京都に住んでいます．
I live in Kyoto.
Abito a Kyoto.
アービト アキョート

❏ 東京で生まれました．
I was born in Tokyo.
Sono nato(-a) a Tokyo.
ソノ ナート(タ) アトーキョー

❏ 誕生日は5月15日です．
My birthday is May 15.
Il mio compleanno è il 15 maggio.
イル ミオ コンプレアンノ エイル クインディチ マッジョ

職業・学校をたずねる・答える
── 会社員です． ──

❏ お仕事は何をなさっていますか．
What kind of job do you have?
Qual è il Suo lavoro? / Che lavoro fa Lei?
クワレ エ イルスオ ラヴォーロ / ケ ラヴォーロ ファレーイ

❏ 会社員です．
I am an office worker.
Sono impiegato(-a).
ソノ インピエガート(タ)

❏ 銀行［商社］に勤めています．
I work in a bank [business company].
Lavoro in una banca [ditta].
ラヴォーロ イヌナ バンカ [ディッタ]

❏ ブティック [レストラン] を経営しています.
   I run a boutique [restaurant].
   Ho una boutique [un ristorante].
   オ ウナブティック [ウンリストランテ]

❏ 田中電気に勤めています.
   I work for Tanaka Electric Company.
   Lavoro presso la Tanaka Denki.
   ラヴォーロ プレッソラ タナカデンキ

❏ どうぞ，私の名刺です.
   This is my business card.
   Ecco il mio biglietto (da visita).
   エッコ イルミオビッリエット (ダヴィーズィタ)

❏ 主婦です.
   I am a housewife.
   Sono casalinga.
   ソノ カザリンガ

❏ 学生です.
   I am a student.
   Sono studente(-essa).
   ソノ ストゥデンテ (テッサ)

男性形の語尾を (-essa) に変えて女性形になるものには，教授 (professore → professoressa), 詩人 (poeta → poetessa), プリンス (principe → principessa).

❏ 学校はどちらですか.
   Which school do you go to?
   Quale scuola frequenta?
   クワーレ スクオーラ フレクエンタ

❏ 九州大学に通っています．
I am a student at Kyushu University.
Frequento l'Università di Kyushu.
フレク**エ**ント ルニヴェルスィ**タ** ディ**キュ**ーシュー

❏ 経済学を専攻しています．
I'm majoring in economics.
Frequento la facoltà di economia.
フレク**エ**ント ラファコル**タ** ディエコ**ノ**ミーア

家族との関係
—— 子供は3人います． ——

❏ 結婚しています．
I'm married.
Sono sposato(-a).
ソノ スポ**ザ**ート(タ)

❏ 結婚していません．
I'm not married.
Non sono sposato(-a).
ノン**ソ**ーノ スポ**ザ**ート(タ)

❏ 独身です．
I'm single.
Sono single.
ソノ ス**ィ**ンゴル

❏ 結婚して10年になります．
We've been married for ten years.
Sono sposato(-a) da dieci anni.
ソノ スポ**ザ**ート(タ) ダ ディ**エ**チ アンニ

❏ 去年離婚しました.
I got divorced last year.
Ho divorziato l'anno scorso.
オディヴォルツィアート ランノスコルソ

❏ 子供は3人います.
I have three kids.
Ho tre figli.
オトレフィッリ

❏ 10歳の男の子と8歳の女の子がいます.
I have a ten-year-old boy and an eight-year-old girl.
Ho un figlio di dieci anni e una figlia di otto.
オウンフィッリオ ディディエチアンニ エウナフィッリァディオット

❏ 5歳の男 [女] の双子がいます.
I have five-year-old twin boys [girls].
Ho due gemell*i* [-e] di 5 anni.
オドゥーエ ジェメッリ [レ] ディチンクエアンニ

❏ 子供はいません.
I don't have any kids.
Non ho figli.
ノノフィッリ

❏ 3月に初めての子供が産まれます.
Our first child is due in March.
Il nostro primo bambino nascerà in marzo.
イルノストロ プリーモバンビーノ ナッシェラ インマルツォ

❏ 父は5年前に亡くなりました.
My father passed away five years ago.
Mio padre è morto cinque anni fa.
ミオパードレ エモルト チンクエアンニ ファ

❏ 母は健在です.

My mother is alive and well.
Mia madre sta bene.
ミア**マー**ドレ スタ**ベー**ネ

❏ 姉が1人，弟が1人います.

I have a big sister and a little brother.
Ho una sorella (maggiore) e un fratello (minore).
オ**ウー**ナ ソ**レ**ッラ（マッ**ジョー**レ）エ ウン フラ**テ**ッロ（ミ**ノー**レ）

> 特に必要な場合を除き，年齢の上下による兄・弟や姉・妹の区別はしませんが，小学生ぐらいまでなら，縮小辞を付けた「fratellino (弟)/ sorellina(妹)」で区別はできます．

❏ 姉は2つ上です.

My sister is two years older than I am.
Mia sorella ha due anni più di me.
ミア ソ**レ**ッラ ア**ドゥ**エ**ア**ンニ ピュ**ディ**メ

❏ 弟は5つ下です.

My brother is five years younger than I am.
Mio fratello ha cinque anni meno di me.
ミオ フラ**テ**ッロ ア**チ**ンクエ**ア**ンニ **メー**ノ**ディ**メ

❏ 犬 [猫] を飼っています.

I have a dog [cat].
Ho un cane [gatto].
オウン **カー**ネ [**ガ**ット]

(単語) **家族** famiglia *f.*/ファミリア/

両親	genitori *m.pl.*/ジェニトーリ/(英 parents)
父	padre *m.*/パードレ/(英 father)
母	madre *f.*/マードレ/(英 mother)
兄・弟	fratello *m.*/フラテッロ/(英 brother)
姉・妹	sorella *f.*/ソレッラ/(英 sister)
夫	marito *m.*/マリート/(英 husband)
妻	moglie *f.*/モッリエ/(英 wife)
息子	figlio *m.*/フィッリオ/(英 son)
娘	figlia *f.*/フィッリア/(英 daughter)
祖父	nonno *m.*/ノンノ/(英 grandfather)
祖母	nonna *f.*/ノンナ/(英 grandmother)
孫	nipote *m.f.*/ニポーテ/(英 grandchild)
伯［叔］父	zio *m.*/ズィーオ/(英 uncle)
伯［叔］母	zia *f.*/ズィーア/(英 aunt)
甥	nipote *m.*/ニポーテ/(英 nephew)
姪	nipote *f.*/ニポーテ/(英 niece)
従兄弟	cugino *m.*/クジーノ/(英 cousin)
従姉妹	cugina *f.*/クジーナ/(英 cousin)
舅	suocero *m.*/スオーチェロ/(英 father-in-law)
姑	suocera *f.*/スオーチェラ/(英 mother-in-law)
婿	genero *m.*/ジェーネロ/(英 son-in-law)
嫁	nuora *f.*/ヌオーラ/(英 daughter-in-law)
親戚	parente *m.f.*/パレンテ/(英 relative)
パパ	papà, babbo *m.*/パパー, バッボ/(英 dad, papa)
ママ	mamma *f.*/マンマ/(英 mamma, mom)

2 紹介

家族について話す
—— 妻はデザイナーです．——

□ 妻はデザイナーです．
My wife is a designer (by trade).
Mia moglie è designer.
ミアモッリェ エデザイネル

□ 夫は来年定年を迎えます．
My husband is going to retire next year.
Mio marito andrà in pensione l'anno prossimo.
ミオマリート アンドラ インペンスィオーネ ランノプロッスィモ

□ うちは夫婦共働きです．
Both my wife and I are working.
Noi lavoriamo tutti e due.
ノイラヴォリアーモ トゥッティエドゥーエ

□ 上の子は結婚しています．
My oldest child is married.
Il mio figlio maggiore è sposato.
イルミオフィッリョ マッジョーレ エスポザート

□ 親と同居しています．
I live with my parents.
Vivo insieme con i miei genitori.
ヴィーヴォインスィエーメ コンニミエイジェニトーリ

□ お兄さんはどちらにお住まいですか．
Where does your brother live?
Dove abita Suo fratello?
ドヴェアービタ スオフラテッロ

❑ 両親は北海道で暮らしています．
   My parents live in Hokkaido.
   I miei genitori vivono in Hokkaido.
   イミエイジェ二トーリ **ヴィ**ーヴォノ インホッカイドー

❑ 父は年金で暮らしています．
   My father lives on a pension.
   Mio padre vive di una pensione.
   ミオパードレ **ヴィ**ーヴェ ディウナペンスィ**オ**ーネ

紹介する
── こちらは田中君の奥さんです． ──

❑ 友人の田中君を紹介します．
   Let me introduce to you my friend Tanaka.
   Le presento il mio amico Tanaka.
   レプレ**ゼ**ント イルミオア**ミ**ーコ タナカ

> 「Le」は敬称 (Lei) の間接補語「あなたに」の代名詞で，動詞の直前に置きます．

❑ こちらは田中君の奥さんです．
   This is Mr. Tanaka's wife.
   Questa è la signora Tanaka.
   ク**エ**スタ エラスィ**ニョ**ーラ タナカ

❑ 私の同僚の中野健です．
   This is my colleague, Mr. Ken Nakano. /
   This is my fellow worker, Mr. Ken Nakano.
   Questo è il mio collega, Ken Nakano.
   ク**エ**スト エイルミオコッ**レ**ーガ, ケン ナカノ

シミュレーション 友人の家で（2）

たっぷりチーズをかけて．

学 う〜ん，トマトのいい匂い！ おいしそうだなあ．
It smells of tomatoes. I think it tastes good.
Mmh, che profumino di pomodoro! Mi viene l'acquolina in bocca.
ムー，ケプロフミーノディポモドーロ　ミヴィエーネラックォリーナインボッカ

ア これが我が家自慢のミートソース！
This is the special meat sauce at my house.
Ci puoi giurare, questo ragù è la nostra specialità.
チプオイジュラーレ，クエストラグ　エラノストラスペチャリタ

弱火で長く煮込むのがコツでね，祖母直伝のレシピなのよ．
The secret to this is to simmer for a long time. That is my grandma's recipe.
Va cotto a fuoco lento, e molto a lungo; è la ricetta della nonna.
ヴァコット アフォーコレント，エモルトアルンゴ　エラリチェッタデッラノンナ

学 どの家庭にも我が家の味があるんですね．
Every family has its own taste.
Ogni famiglia ha i suoi antichi sapori.
オンニファミッリャ アイスオイアンティーキサポーリ

学・アンジェラ・アンジェラの母
学　ア　母

[ア] 母のミートソースは最高なのよ.
My mom's meat sauce is the best.
Il ragù di mia madre è imbattibile.
イルラグディミアマードレ エインバッティービレ

[母] さあ, たっぷりチーズをかけて召し上がれ!
Eat with plenty of cheese.
Avanti, mettici un bel po' di formaggio e mangia!
アヴァンティ, メッティチ ウンベルポディフォルマッジョ エマンジャ

[学] いただきま〜す.
I'm ready to eat.
Buon appetito!
ボンナッペティート

本当においしいですね.
It is really delicious.
Eccezionale, veramente.
エッチェツィオナーレ, ヴェラメンテ

あとでレシピを教えてもらえますか?
Could you tell me the recipe later?
Più tardi potrebbe darmi la ricetta?
ピユタルディ ポトレッベダルミ ラリチェッタ?

[母] もちろん, 喜んでお教えしますよ.
Sure, with pleasure.
Certo, te la do molto volentieri.
チェルト, テラド モルトヴォレンティエーリ

学・アンジェラ[ア]・アンジェラの母[母]

2 紹介

❏ こちらはパリからお越しのデュボアさんです．
This is Mr. Dubois, from Paris.
Questo è il signor Dubois, viene da Parigi.
クエスト エイルスィニョール デュボア, ヴィエネダパリージ

❏ 私の友人の山田恵理です．
This is my friend, Eri Yamada.
Questa è la mia amica, Eri Yamada.
クエスタ エラミアミーカ, エリ ヤマダ

❏ 私たちは高校時代からの友人です．
We have been friends since high school.
Siamo amici [amiche] dal liceo.
スィアーモ アミーチ [アミーケ] ダルリチェーオ

第3章 日常生活

毎日の暮らしぶり
―― 毎朝8時に家を出ます．

☐ 朝は何時に起きますか．
What time do you get up in the morning?
A che ora si alza [ti alzi] la mattina? [tu]
アケ オーラ スィ アルツァ [ティ アルツィ] ラ マッティーナ

☐ だいたい7時に起きます．
I usually get up at seven.
Di solito mi alzo alle sette.
ディ ソーリト ミ アルツォ アッレ セッテ

☐ 朝はコーヒーだけですませます．
I have only coffee in the morning.
Prendo solo il caffè la mattina.
プレンド ソーロ イル カッフェ ラ マッティーナ

■コーヒー■

イタリア人は朝食を簡単に済ませます．自宅でコーヒーを飲みながらパンやクッキーをつまむ人，出勤前に行きつけのBAR（バール）でコーヒー1杯で済ませる人，カプチーノと一緒にブリオッシュと呼ばれるクロワッサンのような菓子パンを食べる人もいますが，とにかくイタリアの朝食は，速達便や急行列車と同じように「espresso（エスプレッソ）」です．

❏ 朝食の前に犬を散歩させます.

I walk my dog before breakfast.

Porto il cane a passeggio prima della colazione.

ポルトイル**カ**ーネ アパッ**セ**ッジョ プ**リ**ーマデッラコラツィ**オ**ーネ

❏ 毎朝8時に家を出ます.

I leave home at eight every morning.

La mattina esco di casa alle otto.

ラマッ**ティ**ーナ **エ**スコディ**カ**ーザ アッレ**オ**ット

❏ 仕事へはバスで行きます.

I go to work by bus.

Vado al lavoro in autobus.

ヴァード アルラ**ヴォ**ーロ イン**ナ**ウトブス

❏ マイカー通勤です.

I drive to work.

Vado al lavoro in macchina.

ヴァード アルラ**ヴォ**ーロ イン**マ**ッキナ

❏ 昼食は1時ごろにとります.

I eat lunch about one o'clock.

Pranzo verso l'una.

プ**ラ**ンゾ ヴェルソル**ー**ナ

❏ 5時に退社します.

I leave the office at five.

Finisco di lavorare alle cinque.

フィ**ニ**スコディラヴォ**ラ**ーレ アッレ**チ**ンクェ

❏ 7時ごろに帰宅します.

I get home about seven o'clock.

Arrivo a casa verso le sette.

アッ**リ**ーヴォア**カ**ーザ ヴェルソレ**セ**ッテ

❏ 家族といっしょに夕食をとります．
　I eat supper with my family.
　Ceno con la mia famiglia.
　チェーノ コンラミアファミッリァ

❏ 夜 11 時に寝ます．
　I go to bed at eleven in the evening.
　Vado a letto alle undici di sera.
　ヴァードアレット アッレ**ウ**ンディチ ディセーラ

> ## ふだんの暮らしについてたずねる・答える
> —— 日曜日はいつも何をしますか？ ——

❏ 日曜日はいつも何をしますか．
　What do you do on Sundays?
　Che cosa fa la domenica?
　ケコーザ**ファ** ラドメーニカ

❏ 日曜日は教会に行きます．
　I go to church on Sunday(s).
　La domenica vado in chiesa.
　ラドメーニカ **ヴァ**ード インキ**エ**ーザ

> 曜日に定冠詞を添えると「日曜日はいつも」「毎週日曜日に」の意味で，定冠詞がない単独用法では，「今度の日曜」か「この前の日曜」．

❏ 土曜の午後はいつもテニスをします．
　I play tennis every Saturday afternoon.
　Gioco a tennis ogni sabato pomeriggio.
　ジョーコアテンニス オンニ サバトポメリッジョ

3 日常生活

❏ 明日は何もしません．

I have nothing to do tomorrow.

Domani non avrò niente da fare.

ドマーニ ノナヴロ ニエンテダファーレ

❏ 家でのんびりしています．

I'm taking it easy at home.

Sono a casa, tranquillo(-a).

ソノアカーザ, トランクイッロ (ラ)

❏ 冬にはスキーに行きます．

I go skiing in winter.

D'inverno vado a sciare.

ディンヴェルノ ヴァード アシヤーレ

どのくらいするか，頻度を述べる
—— たまにゴルフをします．——

❏ よく買い物に出かけます．

I go shopping pretty often.

Esco spesso a fare la spesa.

エスコ スペッソ アファーレ ラスペーザ

「買物する」には「fare spese」もあります．これは百貨店などで自分の嗜好品を「買物する」場合に用い，近くのスーパーなどで日用品を「買物する (fare la spesa)」場合と区別します．

❑ 夜はだいたいテレビを見ています．

I usually watch television in the evenings.

La sera, di solito guardo la televisione.

ラセーラ，ディソーリト グ**ワ**ルド ラテレヴィズィ**オ**ーネ

❑ 時には遅くまで起きていることもあります．

I sometimes stay up late.

Qualche volta sto sveglio(-a) fino a tardi.

クワルケヴォルタ ストズ**ヴェ**ッリォ(ァ) フィーノア**タ**ルディ

❑ 月に1度，歯医者に行きます．

I go to see a dentist once a month.

Vado dal dentista una volta al mese.

ヴァード ダルデン**ティ**スタ ウナ**ヴォ**ルタ アルメーゼ

❑ 年に2，3度，妻[夫]の実家に行きます．

I visit my wife's [husband's] parents' home a few times a year.

Vado dai miei suoceri due o tre volte all'anno.

ヴァード ダイミエイス**オー**チェリ ドゥーエ オトレ**ヴォ**ルテ アッ**ラ**ンノ

「人のところへ」は「da ＋人」で表現します．「僕んちへ来る？」「君んちへ行くよ」をイタリア語にすると，この場合の「来る・行く」は「venire」なので，「Vieni da me?」「Vengo da te.」

❑ たまにゴルフをします．

I play golf once in a while.

Gioco a golf una volta ogni tanto.

ジョーコ アゴルフ ウナ**ヴォ**ルタ オンニ**タ**ント

❑ 映画はめったに見ません．

I almost never watch movies.

Non guardo quasi mai i film.

ノング**ワ**ルド クワズィ**マ**ーイ イ**フィ**ルム

第4章 お礼を言う・あやまる

基本的なお礼の表現
—— どうもありがとう. ——

☐ ありがとう (ございます).
Thank you (very much).
Grazie.
グラーツィエ

☐ どうもありがとう (ございます).
Thanks a lot.
Grazie mille.
グラーツィエ ミッレ

☐ ご親切にどうも (ありがとうございます).
Thank you for your kindness.
Grazie, molto gentile.
グラーツィエ, モルト ジェン**ティ**ーレ

☐ 心より感謝いたします.
Thank you from the bottom of my heart.
La ringrazio di cuore.
ラ リング**ラ**ーツィオ ディ ク**オ**ーレ

☐ お気遣いほんとうにありがとうございます.
That's really thoughtful.
La ringrazio della Sua gentilezza.
ラ リング**ラ**ーツィオ デッラ スア ジェンティ**レ**ッツァ

> 「La」は敬称 (Lei) の直接補語「あなたを」の代名詞で，「感謝する」は他動詞なので，日本語では「人に」でも，「人を」直接の対象とします．

☐ 今日は本当にありがとう．
　Thank you so much for today.
　Grazie infinite per oggi.
　グラーツィエ インフィニーテ ペロッジ

☐ お招きいただきありがとうございます．
　Thanks very much for inviting me.
　Grazie per l'invito.
　グラーツィエ ペルリンヴィート

☐ コーヒー，ごちそうさま．
　Thank you for the coffee.
　Grazie del caffè.
　グラーツィエ デルカッフェ

☐ すてきなおみやげをありがとう．
　Thank you for the nice present.
　Grazie per il bel regalo.
　グラーツィエ ペリルベルレガーロ

☐ チケットを手配してくれてありがとう．
　Thank you for getting me the ticket.
　Grazie per avermi procurato il biglietto.
　グラーツィエ ペラヴェルミ プロクラート イルビッリエット

☐ いろいろとお世話になりました．
　Thank you for everything.
　Grazie di tutto.
　グラーツィエ ディトゥット

4　お礼を言う・あやまる

☐ ご親切は忘れません.
I won't forget your kindness.
Non dimenticherò mai la Sua gentilezza.
ノンディメンティケロマーイ ラスアジェンティレッツァ

☐ どういたしまして.
You are welcome.
Prego.
プレーゴ

☐ とんでもありません.
Don't mention it.
Di niente. Si figuri!
ディニエンテ スィフィグーリ

☐ こちらのほうこそ.
The pleasure is mine. / My pleasure.
Il piacere è mio.
イルピアチェーレ エミーオ

☐ またいつでも言ってください.
Ask me anytime.
Sono sempre a Sua disposizione.
ソノセンプレ アスアディスポズィツィオーネ

基本的なお詫びの表現
―― ごめんなさい. ――

☐ すみません. / ごめんなさい.
Excuse me. / Pardon me!
Scusi. / Mi scusi.
スクーズィ / ミスクーズィ

- ❏ ごめん． / 許して．

    Excuse me. / Pardon me!

    Scusa. / Scusami.

    スクーザ / スクーザミ

- ❏ 失礼しました．

    Excuse me. / I'm sorry.

    Mi scusi. / Mi dispiace.

    ミスクーズィ． / ミディスピアーチェ

- ❏ すみません，気がつきませんでした．

    I'm sorry, I didn't realize.

    Mi dispiace, non me ne sono accorto(-a).

    ミディスピアーチェ，ノンメネソーノ アッコルト(タ)

- ❏ これから気をつけます．

    I'll be more careful from now on.

    Farò più attenzione d'ora in poi.

    ファロ ピユアッテンツィオーネ ドーラインポーイ

- ❏ 遅れてすみません．

    (I'm) sorry I'm late.

    Mi scusi per il ritardo.

    ミスクーズィ ペリルリタルド

- ❏ おじゃまをしてごめんなさい．

    Sorry for bothering you.

    Scusi il disturbo.

    スクーズィ イルディストゥルボ

- ❏ お待たせしてしてすみません．

    I'm sorry to have kept you waiting.

    Mi scusi per averLa fatta aspettare.

    ミスクーズィ ペラヴェルラファッタ アスペッターレ

❏ ご連絡が遅れて申し訳ありません.

I'm sorry I couldn't contact you sooner.

Mi dispiace di non averLa contattata prima.

ミディスピアーチェディ ノナヴェッラ コンタッタータ プリーマ

❏ 留守にしていて失礼しました.

I'm sorry for being away from home.

Mi dispiace di non essere stato(-a) a casa.

ミディスピアーチェディ ノネッセレ スタート(タ) アカーザ

❏ 大丈夫ですか.

Are you all right?

Tutto bene? / Tutto a posto?

トゥットベーネ? / トゥットアポスト?

❏ 大丈夫です (なんともありません).

Never mind. / It's nothing.

Tutto bene. / Non è niente.

トゥットベーネ / ノネニエンテ

❏ 気にしないでください.

Don't worry about it.

Non si preoccupi.

ノンスィプレオックピ

❏ 私も悪かったんです.

It was my fault too.

È stata anche colpa mia.

エスタータ アンケコルパミーア

❏ 私の責任です.

It's my responsibility.

La responsabilità è mia.

ラレスポンサビリタ エミーア

第5章 祝う・なぐさめる

よい知らせを祝して
―― おめでとう! ――

□ おめでとう.
Congratulations!
Auguri! / Congratulazioni!
アウグーリ / コングラトゥラツィオーニ

□ よかったですね.
That's good! / I'm happy to hear that.
Complimenti! / Mi fa piacere saperlo.
コンプリメンティ / ミファピアチェーレ サペルロ

□ やったね.
You did it!
Ce l'hai fatta!
チェライファッタ

□ 心からお祝い申し上げます.
Congratulations from the bottom of my heart.
Le mie più vive congratulazioni.
レミエピュヴィーヴェ コングラトゥラツィオーニ

□ 私もとてもうれしく思います.
I'm so happy for you.
Sono proprio contento(-a) per Lei.
ソノプロープリォ コントント(タ) ペルレーイ

❏ ご出産おめでとう．

Congratulations on becoming parents!

Felicitazioni per il lieto evento!

フェリチタツィ**オ**ーニ ペリルリ**エ**ート エヴェント

❏ 合格おめでとう．

Congratulations on passing the exam!

Congratulazioni per aver superato l'esame!

コングラトゥラツィ**オ**ーニ ペラヴェル スーペラートレ**ザ**ーメ

❏ ご入学おめでとう．

Congratulations on getting accepted to the school!

Congratulazioni per l'ammissione a scuola!

コングラトゥラツィ**オ**ーニ ペラッミッスィ**オ**ーネ アス**クォ**ーラ

❏ ご卒業おめでとう．

Congratulations on graduating!

Complimenti per la laurea!

コンプリ**メ**ンティ ペルラ**ラ**ウレア

❏ ご就職おめでとう．

Congratulations on getting a job!

Congratulazioni per aver trovato lavoro!

コングラトゥラツィ**オ**ーニ ペラ**ヴェ**ル トロヴァートラ**ヴォ**ーロ

❏ 成功をお祈りします．

I wish your success.

Buona fortuna! / In bocca al lupo!

ブオナフォル**トゥ**ーナ / イン**ボ**ッカ アル**ルー**ポ

❏ 健康をお祈りします．

I wish you good health.

Tanti auguri di buona salute.

タンティアウ**グー**リディ ブオナサ**ルー**テ

5 祝う・なぐさめる

❏ お誕生日おめでとう．
　Happy Birthday!
　Buon compleanno!
　ブオン コンプレアンノ

❏ バースデー・ケーキ［プレゼント］です．
　It's a birthday cake [present].
　È una torta [un regalo] di compleanno.
　エウナ トルタ［ウン レガーロ］ディ コンプレアンノ

❏ ろうそくを吹き消して！
　Blow out the candles!
　Spegni le candeline!
　スペンニ レ カンデリーネ

■お祝い■

イタリアでは「めでたい」日に，「人に何かをふるまい，祝福してもらう」という習慣があります．誕生日には，自宅に友人を招いてパーティーを開いたり，出会ったときにコーヒーを1杯ごちそうしたり，とにかく自分の喜びを他人と分かち合います．

❏ 気に入ってもらえるとうれしいです．
　I hope you'll like it.
　Spero che Le piaccia.
　スペーロ ケ レ ピアッチャ

❏ 誕生石は何ですか．
　What's your birthstone?
　Qual è la Sua [tua] pietra zodiacale? [tu]
　クワーレ エ ラ スア［トゥア］ピエートラ ゾディアカーレ

5 祝う・なぐさめる

- ❏ 星座はなんですか.

    What's your (zodiac) sign?

    Di che segno è? / Di che segno sei? [tu]

    ディケ**セ**ーニョ**エ** / ディケ**セ**ーニョ**セ**ーイ

結婚を祝って
―― ご結婚おめでとう! ――

- ❏ ご結婚おめでとう.

    Congratulations on your marriage!

    Felicitazioni per il matrimonio!

    フェリツィタツィ**オ**ーニ ペリルマトリ**モ**ーニォ

- ❏ お似合いのカップルです.

    You make a nice couple.

    Siete una bella coppia.

    スィ**エ**ーテ ウナ**ベ**ッラ**コ**ッピア

- ❏ 彼は何てプロポーズしたの?

    How did he propose to you?

    Come ti ha chiesto di sposarlo?

    コメティアキ**エ**ストディ スポ**ザ**ルロ

- ❏ それは秘密.

    That's a secret.

    È un segreto.

    エウンセグ**レ**ート

- ❏ 末永くお幸せに.

    I wish you every happiness!

    Felicitazioni vivissime!

    フェリチタツィ**オ**ーニ ヴィ**ヴィ**ッスィメ

5 祝う・なぐさめる

❏ 新婚旅行はどちらへ？

Where's the honeymoon?

Dove andate in viaggio di nozze?

ドヴェアンダーテ インヴィアッジョディノッツェ

祭日・記念日
―― あけましておめでとう! ――

❏ あけましておめでとう．

Happy New Year!

Felice Anno Nuovo!

フェリーチェ アンノ ヌオーヴォ

❏ 今年もよい年でありますように．

Here's to another great year this year.

Speriamo che sia un buon anno.

スペリアーモケ スィーア ウンブオンナンノ

❏ よいお年を！

Have a good year!

Buon anno!

ブオンナンノ

❏ メリークリスマス！

Merry Christmas!

Buon Natale!

ブオンナターレ

❏ 結婚記念日おめでとう．

Happy anniversary!

Auguri per l'anniversario di matrimonio!

アウグーリ ペル ランニヴェルサーリオ ディマトリモーニォ

5 祝う・なぐさめる

■クリスマス■

カトリックの国イタリアでは，クリスマスが一年中で一番大事な行事です．Natale con i tuoi, Pasqua con chi vuoi.「クリスマスは家族と，復活祭は好きな人と」ということわざがあり，いつも遊び歩いている若者でもクリスマスだけは家で家族や親戚と食事を共にするのがイタリアの伝統です．教会や街角には「presepio(プレゼーピオ)」と呼ばれるキリスト生誕の場面を人形で表現した飾り物が展示されます．

5 祝う・なぐさめる

お悔やみとなぐさめの表現
―― お悔やみ申し上げます．

❏ 残念でしたね． / お気の毒に．
That's too bad. / I'm sorry.
Mi dispiace.
ミ ディスピアーチェ

❏ お悔やみ申し上げます．
Please accept my condolences.
Le porgo sentite condoglianze.
レ ポルゴ センティーテ コンドッリアンツェ

❏ それは大変ですね．
That's too bad.
È un bel guaio.
エ ウン ベル グワイオ

❏ お気持ちはよくわかります．

I understand how you feel.

Capisco bene come si sente.

カピスコベーネ コメスィセンテ

❏ 気を落とさないで．

Don't let things get you down.

Coraggio! Non lasciarti abbattere.

コラッジョ ノンラッシャルティ アッバッテレ

❏ あきらめないで．

Don't give up.

Non mollare!

ノンモッラーレ

❏ 運が悪かっただけですよ．

You just had bad luck.

È stato(-a) sfortunato(-a).

エスタート(タ) スフォルトゥナート(タ)

❏ なんだか彼がかわいそう．

Somehow I feel sorry for him.

Mi spiace per lui.

ミスピアーチェ ペルルーイ

❏ 気楽に．

Take it easy.

Tranquillo(-a).

トランクィッロ(ラ)

❏ 少し休んだほうがいいですよ．

It would be best if you got some rest.

È meglio che si [ti] riposi un po'. [tu]

エメッリオ ケスィ[ティ]リポーズィ ウンポ

- 私にできることがありますか.

    Is there anything I can do?

    C'è qualcosa che io possa fare?

    チェ クワルコーザケ イオポッサファーレ?

- 専門家に相談してみてはいかがですか.

    Why not consult some specialist?

    Perché non consulta qualche specialista?

    ペルケ ノンコンスルタ クワルケスペチャリスタ?

- 今度はうまくいきますよ.

    It'll go well next time.

    Andrà meglio la prossima volta.

    アンドラメッリォ ラプロッスィマヴォルタ

- あなたならできますよ.

    If it's you, you can do it.

    Ce la farà sicuramente.

    チェラファラ スィクラメンテ

- これからもがんばって.

    Keep on doing your best.

    Tieni duro.

    ティエニドゥーロ

- 落ち着いて.

    Calm down.

    Stai calmo(-a)!

    スタイカルモ(マ)

- 深呼吸をして.

    Take a deep breath.

    Respira profondamente.

    レスピーラ プロフォンダメンテ

第6章 呼びかけ・質問

呼びかける
―― ちょっとすみません. ――

- (ちょっと) すみません.
  Excuse me.
  Scusi. / Senta.
  スクーズィ / センタ

- (何か) 落としましたよ.
  You dropped it.
  Le è caduto qualcosa.
  レエカドゥート クワルコーザ

- 待って. / ちょっと待ってください.
  Wait. / Wait a minute.
  Un momento! / Aspetti un momento!
  ウンモメント / アスペッティ ウンモメント

- ちょっと通してください.
  Please let me through.
  Permesso, mi lasci passare.
  ペルメッソ, ミラッシ パッサーレ

- お先にどうぞ.
  Please go ahead. / After you, please.
  Prego, dopo di Lei.
  プレーゴ, ドーポディレーイ

❏ お手伝いしましょうか.
Shall I help you?
Posso aiutarLa?
ポッソ アユタルラ?

ものを尋ねるとき
—— ちょっとお尋ねしたいのですが. ——

❏ すみませんが….
Excuse me, but...
Scusi, signore [signora, signorina]...
スクーズィ, スィニョーレ [スィニョーラ, スィニョリーナ]

❏ ちょっとお尋ねしたいのですが.
May I ask you a question?
Volevo chiederLe una cosa.
ヴォレーヴォ キエーデルレ ウナ コーザ

❏ わからないことがあるのですが.
I have something to ask you.
Le posso fare una domanda?
レ ポッソ ファーレ ウナ ドマンダ?

❏ (話があるときに) 今ちょっといいですか.
Could I talk to you?
Scusi, La disturbo?
スクーズィ, ラ ディストゥルボ?

❏ ちょっとこちらへ来ていただけますか.
Come this way, please.
Potrebbe venire un attimo qui, per favore?
ポトレッベ ヴェニーレ ウンナッティモ クィ, ペル ファヴォーレ?

- [ ] これは何ですか

  What's this?

  Che cosa è questo?

  ケコーザ**エ**クエスト

- [ ] ここはどこですか.

  Where are we?

  Dove siamo? / Dov'è qui?

  ドヴェスィアーモ / ドヴェ**エ クィ**

- [ ] 失礼ですが, あなたはどなたですか.

  Excuse me, but who are you?

  Scusi, ma Lei chi è?

  ス**ク**ーズィ, マレーイ キ**エ**

聞き取れなかったとき
—— もう一度おっしゃってください. ——

- [ ] もう一度おっしゃってください.

  Could you say that again, please?

  Può ripetere, per favore?

  プオリペーテレ, ペルファ**ヴォ**ーレ?

- [ ] よく聞こえません.

  I can't hear you.

  Non riesco a sentirLa.

  ノンリ**エ**スコ アセン**ティ**ルラ

- [ ] 何とおっしゃいましたか.

  What did you say? / I beg your pardon? / Excuse me?

  Cos'ha detto, scusi?

  コーザ**デ**ット, ス**ク**ーズィ?

6 呼びかけ・質問

6 呼びかけ・質問

☐ えっ，何ですって？
Pardon? What did you say?
Come? Cos'ha detto?
コーメ？ コーザ**デッ**ト？

☐ えっ，何？
What?
Come? / Cosa?
コーメ？ / コーザ？

☐ もう少しゆっくり話していただけますか．
Would you mind speaking a little more slowly?
Potrebbe parlare un po' più lentamente?
ポト**レッ**ベパルラーレ ウンポピュレンタ**メ**ンテ？

☐ もう少し大きな声でお願いできますか．
Would you mind speaking up a bit?
Potrebbe alzare la voce?
ポト**レッ**ベ アル**ツァ**ーレ ラ**ヴォ**ーチェ？

理解できないとき
—— それはどういう意味ですか？ ——

☐ それはどういう意味ですか．
What does that mean?
Che cosa intende dire?
ケコーザ インテンデ**ディ**ーレ

☐ この言葉はどういう意味ですか．
Can you tell me what this means?
Cosa vuol dire questa parola?
コーザヴォル**ディ**ーレ クエスタパ**ロ**ーラ

❏ なぜですか.

Why?

Perché?

ペルケ?

❏ お話がよくわかりませんでした.

I didn't follw what you said.

Non capisco bene quello che Lei dice.

ノンカピスコベーネ クエッロケレーイ ディーチェ

❏ もう一度説明していただけますか.

Would you mind explaining it again?

Me lo potrebbe spiegare di nuovo?

メロポトレッベ スピエガーレ ディヌオーヴォ?

❏ なるほど. / ようやく理解できました.

I see. / I see it now.

Ho capito. / Ora capisco.

オカピート / オラカピスコ

シミュレーション 温泉(Terme)

みんな裸で入ってる！

アンジェラ・久美子

ア ああ，なんて気持ちがいいんでしょう．
Ah, I feel so good.
Aah, come si sta bene!
アー, コーメスィスタベーネ

久 そうねえ．でも，お湯がぬるいわね．
That is right. But, the water is not hot.
Hai ragione! Ma l'acqua è un po' troppo tiepida.
アイラジョーネ マラックワ エウンポトロッピティエーピダ

私は日本の熱いお湯に慣れているから物足りないわ．
Since I am accustomed to Japanese bath, this temperature is not good enough...
Vedi, io sono abituata all'acqua calda in Giappone...
ヴェーディ, イオソノアビトゥアータ アッラックワカルダ インジャッポーネ…

ア 日本にも温泉があるというのは本当なの？
Is it true that Japan has hot springs?
Ma è vero che anche in Giappone avete le terme?
マエヴェーロケ アンケインジャッポーネ アヴェーテレテルメ？

久 北から南まで，温泉はいたるところにあるわ.
Hot springs are everywhere from north to south.
Dovunque tu vada, da Nord a Sud, è pieno di sorgenti termali.
ドヴンクェトゥヴァーダ, ダノルドアスッド, エピエーノディソルジェンティテルマーリ

ア 日本では水着をつけずに温泉に入るの？
Don't people wear bathing suits to take a hot spring bath?
Ma in Giappone ci andate senza mettere il costume da bagno?
マインジャッポーネ チアンダーテ センツァメッテレ イルコストゥーメダバーニョ？

久 外国の人が日本の温泉に行くとね，みんな裸で入ってるから，びっくりするみたいよ.
Foreigners seem to get surprised to see naked people taking a hot spring bath in Japan.
Gli stranieri che entrano nelle terme giapponesi si stupiscono un po' vedendo tutti nudi.
リストラニエーリケエントラノ ネッレテルメジャッポネーズィ スィストゥピスコノ ウンポ ヴェデンドトゥッティヌーディ

ア うわあ，興味深い！
Wow, that's interesting!
Ooh, davvero interessante!
オー, ダッヴェーロインテレッサンテ

第7章 肯定・否定

肯定するとき・引き受けるとき
―― はい，そうです． ――

□ はい (そうです)．
Yes.
Sì.
スィ

□ そのとおりです．
That's right. / Exactly!
Esatto. / Appunto. / Proprio così.
エザット / アップント / プロープリォ コズィ

□ そうだと思います．
I think so.
Penso di sì.
ペンソ ディ スィ

□ おっしゃることはわかります．
I understand what you're saying.
Capisco quello che Lei dice.
カピスコ クエッロ ケ レーイ ディーチェ

□ なるほど． / わかりました．
I see. / I understand.
Bene. / Ho capito.
ベーネ / オ カピート

❏ そうなんですか．
Is that so?
È vero? / Davvero?
エヴェーロ？／ダッヴェーロ？

❏ それはよかったですね．
That's good.
Perfetto! / Ottimo!
ペル**フェ**ット／**オ**ッティモ

❏ まったく同感です．
Absolutely, I agree. / I couldn't agree (with you) more.
Sono proprio d'accordo con Lei.
ソノプロープリォ ダッ**コ**ルド コンレーイ

❏ いいですよ．／ 了解．
All right. / OK!
Va bene. / D'accordo.
ヴァ**ベ**ーネ／ダッ**コ**ルド

❏ もちろんですよ．
Of course.
Ma certo. / Senz'altro.
マ**チェ**ルト／セン**ツァ**ルトロ

❏ 喜んで．
I'd love to. / I'll be glad to.
Volentieri. / Con piacere.
ヴォレンティ**エ**ーリ／コンピア**チェ**ーレ

❏ 時と場合によります．
That depends.
Dipende.
ディ**ペ**ンデ

7 肯定・否定

否定するとき・拒否するとき
— いいえ，ちがいます． —

□ いいえ． / ちがいます．
No.
No.
ノ

□ そうは思いません．
I don't think so.
Penso di no. / Non credo.
ペンソ ディ ノ / ノン クレード

□ わかりません〔知らない〕．
I don't know.
Non lo so. / Non ne ho idea.
ノン ロ ソ / ノ ネ オイ デーア

□ わかりません〔理解できない〕．
I can't understand.
Non lo capisco.
ノン ロ カピスコ

□ 彼〔彼女〕を知りません．
I don't know him [her].
Non lo [la] conosco.
ノン ロ〔ラ〕コノスコ

□ いいえ，けっこうです．
No, thank you.
No, grazie.
ノ, グラーツィエ

- [ ] ほかには何もいりません.
  I want [need] nothing else.
  Nient'altro.
  ニエンタールトロ

- [ ] もう十分です.
  That's enough.
  Basta così. / È sufficiente.
  バスタコズィ / エスッフィチェンテ

- [ ] いやです.
  It's no good. / No way.
  Non lo voglio. / Non mi piace.
  ノンロヴォッリォ / ノンミピアーチェ

- [ ] したくありません.
  I don't want to do it.
  Non lo voglio fare.
  ノンロヴォッリォ ファーレ

- [ ] 無理です.
  It's impossible.
  È impossibile.
  エインポッスィービレ

- [ ] それは困ります.
  That'll put me in a bind.
  Non potrei. / È un problema.
  ノンポトレーイ / エウンプロブレーマ

- [ ] 悪いのですが,できません.
  Sorry, but I can't do it.
  Mi dispiace, ma non posso.
  ミディスピアーチェ, マノンポッソ

- [ ] そんな暇はありません.

  I have no time to do that.

  Non ho tempo per questo.

  ノノ**テン**ポ ペル**ク**エスト

- [ ] 今は忙しいのです.

  I'm busy right now.

  Adesso sono impegnato(-a).

  ア**デッ**ソ ソノインペ**ニャー**ト(タ)

- [ ] 急いでいますので.

  Sorry, but I'm in a bit of a hurry.

  Scusi, ma vado di fretta.

  ス**クー**ズィ, マ**ヴァー**ドディフ**レッ**タ

- [ ] 先約があります.

  I have an appointment.

  Ho un altro impegno.

  オウン**ナル**トロ インペー**ニョ**

- [ ] 私のではありません.

  It's not mine.

  Non è mio [mia].

  ノネ**ミー**オ [**ミー**ア]

- [ ] ほうっておいてください. / かまわないでください.

  Leave me alone.

  Mi lasci stare!

  ミ**ラッ**シス**ター**レ

- [ ] 私には関係ありません.

  That has nothing to do with me.

  Non mi riguarda. / Io non c'entro.

  ノンミリグ**ワル**ダ / イオノン**チェン**トロ

第8章 能力・可能性

相手の能力をたずねる・答える
—— 英語はわかりますか？ ——

☐ 英語［日本語］はわかりますか．
Do you understand English [Japanese]?
Capisce l'inglese [il giapponese]?
カピッシェ リングレーゼ［イルジャッポネーゼ］？

☐ はい，わかります．
Yes, I understand.
Sì, lo capisco.
スィ，ロカピスコ

☐ はい，ほんの少しなら．
Yes, but only a little.
Sì, ma solo un po'.
スィ，マソーロウンポ

☐ パソコンは使えますか．
Do you know how to use a computer?
Sa usare il computer?
サウザーレ イルコンピューテル？

☐ 基本的なことならできます．
If it's something basic, I can do it.
So usarlo a livello elementare.
ソウザルロ アリヴェッロ エレメンターレ

❏ パソコンはまったくだめです．

I can't use computers at all.

Sono proprio negato(-a) per i computer.

ソノプロープリオ ネガート(タ) ペルイコンピューテル

❏ やってみましたがだめでした．

I tried, but I couldn't.

Ci ho provato, ma non ci sono riuscito(-a).

チオプロヴァート，マノンチソーノ リウッシート(タ)

❏ 車の運転はできますか．

Can you drive a car?

Sa guidare la macchina?

サグイダーレ ラマッキナ？

❏ 免許を持っていません．

I don't have a driver's license.

Non ho la patente.

ノノ ラパテンテ

❏ 水泳は得意です．

I am good at swimming.

Sono bravo(-a) a nuotare.

ソノブラーヴォ(ヴァ) アヌオターレ

❏ 数学［化学］が苦手です．

I am not good at math [chemistry].

Sono debole in matematica [chimica].

ソノデーボレ インマテマーティカ[キーミカ]

❏ ピアノが少し弾けます．

I can play the piano a little.

So suonare un po' il pianoforte.

ソスオナーレ ウンポ イルピアノフォルテ

8 能力・可能性

❏ テニスはできません．
I cannot play tennis.
Non so giocare a tennis.
ノンソジョカーレ アッテンニス

❏ 料理は上手ではありません．
I am not a good cook.
Non sono bravo(-a) a cucinare.
ノンソーノ ブラーヴォ(ヴァ) アクチナーレ

❏ あそこに手が届きますか．
Can you reach over there?
Ci arriva [arrivi]? [tu]
チアッリーヴァ[アッリーヴィ]？

❏ 大丈夫です．／ だめです．
Yes, I can. / No, I can't.
Sì, ce la faccio. / No, non ce la faccio.
スィ, チェラファッチョ / ノ, ノンチェラファッチョ

❏ かんたんです．／ むずかしいです．
It's simple. / It's hard.
È facile. / È difficile.
エッファーチレ / エッディッフィーチレ

❏ 自信があります．
I am confident (in myself).
Sono sicuro(-a) di farcela.
ソノスィクーロ(ラ) ディファルチェラ

❏ 自信がありません．
I am not confident (in myself).
Non sono sicuro(-a) di farcela.
ノンソーノスィクーロ(ラ) ディファルチェラ

8 能力・可能性

> イタリア語の「～できる（できない）」は、「できる能力 (sapere)」と「できる状態 (potere)」で使い分けます．例えば，「運転できない」という表現は，能力的に無理な場合は Non so guidare.，お酒を飲んだから無理な場合は Non posso guidare. です．

単語 外国語 lingua straniera *f.* / リングワ ストラニエーラ /

日本語 [日本の]　giapponese *m.* / ジャッポネーゼ / (® Japanese)

中国語 [中国の]　cinese *m.* / チネーゼ / (® Chinese)

朝鮮語 [朝鮮・韓国の]　coreano *m.* / コレアーノ / (® Korean)

英語 [イギリスの]　inglese *m.* / イングレーゼ / (® English)

米語 [アメリカの]　americano *m.* / アメリカーノ / (® American (English))

フランス語 [フランスの]　francese *m.* / フランチェーゼ / (® French)

ドイツ語 [ドイツの]　tedesco *m.* / テデスコ / (® German)

スペイン語 [スペインの]　spagnolo *m.* / スパニョーロ / (® Spanish)

ロシア語 [ロシアの]　russo *m.* / ルッソ / (® Russian)

8 能力・可能性

可能性をたずねる・答える
—— 歩いて 10 分で行けます．——

☐ そこから海は見えますか．
Can you see the sea from there?
Si vede il mare da lì?
スィ**ヴェー**デ イル**マー**レ ダ**リッ**？

> 「Si + 3 人称単数形」を基本として，主語を限定せずに「非人称的（受動的）に」表現する用法です．ただし，他動詞の目的語が複数の場合は，動詞も複数形にします．「島が 1 つ見える (Si vede un'isola.)」「島が 2 つ見える (Si vedono due isole.)」

☐ 今から市内まで出て来られますか．
Can you come to the city center now?
Può venire in centro adesso?
プオ ヴェ**ニー**レ イン**チェ**ントロ ア**デッ**ソ？

☐ 歩いて [バスで] 10 分で行けます．
I can get there in ten minutes on foot [by bus].
Sono dieci minuti a piedi [in autobus].
ソノディ**エ**チ ミ**ヌー**ティ ア ピ**エー**ディ [イン ナ**ウ**トブス]

☐ 空港まで1時間では行けませんよ．
You can't get to the airport in an hour.
Non si arriva all'aeroporto in un'ora.
ノン スィ アッ**リー**ヴァ アッラエロ**ポ**ルト イヌン**ノー**ラ

8 能力・可能性

第9章 感情表現

喜び・満足の表現
—— すばらしい！ ——

□ すばらしい！
Wonderful! / Fantastic!
Meraviglioso! / Stupendo! / Fantastico !
メラヴィッリオーゾ / ストゥペンド / ファンタスティコ

□ すごい！
Great!
Formidabile!
フォルミダービレ

□ ラッキー！
I'm lucky!
Che fortuna!
ケッフォルトゥーナ

□ おもしろい！
What fun!
Com'è divertente [interessante]!
コメエ ディヴェルテンテ [インテレッサンテ]

□ おっかしい！
Hilarious!
Che buffo! / Che ridere!
ケブッフォ / ケリーデレ

- ❏ 笑えますね.

    That makes me laugh.

    Mi fa ridere.

    ミファリーデレ

- ❏ わあ, おいしい!

    How delicious!

    Che buono!

    ケッブ**オ**ーノ

- ❏ 気に入りました.

    I like it.

    Mi piace.

    ミピ**ア**ーチェ

- ❏ 楽しかった!

    I had a good time. / That was fun.

    Mi sono divertito(-a).

    ミソノ ディヴェル**ティ**ート(タ)

- ❏ 気分は最高です!

    I feel great! / I couldn't feel better.

    Che gioia! / Che allegria!

    ケッ**ジョ**イア / ケアッレグ**リ**ーア

- ❏ まるで夢のようです.

    It's like a dream.

    Mi sembra di sognare.

    ミ**セ**ンブラディ ソ**ニャ**ーレ

- ❏ とても印象的でした.

    I was very impressed.

    Mi ha lasciato una forte impressione.

    ミアラッ**シャ**ート ウナ**フォ**ルテ インプレッスィ**オ**ーネ

9 感情表現

❏ 感動しました.

That's very moving.

Mi sono commosso(-a).

ミソノコン**モ**ッソ(サ)

❏ ラファエロの絵に感動しました.

I was moved by the picture by Raphael.

Il quadro di Raffaello mi ha commosso.

イルク**ワ**ードロディ ラッファ**エ**ッロ ミアコン**モ**ッソ

❏ それはいい知らせです！

I'm happy to hear that.

Che bella sorpresa!

ケベッラ ソルプレ**ー**ザ

❏ それを聞いて安心しました.

I'm relieved to hear that.

Meno male.

メノ**マ**ーレ

❏ 夢がかなってうれしいです.

I'm glad my dream has come true.

Sono felice di aver realizzato il mio sogno.

ソノフェ**リ**ーチェディ アヴェルレアリッ**ザ**ート イルミオ**ソ**ーニョ

❏ ここは居心地がいいです.

I feel comfortable here.

È molto accogliente qui.

エ**モ**ルト アッコッリ**エ**ンテ **ク**ィ

❏ ここに来るとリラックスできます.

When I come here, I can relax.

Posso rilassarmi quando vengo qui.

ポッソリラッ**サ**ルミ ク**ワ**ンド ヴェンゴ**ク**ィ

9 感情表現

期待の表現
―― 楽しみにしています． ――

❏ まだ開いていればいいのですが．
I hope it's still open.
Spero che sia ancora aperto.
スペーロケ スィーアアンコーラ アペルト

❏ 約束の時間に間に合うことを願っています．
I hope I'll be in time for the appointed time.
Spero di arrivare in tempo all'appuntamento.
スペーロディアッリヴァーレ インテンポ アッラップンタメント

❏ あなたにお会いできるのを楽しみにしています．
I'm looking forward to seeing you.
Spero di avere il piacere di vederLa presto.
スペーロディアヴェーレ イルピアチェーレ ディヴェデルラプレスト

❏ いますぐにでもお会いしたい気持ちです．
I wish I could see you right now.
Non vedo l'ora di vederLa.
ノンヴェード ローラディヴェデルラ

❏ 来ていただけたらうれしいのですが．
I'd be glad if you could come.
Mi farebbe piacere se Lei potesse venire.
ミファレッベ ピアチェーレ セレーイポテッセヴェニーレ

❏ 明日は天気でありますように！
I hope it'll be fine tomorrow.
Che faccia bel tempo domani!
ケファッチャベルテンポ ドマーニ

9 感情表現

驚き・当惑の表現
―― まさか！――

□ 本当? / 本当ですか.
Really?
È vero? / Davvero?
エッヴェーロ? / ダッヴェーロ?

□ まさか！ / それはないでしょう！
Come on. / You've got to be kidding.
Non è possibile! / Non mi dica!
ノネポッスィービレ / ノンミディーカ

□ 冗談でしょう?
You're kidding, right?
Lei sta scherzando! / Non scherzare! [tu]
レーイスタスケルツァンド / ノンスケルツァーレ

□ 本気かい?
Are you serious?
Dici sul serio?
ディーチ スルセーリョ?

□ 驚きました.
What a surprise!
Sono sorpreso(-a).
ソノソルプレーゾ(ザ)

□ それはショックです.
I'm shocked to hear that.
La notizia è per me uno shock.
ラノティーツィア エペルメ ウーノショック

❑ そんな話は聞いたことがありません．
I've never heard a story like that.
Non ho mai sentito una cosa simile.
ノノ**マイ**センティート ウナコーザ**スィー**ミレ

❑ 思ってもみませんでした．
I never thought of anything like that.
Non me lo sarei mai aspettato(-a).
ノンメロサレイ**マー**イ アスペッ**タ**ート(タ)

❑ 信じられません．
I can't believe it!
Non ci posso credere.
ノンチ**ポ**ッソクレーデレ

❑ どうしよう．
What shall [should] I do?
Ora come faccio? / Non so cosa fare.
オーラコメファッチョ / ノン**ソ**コザファーレ

落胆・怒りの表現
―― がっかりです．――

9 感情表現

❑ 残念です．
That's too bad.
Mi dispiace.
ミディスピ**ア**ーチェ

❑ がっかりです．
I'm disappointed.
Peccato! / Che peccato!
ペッ**カ**ート / **ケ**ペッカート

❑ 落ち込んでいます.
I am depressed.
Sono giù (di morale).
ソノジュ（ディモラーレ）

❑ 気に入りません.
I don't like it.
Non mi piace.
ノンミピアーチェ

❑ それはひどい！
That's too bad.
Questo è troppo!
クエストエトロッポ

❑ ばかげています！
Nonsense!
Che sciocchezze!
ケショッケッツェ

❑ いらいらしています.
I'm upset.
Sono nervoso(-a).
ソノネルヴォーゾ（ザ）

❑ もううんざり！
I've had enough of it!
Basta, sono stufo(-a)!
バスタ, ソノストゥーフォ（ファ）

❑ やめろ！／やめて！
Stop it!
Smettila! / Piantala!
ズメッティラ／ピアンタラ

9 感情表現

❏ 彼にはまったく頭にくる.
I am quite angry with him.
Sono proprio arrabbiato(-a) con lui.
ソノプロープリォ アッラッビアート(タ) コンルーイ

❏ もう売り切れだなんてがっかり！
I'm so disappointed that it's sold out.
Peccato che sia già tutto esaurito!
ペッカートケ スィーアジャトゥットエザウリート

❏ あなたが来ないとつまらないです.
It'll be boring if you don't come.
Senza di Lei ci annoieremo.
センツァディレーイ チアンノイエレーモ

否定的な気持ちの表現
── 心配です. ──

9 感情表現

❏ 悲しいです.
I feel sad.
Sono triste.
ソノトリステ

❏ 寂しいです.
I'm lonely.
Mi sento solo(-a).
ミセントソーロ(ラ)

❏ 退屈です.
I'm bored.
Sono annoiato(-a).
ソノアンノイアート(タ)

❏ 怖いです.
I'm scared.
Ho paura.
オパウーラ

❏ 心配です.
I'm worried.
Sono preoccupato(-a).
ソノプレオックパート(タ)

❏ あせっています.
I'm impatient.
Sono impaziente.
ソノインパツィエンテ

❏ 困っています.
I'm in trouble.
Sono nei guai.
ソノネイグワイ

❏ 緊張しています.
I'm nervous.
Sono teso(-a).
ソノテーゾ(ザ)

❏ 心配事があります.
I have something to worry about.
C'è qualcosa che mi preoccupa.
チェックワルコーザケ ミプレオックパ

第10章 意見・好み・願望

意見を聞く・述べる
—— どう思いますか？ ——

□ どう思いますか（ご意見は？）．

What do you think of it?

Cosa ne pensa? / Cosa ne dice?

コーザネ**ペ**ンサ / コーザネ**ディー**チェ

> 親しい相手 (tu) に対しては「… pensi? / … dici?」となります．「Cosa(コーザ)」と「Che(ケ)」に意味の違いはありませんが，「Cosa」を好む人は「音の当たりが柔らかい」を理由にあげる人もいます．

□ 私の考えをどう思いますか

What do you think of my idea?

Che ne dice della mia idea?

ケネ**ディー**チェ デッラミアイ**デー**ア

□ それは名案です．

That's a good idea.

È un'ottima idea.

エウン**ノ**ッティマ イ**デー**ア

□ 悪くないですね．

That's not bad.

Non è una cattiva idea.

ノネウナカッ**ティー**ヴァ イ**デー**ア

- ❏ 議論の余地がありません.

  That is beyond dispute.

  È fuori discussione.

  エフオーリ ディスクッスィオーネ

- ❏ 議論の余地があります.

  That is debatable.

  È discutibile.

  エディスクティービレ

- ❏ 議論する価値がありません.

  That is not worth discussing.

  Non vale la pena di discutere.

  ノンヴァーレラペーナディ ディスクーテレ

- ❏ あなたと同じ考えです.

  I agree with you.

  Condivido la Sua idea.

  コンディヴィード ラスアイデーア

- ❏ 賛成です. / 反対です.

  I am for it. / I am against it.

  D'accordo. / Non sono d'accordo.

  ダッコルド / ノンソノダッコルド

- ❏ この映画をどう思いますか.

  What do you think of this movie?

  Cosa ne dice di questo film?

  コーザネディーチェディクエストフィルム

- ❏ いいと思います.

  I think it's nice.

  Penso che sia bello.

  ペンソケ スィーアベッロ

10 意見・好み・願望

❑ 問題があると思います.
I think there's something wrong with it.
Credo che ci sia un problema.
クレードケ チ スィーア ウン プロブレーマ

❑ 役に立つ[立たない]と思います.
I think it's useful [useless].
Penso che sia utile [inutile].
ペンソケ スィーア ウーティレ [イヌーティレ]

❑ 一概には言えません.
That depends. / It can't be generalized.
Dipende. / Non si può generalizzare.
ディペンデ / ノン スィ プオ ジェネラリッザーレ

❑ 私もそう思います.
I think so too.
Lo penso anch'io.
ロ ペンソ アンキーオ

❑ 私はそうは思いません.
I don't think so.
Io non la penso così.
イオ ノン ラ ペンソ コズィ

❑ 私にはわかりません.
I cannot understand.
Non ne ho idea.
ノ ネ オ イデーア

❑ まったくそのとおりです.
That's exactly it.
Appunto. / Proprio così.
アップント / プロープリォ コズィ

10 意見・好み・願望

感想を聞く・述べる
── 旅行はどうでしたか？ ──

☐ 旅行はどうでしたか.
How was your trip?
Com'è andato il viaggio?
コメエアンダート イルヴィアッジョ

☐ あの映画はいかがでしたか.
How did you like that movie?
Le è piaciuto quel film?
レエピアチュート クエルフィルム？

☐ ローマはどうでしたか.
How did you like Rome?
Le è piaciuta Roma?
レエピアチュータ ローマ？

> 親しい相手 (tu) には「Ti è piaciuto/a...?」で，過去分詞の語尾は主語 (quel film, Roma) の性・数に一致します．なお，Roma, Milano, Napoli の語尾母音に関係なく，町 (città) はすべて女性名詞として扱います．

☐ コンサートは楽しかったですか.
Did you enjoy the concert?
Si è divertito(-a) al concerto?
スィエディヴェルティート (タ) アルコンチェルト？

☐ よかったです.
It was very good.
È stato molto bello.
エスタートモルトベッロ

10 意見・好み・願望

❑ 楽しかったです．
   I had a good time.
   Mi sono divertito(-a).
   ミソノディヴェル**ティー**ト(タ)

❑ 最高でした．
   Nothing could have been better.
   È stato meraviglioso.
   エスタート メラヴィッリ**オー**ゾ

❑ 感動しました．
   I was moved.
   Mi sono commosso(-a).
   ミソノコン**モッ**ソ(サ)

❑ まずまずでした．
   It was fairly good.
   È stato abbastanza bello.
   エスタート アッバスタンツァベッロ

❑ 俳優[女優]が上手でした．
   The actor [actress] was excellent.
   L'attore(-trice) era bravo(-a).
   ラッ**トー**レ(ト**リー**チェ)エーラブ**ラー**ヴォ(ヴァ)

❑ 俳優[女優]が下手でした．
   The actor [actress] was not good.
   L'attore(-trice) non era bravo(-a).
   ラッ**トー**レ(ト**リー**チェ)ノ**ネー**ラ ブ**ラー**ヴォ(ヴァ)

男性形(-tore)から女性形(-trice)に変換できるものには，画家(pittore → pittrice)，作家(scrittore → scrittrice)，著者(autore → autrice).

10 意見・好み・願望

❏ よくありませんでした．
It was no good.
Non è stato bello.
ノネスタートベッロ

❏ ひどいものでした．
It was terrible.
È stato terribile.
エスタート テッリービレ

❏ 滅茶苦茶でした．
Out of the question.
Inguardabile!
イングワルダービレ

❏ 期待外れでした．
It fell short of my expectations.
Mi aspettavo qualcosa di più.
ミアスペッターヴォ クワルコーザディピユ

❏ がっかりしました．
I was disappointed.
Sono rimasto(-a) deluso(-a).
ソノリマスト(タ) デルーゾ(ザ)

❏ 物価が高かった［安かった］です．
Their prices were high [low].
La vita era [non era] cara.
ラヴィータエーラ［ノネーラ］カーラ

❏ みんな親切です．
All of them are kind.
Sono tutti gentilissimi.
ソノトゥッティ ジェンティリッスィミ

10 意見・好み・願望

❏ ホテルは豪華でした.
　The hotel was luxurious.
　L'albergo era splendido.
　ラルベルゴ エーラスプレンディド

❏ 景色がよかったです.
　The scenery was very good.
　Il panorama era stupendo.
　イルパノラーマ エーラストゥペンド

❏ サービスは良かった[悪かった]です.
　The service was good [bad].
　Il servizio era buono [cattivo].
　イルセルヴィーツィオ エーラブオーノ [カッティーヴォ]

好みを聞く・述べる
―― 好きな花は何ですか？ ――

❏ 好きな花は何ですか.
　What is your favorite flower?
　Qual è il Suo [tuo] fiore preferito? [tu]
　クワーレエ イルスオ [トゥオ] フィオーレ プレフェリート

❏ 好きな歌手は誰ですか.
　Who is your favorite singer?
　Chi è il Suo [tuo] cantante preferito? [tu]
　キエ イルスオ [トゥオ] カンタンテ プレフェリート

❏ どんな音楽が好きですか.
　What kind of music do you like?
　Quale musica Le [ti] piace? [tu]
　クワーレムーズィカ レ [ティ] ピアーチェ

10 意見・好み・願望

単語 コンサートホール sala da concerto *f.* /サーラ ダ コンチェルト/

交響楽団　orchestra sinfonica *f.* /オルケストラ スィンフォーニカ/
指揮者　direttore(-trice) d'orchestra *m.(f.)* /ディレットーレ(トリーチェ) ドルケストラ/
指揮棒　bacchetta *f.* /バッケッタ/
作曲家　compositore(-trice) *m.(f.)* /コンポズィトーレ(トリーチェ)/
楽譜〔スコア〕　partitura *f.* /パルティトゥーラ/
譜面台　leggio *m.* /レッジーオ/
台本作家〔オペラの〕　librettista *m.f.* /リブレッティスタ/
演奏家　musicista *m.f.* /ムズィチスタ/
声楽家　cantante *m.f.* /カンタンテ/
ソプラノ　soprano *m.f.* /ソプラーノ/
メゾソプラノ　mezzosoprano *m.f.* /メッゾソプラーノ/
アルト　contralto *m.* /コントラルト/
テノール　tenore *m.* /テノーレ/
バリトン　baritono *m.* /バリートノ/
バス　basso *m.* /バッソ/
合唱団員　corista *m.f.* /コリスタ/
舞踏家　ballerino(-a) *m.(f.)* /バッレリーノ(ナ)/
独奏〔唱〕者　solista *m.f.* /ソリスタ/
弦楽器　archi *m.pl.* /アルキ/
バイオリン　violino *m.* /ヴィオリーノ/
ビオラ　viola (da braccio) *f.* /ヴィオーラ(ダ ブラッチョ)/
チェロ　violoncello *m.* /ヴィオロンチェッロ/
コントラバス　contrabasso *m.* /コントラバッソ/
ハープ　arpa *f.* /アルパ/
管楽器　strumento a fiato *m.* /ストルメント ア フィアート/
木管楽器　legni *m.pl.* /レーニ/
オーボエ　oboe *m.* /オーボエ/

クラリネット　　clarinetto *m.*/クラリネット/
フルート　　flauto (traverso) *m.*/フラウト（トラヴェルソ）/
リコーダー　　flauto diritto *m.*/フラウト ディリット/
ピッコロ　　ottavino *m.*/オッタヴィーノ/
ファゴット　　fagotto *m.*/ファゴット/
コントラファゴット　　controfagotto *m.*/コントロファゴット/
金管楽器　　ottoni *m.pl.*/オットーニ/
トランペット　　tromba *f.*/トロンバ/
トロンボーン　　trombone *m.*/トロンボーネ/
チューバ　　bassotuba *m.*/バッソトゥーバ/
ホルン　　corno a pistoni *m.*/コルノ ア ピストーニ/
打楽器　　percussione *f.*/ペルクッスィオーネ/
小太鼓　　tamburo *m.*/タンブーロ/
大太鼓　　grancassa *f.*/グランカッサ/
ティンパニー　　timpano *m.*/ティンパノ/
タンバリン　　tamburello *m.*/タンブレッロ/
シンバル　　piatti *m.pl.*/ピアッティ/
トライアングル　　triangolo *m.*/トリアンゴロ/
カスタネット　　nacchere *f.pl.*/ナッケレ/
木琴　　silofono *m.*/スィローフォノ/
ビブラフォン　　vibrafono *m.*/ヴィブラーフォノ/
鍵盤楽器　　strumento a tastiera *m.*/ストルメント ア タスティエーラ/
（グランド）ピアノ　　pianoforte (a coda) *m.*/ピアノフォルテ（ア コーダ）/
チェンバロ　　clavicembalo *m.*/クラヴィチェンバロ/
（パイプ）オルガン　　organo (a canne) *m.*/オルガノ（ア カンネ）/
電子オルガン　　organo elettronico *m.*/オルガノ エレットローニコ/
ギター　　chitarra *f.*/キタッラ/
マンドリン　　mandolino *m.*/マンドリーノ/
アコーデオン　　fisarmonica *f.*/フィザルモーニカ/
ドラム（セット）　　batteria *f.*/バッテリーア/

10 意見・好み・願望

どんな映画が好きですか.

What kind of movies [films] do you like?

Quale genere di film Le [ti] piace di più? [tu]

クワーレジェーネレディフィルム レ[ティ] ピアーチェディピユ?

和食はお好きですか.

Do you like Japanese food?

Le piace la cucina giapponese?

レピアーチェ ラクチーナ ジャッポネーゼ?

何かお嫌いなものはありますか.

Is there anything [any food] you don't like?

C'è qualcosa che non Le piace?

チェックワルコーザケ ノンレピアーチェ?

肉と魚では, どちらがお好きですか.

Which do you like better, meat or fish?

Preferisce la carne o il pesce?

プレフェリッシェ ラカルネ オイルペッシェ?

いちばん好きな季節はいつですか.

Which season do you like best?

Quale stagione Le piace di più?

クワーレスタジョーネ レピアーチェ ディピユ?

モーツァルトの曲が好きです.

I like Mozart's music.

Mi piace la musica di Mozart.

ミピアーチェ ラムーズィカディ モザルト

イタリアのワインを愛飲しています.

I drink Italian wine regularly.

Sono amante dei vini italiani.

ソノアマンテ デイヴィーニ イタリアーニ

---

10 意見・好み・願望

❏ シャワーよりもお風呂のほうが好きです．
I prefer bath to shower.
Preferisco il bagno alla doccia.
プレフェリスコ イルバーニョ アッラドッチャ

❏ 辛いものは苦手です．
Hot food disagrees with me.
Non mi piace il cibo piccante.
ノンミピアーチェ イルチーボ ピッカンテ

❏ カラオケは大嫌いです．
I hate karaoke.
Detesto il karaoke.
デテスト イルカラオーケ

❏ 大好きです．
I like it very much.
Mi piace tanto [molto].
ミピアーチェタント [モルト]

❏ 夢中になっています．
I'm really getting into it.
Mi sta appassionando.
ミスタアッパッスィオナンド

❏ けっこう好きです．
I like it quite a bit.
Mi piace parecchio.
ミピアーチェパレッキォ

❏ まあまあ好きです．
I like it well enough.
Mi piace abbastanza.
ミピアーチェ アッバスタンツァ

10 意見・好み・願望

❑ あまり好きではありません.
I don't like it very much.
Non mi piace tanto [molto].
ノンミピアーチェ**タント**[**モルト**]

❑ 興味 [関心] ありません.
I'm not interested in it.
Non mi interessa.
ノンミインテ**レ**ッサ

日本語の「A は B が好きです」は,「A は」を間接補語で,「B が」を「主語」として表現します.「私はスパゲッティ (gli spaghetti) が好き」の場合は「Mi piacciono gli spaghetti.」と動詞を 3 人称の複数に, また「気に入った」も「Mi sono piaciuti gli spaghetti.」となります.

---

10 意見・好み・願望

望みをたずねる・述べる
―― どこへ行きたいですか? ――

❑ どこへ行きたいですか.
Where do you want to go?
Dove vuole andare?
ド**ヴェ**ヴオレアン**ダー**レ

❑ 明日は何がしたいですか.
What do you want to do tomorrow?
Che cosa vuole fare domani?
ケ**コー**ザ ヴオレ**ファー**レ ド**マー**ニ

- 何が買いたいですか.

  What do you want to buy?

  Che cosa vuole comprare?

  ケコーザ ヴオレコンプラーレ

- 海と山とではどちらに行きたいですか.

  Where would you like to go, the mountains or the sea?

  Dove preferisce andare, al mare o in montagna?

  ドヴェプレフェリッシェアンダーレ, アルマーレ オインモンターニャ?

- お店を見て回りたいです.

  I want to look around in the stores.

  Vorrei fare un giro per negozi.

  ヴォッレイファーレ ウンジーロペルネゴーツィ

- 街中をぶらぶらしてみたいです.

  I want to stroll in the town.

  Vorrei fare un giro in centro.

  ヴォッレイファーレ ウンジーロインチェントロ

- ショーウインドウをちょっと覗いてみたいです.

  I want to take a look at show windows.

  Vorrei dare un'occhiata alle vetrine.

  ヴォッレイダーレ ウノッキアータ アッレヴェトリーネ

- どこかテーマパークに行ってみたいです.

  I want to visit some theme park.

  Vorrei visitare qualche parco di divertimenti.

  ヴォッレイヴィズィターレ クワルケパルコディ ディヴェルティメンティ

- シエナのパリオ祭を見物してみたいです.

  I want to see Palio di Siena.

  Vorrei assistere al Palio di Siena.

  ヴォッレイアッスィステレ アルパーリオディスィエーナ

10 意見・好み・願望

❏ ヴェネチアのゴンドラに乗ってみたいです.

I'd like to get into a Venetian gondola.

Mi piacerebbe fare un giro in gondola.

ミピアチェレッベ ファーレウンジーロ インゴンドラ

❏ ピサの斜塔にはどうしても登ってみたいです.

I really want to go up the Leaning Tower of Pisa.

Ad ogni costo voglio salire sulla Torre Pendente.

アドンニコスト ヴォッリオサリーレ スッラトッレペンデンテ

❏ 向こう側に何があるのか見たいです.

I want to see what's on the other side.

Voglio vedere cosa c'è dall'altra parte.

ヴォッリォヴェデーレ コーザチェ ダッラルトラパルテ

❏ 将来お店を開きたいです.

Someday, I want to open my own store.

Un giorno vorrei aprire un negozio.

ウンジョルノ ヴォッレイアプリーレ ウンネゴーツィオ

❏ もっとやせたいです.

I want to lose more weight.

Ho tanta voglia di dimagrire.

オタンタヴォッリァディ ディマグリーレ

❏ その方と会ってみたいです.

I'd like to meet that man [woman].

Mi piacerebbe conoscer*lo*(-*la*).

ミピアチェレッベ コノッシェルロ(ラ)

❏ 試しに食べて[飲んで]みたいです.

I'd like to try a bite [a drink] of that.

Vorrei assaggiarlo.

ヴォッレイ アッサッジャルロ

❑ お芝居を見に行きたいです．
   I want to go to the theater.
   Voglio andare a teatro.
   ヴォッリォアンダーレ アテアートロ

❑ いろんなことにチャレンジしたいです．
   I want to try to do as many things as possible.
   Voglio provare a fare diverse cose.
   ヴォッリォプロヴァーレ アファーレ ディヴェルセコーゼ

❑ コモ湖をまた訪れてみたいです．
   I want to visit Lake Como once again.
   Vorrei visitare di nuovo il lago di Como.
   ヴォッレイヴィズィターレディヌオーヴォ イルラーゴディコモ

❑ もう行きたいとは思いません．
   I don't want to go there ever again.
   Non voglio andarci più.
   ノンヴォッリォアンダルチピユ

英語の「～したい (I want to…)」には「Voglio 不定詞」で，「できれば～したい (I'd like to…)」には，「Vorrei 不定詞」で対応します．

10 意見・好み・願望

システィーナ礼拝堂

やっぱり，天才だね！

アンジェラ ア・学 学

ア これがミケランジェロの傑作,『最後の審判』よ．
This is Michelangelo's best work, "The Last Judgment."
Questo è il "Giudizio Universale", un capolavoro di Michelangelo.
クエストエ イルジュディーツィオウニヴェルサーレ, ウンカポラヴォーロディ ミケランジェロ

学 中央にいるのがキリスト？
Is Christ in the middle?
La figura al centro è Cristo?
ラフィグーラアルチェントロ エクリスト？

ア そう，ちょうど審判を下しているところよ．
Yes, he is just making a judgment.
Esatto, proprio mentre sta per dare il giudizio.
エザット, プロープリオメントレ スタペルダーレイルジュディーツィオ

それから彼のもう一つの傑作が天井壁画よ．
And his other best work is the Chapel Ceiling.
Un altro capolavoro di Michelangelo è l'affresco sul soffitto.
ウナルトロカポラヴォーロディミケランジェロ エラッフレスコ スルソッフィット

学 すばらしいなあ！ どうやって描いたんだろう？
Splendid! How did he draw it?

Splendido! Come avrà fatto a dipingerlo?
スプレンディド コーメアブラファット アディピンジェルロ

ア 窓の下に足場をかけてね，4年間もかけて描いたそうよ．

Standing on his scaffold under the window. He spent four years to complete the picture.

Mettendo un'impalcatura sotto la finestra; si dice che sia rimasto per ben quattro anni lassù a dipingere.
メッテンドウニンパルカトゥーラ ソットラフィネストラ スィディーチェケ スィーアリマスト ペルベンクワットロアンニ ラッスアディピンジェレ

創世記の9つの場面が描かれているの．

Nine scenes from the Genesis are described there.

Vi sono raffigurate nove scene dalla Genesi.
ヴィソノラッフィグラーテ ノーヴェシェーネ ダッラジェーネズィ

学 ほら，アダムとイブがエデンの園を追放された場面もあるね．

Look. Adam and Eve are expelled from the Garden of Eden.

Guarda. C'è anche la scena in cui Adamo ed Eva vengono cacciati dal Paradiso Terrestre.
グワルダ チェアンケラシェーナ インクーイアーダモエデーヴァ ヴェンゴノカッチャーティ ダルパラディーゾテッレストレ

やっぱり，ミケランジェロって天才だね！

Michelangelo was a genius.

Michelangelo è proprio un genio.
ミケランジェロ エプロープリォウンジェーニオ

第11章 誘う・約束

誘いの表現
―― 映画に行きませんか？ ――

☐ 映画に行きませんか．
Shall we go to the movies?
Andiamo al cinema?
アンディ**ア**ーモ アル**チ**ーネマ？

☐ 試合を見に行きませんか．
What do you say about watching the match?
Andiamo a vedere la partita?
アンディ**ア**ーモ アヴェ**デ**ーレ ラパル**ティ**ータ？

☐ いっしょに行きませんか．
Won't you come along?
Perché non andiamo insieme?
ペル**ケ** ノナンディ**ア**ーモ インスィ**エ**ーメ？

☐ コーヒーでも飲みませんか．
Would you like a cup of coffee?
Prendiamo un caffè?
プレンディ**ア**ーモ ウンカッ**フェ**？

☐ 今晩，出かけませんか．
How about going out this evening?
Usciamo stasera?
ウッ**シャ**ーモ スタ**セ**ーラ？

❏ 市内にいるのですが，出てきませんか.

I am at the city center. Can you come out here now?

Sono in centro. Vuoi venire?

ソノインチェントロ，ヴオイヴェニーレ？

❏ あなたもどうですか.

How about you?

E Lei, cosa ne dice?

エレーイ，コーザネディーチェ？

❏ 今度，飲みに行きましょう.

How about getting a drink together one of these days?

La prossima volta andiamo a bere qualcosa.

ラプロッスィマヴォルタ アンディアーモアベーレクワルコーザ

❏ 始めましょう.

Let's start now.

Ora cominciamo.

オラコミンチャーモ

❏ 日曜にお会いしましょう.

See you on Sunday!

Ci vediamo domenica.

チヴェディアーモ ドメーニカ

❏ あとで会いましょう.

See you later!

A più tardi.

アピユタルディ

❏ ローマに来ることがあったら，ぜひ家へ寄ってください.

If you happen to come to Rome, please drop by my house.

Se capita a Roma, venga a trovarmi.

セカーピタ アローマ，ヴェンガトロヴァルミ

- ご家族といっしょにいらしてください.

  Please bring your family along.

  Venga con la Sua famiglia.

  ヴェンガ コンラスアファミッリァ

> # 誘いに答える
> —— あとにします. ——

- いいですよ.

  OK.

  Va bene.

  ヴァ**ベー**ネ

- もちろん. / 喜んで.

  Yes, I'd love to.

  Certo. / Volentieri [Con piacere].

  チェルト / ヴォレンティ**エー**リ［コンピア**チェー**レ］

- それはいいですね.

  That sounds good.

  Ottimo! / Perfetto!

  オッティモ / ペル**フェ**ット

- いいえ, けっこうです.

  No thanks.

  No, grazie.

  ノ, グ**ラー**ツィエ

- あとにします.

  I'll do it afterward.

  Lo farò dopo.

  ロファ**ロ**ドーポ

11 誘う・約束

❑ 残念ですが行けません．

I am afraid I can't make it.

Temo di non farcela, mi dispiace.

テーモディノン**ファ**ルチェラ, ミディスピ**ア**ーチェ

❑ 今，手が離せません．

I am busy now.

Adesso non posso, ho da fare.

ア**デ**ッソノン**ポ**ッソ, オダ**ファ**ーレ

❑ 体調が悪いので，遠慮しておきます．

I'm not in shape, so no thanks.

Verrei volentieri, ma non mi sento bene, mi dispiace.

ヴェッ**レ**イヴォレンティ**エ**ーリ, マノンミセント**ベ**ーネ, ミディスピ**ア**ーチェ

❑ 先に行ってください．あとで合流しますから．

Please go ahead. I'll join you later.

Vada pure avanti, La raggiungerò più tardi.

ヴァーダプーレア**ヴァ**ンティ, ララッジュンジェ**ロ** ピユ**タ**ルディ

都合を聞く・答える
―― 明日の晩は空いていますか？ ――

11 誘う・約束

❑ 明日の晩は空いていますか．

Are you free tomorrow evening?

Domani sera Lei è libero(-a)?

ド**マ**ニ**セ**ーラ レ**ー**イエ**リ**ーベロ(ラ)?

❑ どうして？

Why?

Perché?

ペル**ケ**?

❏ 何も予定はありません.
I don't have any plans.
Non ho impegni.
ノノインペーニ

❏ 知り合いの結婚式に呼ばれています.
I've been invited to a friend's wedding.
Sono invitato(-a) al matrimonio di un conoscente.
ソノインヴィタート(タ) アルマトリモーニォ ディウンコノッシェンテ

時間を約束する
—— 明日の朝10時にしましょう. ——

❏ いつお会いしましょうか.
When shall we meet?
Quando ci incontriamo?
クワンド チインコントリアーモ

❏ 5時でご都合はいかがでしょうか.
Would 5 o'clock be a convenient time to meet?
Le andrebbe bene alle cinque?
レアンドレッベベーネ アッレチンクェ?

❏ 何曜日がいいですか.
What day would work for you?
Quale giorno preferisce?
クワレジョルノ プレフェリッシェ

❏ 今週の土曜日はいかがですか.
How about this Saturday?
Che ne dice di questo sabato?
ケネディーチェディ クエストサーバト

11 誘う・約束

❏ 水曜の夜で大丈夫ですか．

Will Wednesday evening work for you?

Le va bene mercoledì sera?

レヴァベーネ メルコレディセーラ？

❏ 私はそれでけっこうです．

It is okay with me.

Per me va bene.

ペルメ ヴァベーネ

❏ 火曜の午後は予定が入っています．

I am busy on Tuesday afternoon.

Martedì pomeriggio ho un impegno.

マルテディポメリッジョ オウンニンペーニョ

❏ 残念ですが，予定がありまして．

I'm sorry, but I have plans.

Purtroppo ho un altro impegno.

プルトロッポ オウンナルトロインペーニョ

❏ 残念ですが，その日は都合が悪いです．

I'm afraid that day won't work for me.

Temo di non farcela per quel giorno.

テーモディ ノンファルチェラ ペルクエルジョルノ

❏ いつならご都合がよろしいですか．

When would be a good time for you?

Quando andrebbe bene per Lei?

クワンドアンドレッベベーネ ペルレーイ？

❏ 木曜の午後なら空いています．

I will be free on Thursday afternoon.

Sarò libero(-a) giovedì pomeriggio.

サロリーベロ(ラ) ジョヴェディポメリッジョ

11 誘う・約束

❑ あさってでしたら暇なのですが.

I'll be free the day after tomorrow.

Sarò libero(-a) dopodomani.

サロリーベロ(ラ) ドーポドマーニ

❑ では，明日の朝 10 時にしましょう.

Well, let's make it ten o'clock tomorrow morning.

Allora, facciamo per domani mattina alle dieci.

アッローラ, ファッチャーモ ペルドマニマッティーナ アッレディエチ

❑ では，金曜日に会いましょう.

Well, see you on Friday.

Allora, a venerdì.

アッローラ, アヴェネルディ

場所・その他を約束する
―― ロビーでお会いしましょう. ――

❑ どこで待ち合わせましょうか.

Where should we meet?

Dove ci incontriamo?

ドヴェチインコントリアーモ

❑ 駅前の本屋では？

At the bookstore in front of the station?

Alla libreria davanti alla stazione?

アッラリブレリーア ダヴァンティアッラスタツィオーネ?

❑ 駅の南出口では？

At the south exit of the station?

All'uscita sud della stazione?

アッルッシータスッド デッラスタツィオーネ?

11 誘う・約束

❏ 人が多すぎます．
It'll be really crowded.
Ci sarà troppa gente.
チサラトロッパジェンテ

> 未来時制を使っているのは「～ではないでしょうか」の意味合いです．

❏ では，やめましょう．
Then let's forget it.
Allora, lasciamo perdere.
アッローラ，ラッシャーモペルデレ

❏ では，ホテルのロビーで会うことにしましょう．
Then, let's get together at the hotel lobby.
Allora ci vediamo nella hall dell'albergo.
アッローラ チヴェディアーモ ネッラオル デッラルベルゴ

❏ そうしましょう．
Let's do that.
Bene, facciamo così.
ベーネ，ファッチャーモ コズィ

❏ 空港に着いたら電話してくださいますか．
Please give me a call when you arrive at the airport.
Potrebbe chiamarmi quando arriva all'aeroporto?
ポトレッベキアマルミ クワンドアッリーヴァ アッラエロポルト？

❏ 迎えに来ていただけますか．
Will you come and meet me?
Potrebbe venire a prendermi?
ポトレッベヴェニーレ アプレンデルミ？

11 誘う・約束

❏ 車で迎えに行きますよ．

I'll pick you up by car.

Vengo a prenderLa in macchina.

ヴェンゴアプレンデルラ インマッキナ

❏ それは助かります．

That helps.

Mi fa un piacere, La ringrazio.

ミファウンピアチェーレ，ラリングラーツィオ

❏ お目にかかるのを楽しみにしています．

I'm really looking forward to meeting you.

Non vedo l'ora di vederLa.

ノンヴェードローラディヴェデルラ

第12章 許可・依頼

許可を求める
―― 写真を撮ってもいいですか？ ――

☐ ここに座ってもいいですか.
May I sit here?
Posso sedermi qui?
ポッソセデルミクィ？

☐ ここで写真を撮ってもいいですか.
Is it all right to take pictures here?
Posso fotografare?
ポッソフォトグラファーレ？

☐ これをもらってもいいですか.
May I have this?
Posso tenere questo?
ポッソテネーレ クエスト？

☐ たばこを吸ってもいいですか.
Do you mind if I smoke?
Posso fumare?
ポッソフマーレ？

☐ ここに車を停めてもいいですか.
Can I park [my car] here?
Posso lasciare qui la macchina?
ポッソラッシャーレクィ ラマッキナ？

❏ 見てもいいですか.
Can I look at it?
Posso vedere?
ポッソヴェデーレ？

❏ 今から行ってもいいですか.
Would it be all right if I came over now?
Posso venire ora?
ポッソヴェニーレ オーラ？

❏ いっしょに行ってもいいですか.
Can I go with you?
Posso venire con Lei?
ポッソヴェニーレ コンレーイ？

❏ 個人的なことを聞いてもいいですか.
Can I ask you a personal question?
Posso farLe una domanda personale?
ポッソファルレ ウナドマンダペルソナーレ？

❏ ちょっと2, 3分いいですか.
Can you spare me a few minutes?
Mi può dare un paio di minuti?
ミプオダーレ ウンパイオディミヌーティ？

❏ 今，ちょっとお話ししてもいいですか.
Could we talk for a minute?
Possiamo parlare un po'?
ポッスィアーモパルラーレ ウンポ？

---

12 許可・依頼

> イタリア語で「〜してもいいですか」と許可を求める場合は,「〜できる状態」を意味する「potere」で表現しますが,「Posso?」だけでも立派に通用します.

許可を与える・禁止する
—— ボリュームを上げてもいいですよ. ——

□ さあ，どうぞ.
> You can. [You may. / All right. / Why not?]
>
> **Prego. / Faccia pure.**
>
> プレーゴ / ファッチャプーレ

□ ボリュームを上げ[下げ]てもいいですよ.
> You can turn the volume up [down].
>
> **Può alzare [abbassare] il volume.**
>
> プオアルツァーレ [アッバッサーレ] イルヴォルーメ

□ キャンセルできますよ.
> You can call it off.
>
> **Si può annullare.**
>
> スィプオアンヌッラーレ

□ はい，いいです.
> Sure. / No problem.
>
> **Sì, si può.**
>
> スィ, スィプオ

□ いいえ，だめです.
> No, you can't.
>
> **No, non si può.**
>
> ノ, ノンスィプオ

□ 禁止されています.
> It is prohibited.
>
> **È vietato [proibito].**
>
> エッヴィエタート [プロイビート]

12 許可・依頼

❏ それはご遠慮いただけますか.
　Please don't do that [sort of thing].
　Potrebbe evitare? / Potrebbe smettere?
　ポトレッベエヴィターレ? / ポトレッベズメッテレ?

❏ ここに車を停めてはいけません.
　You can't park here.
　Non si può parcheggiare qui.
　ノンスィプオパルケッジャーレクィ

❏ 絶対にだめです.
　Never do that.
　Assolutamente no.
　アッソルータメンテノ

依頼する
── 窓を開けていただけますか? ──

❏ お願いがあるのですが.
　Can I ask you a favor?
　Potrei domandarLe un favore?
　ポトレイドマンダルレ ウンファヴォーレ?

❏ 写真を撮っていただけませんか.
　Could you please take my [our] photo?
　Può farmi [farci] una foto, per favore? [noi]
　プオファルミ [ファルチ] ウナフォート, ペルファヴォーレ?

❏ 窓を開けて [閉めて] いただけますか.
　Would you mind opening [shutting] the window?
　Mi può aprire [chiudere] la finestra?
　ミプオアプリーレ [キューデレ] ラフィネストラ?

12 許可・依頼

❏ このガイドブックを貸してくださいますか．
> Could I borrow this guidebook?
>
> **Potrebbe prestarmi questa guida?**
>
> ポトレッベ プレス**タ**ルミ クエスタグ**イ**ーダ?

❏ コピーをとっていただけますか．
> Would you (please) make a copy of this?
>
> **Potrebbe farmi una fotocopia?**
>
> ポトレッベ **ファ**ルミ ウナフォト**コ**ーピア?

❏ ファックスで送っていただけますか．
> Would you fax those papers, please?
>
> **Potrebbe inviarlo via fax?**
>
> ポトレッペインヴィ**ア**ルロ ヴィア**ファ**クス?

❏ メールで連絡してもらえますか．
> Could you send me an e-mail?
>
> **Può contattarmi via e-mail?**
>
> プオコンタッ**タ**ルミ ヴィーア イ**メ**イル?

❏ 空港まで車で送っていただけませんか．
> Could you give me a ride to the airport?
>
> **Potrebbe darmi un passaggio fino all'aeroporto?**
>
> ポトレッベダルミ ウンパッ**サ**ッジョ フィーノアッラエロ**ポ**ルト?

❏ 駅まで迎えに来てくれませんか．
> Could you meet me [pick me up] at the station?
>
> **Può venire a prendermi alla stazione?**
>
> プオヴェ**ニ**ーレ アプレンデルミ アッラスタツィ**オ**ーネ?

❏ ちょっと手伝っていただけますか．
> Could you give me a hand?
>
> **Potrebbe darmi una mano?**
>
> ポトレッベダルミ ウナ**マ**ーノ?

12 許可・依頼

❏ 悪いですが，あとにしてもらえますか．

　Sorry, I can't do it right now. Ask me later.

　Mi dispiace, adesso non posso. Si può fare più tardi?

　ミディスピ**アー**チェ, アデッソノンポッソ　スィプオ**ファー**レ ピユ**タル**ディ？

❏ 電気をつけて［消して］ください．

　Please turn on [off] the lights.

　Per favore, accenda [spenga] la luce.

　ペルファ**ヴォー**レ, アッ**チェ**ンダ［ス**ペ**ンガ］ラ**ルー**チェ

❏ テレビをつけて［消して］ください．

　Please turn on [off] the television.

　Per favore, accenda [spenga] la televisione.

　ペルファ**ヴォー**レ, アッ**チェ**ンダ［ス**ペ**ンガ］ラテレヴィズィ**オー**ネ

❏ ここに書いてください．

　Could you write that down here?

　Per favore, lo scriva qui.

　ペルファ**ヴォー**レ, ロスクリーヴァ**クィ**

❏ 砂糖を取ってください．

　Could you pass me the sugar?

　Mi passa lo zucchero?

　ミパッサロ**ズ**ッケロ？

❏ 急いでください．

　Please hurry up.

　Faccia in fretta. / Si sbrighi!

　ファッチャイン**フ**レッタ / スィズ**ブ**リーギ

❏ 見せてください．

　Please show me.

　Mi faccia vedere.

　ミ**ファ**ッチャヴェデーレ

❑ 知らせてください.
> Please let me know.
> **Mi faccia sapere.**
>
> ミ**ファッチャ**サペーレ

❑ 会社[ホテル]へ電話してください.
> Please call me at the office [hotel].
> **Mi chiami in ufficio [all'albergo].**
>
> ミキ**アー**ミ インヌッ**フィー**チョ [アッラル**ベ**ルゴ]

❑ 電話を貸してください.
> Could I use your telephone?
> **Posso usare il telefono?**
>
> **ポッ**ソウ**ザー**レ イルテレー**フォ**ノ？

❑ 続けてください.
> Please go on.
> **Continui pure. / Vada pure avanti.**
>
> コン**ティー**ヌイ プーレ / **ヴァー**ダプーレ アヴァンティ

❑ ちょっと通してください.
> Please let me through.
> **Permesso, mi lasci passare.**
>
> ペル**メッ**ソ, ミ**ラッ**シパッ**サー**レ

❑ 遅れないで来てくださいね.
> Please don't be late.
> **La prego di arrivare puntuale.**
>
> ラプ**レー**ゴディ アッリ**ヴァー**レプントゥ**アー**レ

12 許可・依頼

引き受ける・断る
── はい，喜んで． ──

□ はい，喜んで．
Yes, with pleasure.
Volentieri. / Con piacere.
ヴォレンティエーリ / コンピアチェーレ

□ いいですよ．
OK.
Va bene. / OK.
ヴァベーネ / オケイ

□ わかりました．そういたします．
I understand. I'll do that.
D'accordo, non mancherò.
ダッコルド, ノンマンケロ

□ お待ちください．今すぐにやりますから．
Please wait. I'll do that right away.
Un attimo. Lo faccio subito.
ウンナッティモ, ロファッチョスービト

□ 今，手が離せません．
I'm busy right now.
Adesso sono impegnato(-a)
アデッソ ソノインペニャート(タ)

□ 残念ですが，お引き受けできません．
Sorry, but I can't take that.
Mi dispiace, ma non posso accettare.
ミディスピアーチェ, マノンポッソ アッチェッターレ

12 許可・依頼

第13章 数・時間の表現

数の表現
—— オレンジを1個ください. ——

☐ オレンジを1[2]個ください.
　Give me an orange [two oranges].
　Mi dia un'arancia [due arance].
　ミディーア ウナランチャ [**ドゥーエ ア**ランチェ]

☐ お米を5キロください.
　May I have five kilograms of rice?
　Mi dia cinque chili di riso.
　ミディーア **チ**ンクェキーリ ディリーゾ

☐ コーヒーを300gください.
　May I have 300 grams of coffee?
　Mi dia tre etti di caffè.
　ミディーア トレ**エ**ッティ ディカッ**フェ**

> イタリアでは，100gを1単位としたヘクトグラム (etto) が頻繁に用いられます．特にレストランのメニューなどで「…/etto」の表記を見つけたら，一皿の値段ではありませんので要注意！

☐ 大人2枚，子供1枚お願いします.
　Two adults and one child, please.
　Due interi e un ridotto, per favore.
　ドゥーエイン**テ**ーリ エウンリ**ド**ット, ペルファ**ヴォ**ーレ

❏ これは1ついくらですか．
> How much is a piece of this?
> **Quanto costa al pezzo?**
> クワントコスタ アルペッツォ

❏ 1人いくらですか．
> How much is it per person?
> **Quanto costa a persona?**
> クワントコスタ アペルソーナ

❏ この部屋の大きさはどれくらいですか．
> How big is this room?
> **Quanto è grande questa stanza?**
> クアントエグランデ クエスタスタンツァ？

❏ この塔はどれくらいの高さですか．
> How high is this tower?
> **Quanto è alta questa torre?**
> クアントエアルタ クエスタトッレ？

❏ このアパートの広さは 30 ㎡です．
> This apartment covers (an area of) 30 square meters.
> **Quest'appartamento è di trenta metri quadrati.**
> クエスタッパルタメント エディトレンタメートリクワドラーティ

❏ 高さ [長さ] は 10 メートルです．
> It is ten meters high [long].
> **È alto(-a) [lungo(-a)] dieci metri.**
> エアルト（タ）[ルンゴ（ガ）] ディエチメートリ

❏ このモニターは 15 インチです．
> This is a 15-inch monitor.
> **È un monitor con schermo da quindici pollici.**
> エウンモニトル コンスケルモ ダクインディチポッリチ

13 数・時間の表現

- かばんの重さが倍［半分］になりました．
  The bag weights twice [half] as much as before.
  La borsa pesa il doppio [la metà] di prima.
  ラボルサ ペーザイルドッピォ［ラメタ］ディプリーマ

> # 今の時刻の表現
> —— 4時15分です．——

- 何時ですか．
  What time is it (now)?
  Che ora è? / Che ore sono?
  ケオラエ / ケオレソーノ

- 2時です．
  It's two o'clock.
  Sono le due.
  ソノレドゥーエ

- もうすぐ3時です．
  It's almost three.
  Sono quasi le tre.
  ソノクワーズィ レトレ

- 4時を回ったところです．
  It's just after four (o'clock).
  Sono le quattro passate.
  ソノレクワットロ パッサーテ

- ちょうど5時です．
  It's exactly five (o'clock).
  Sone le cinque precise [in punto].
  ソノレチンクェ プレチーゼ［インプント］

13 数・時間の表現

- ❏ 6 時 15 分です.

    It's a quarter past six [six fifteen].

    Sono le sei e un quarto.

    ソノレセーイ エウンク**ワ**ルト

- ❏ 1 時半です.

    It's half past one.

    È l'una e mezzo.

    エル**ー**ナエメッゾ

> 「~時半」の表現には,「半時間 (mezz'ora < mezza ora)」から女性形 (mezza) を好む人もいます. また「15 分 (un quarto)」は「1/4 時間 (un quarto d'ora)」の意味ですから,「45 分」は「3/4 時間 (tre quarti)」でも表現できます.

- ❏ 7 時 10 分前です.

    It's ten to seven.

    Sono le sette meno dieci.

    ソノレ**セ**ッテ メーノディエチ

- ❏ 朝 [夕方] の 4 時です.

    It's four o'clock in the morning [evening].

    Sono le quattro di mattina [sera].

    ソノレク**ワ**ットロ ディマッ**ティ**ーナ [**セ**ーラ]

- ❏ 私の時計は少し進んで [遅れて] います.

    My watch is a little fast [slow].

    Il mio orologio è un po' avanti [indietro].

    イルミオオロ**ロ**ージョ エウンポア**ヴァ**ンティ [インディ**エ**ートロ]

13 数・時間の表現

時刻・時間の表現
── 9時閉店です. ──

❏ 開店 [閉店] は何時ですか.
What time does the store open [close]?
A che ora apre [chiude]?
アケオラ**ア**ープレ [**キュ**ーデ]

❏ 9時開店 [閉店] です.
The store opens [closes] at nine.
Apre [Chiude] alle nove.
アープレ [**キュ**ーデ] アッレ**ノ**ーヴェ

❏ 何時まで開いていますか.
When do you close?
Fino a che ora è aperto?
フィーノアケ**オ**ーラ エア**ペ**ルト

❏ 朝10時から夜7時までです.
From ten a.m. to seven p.m.
Dalle dieci di mattina alle sette di sera.
ダッレディ**エ**チディマッ**ティ**ーナ アッレ**セ**ッテディ**セ**ーラ

■店①■

イタリアの店は観光都市以外, 日曜祭日は休みです. また地方都市では昼休みを設けている店が多く, お昼から夕方までは閉まっています. 24時間営業のコンビニも, 自動販売機もありませんので, 困ったときには鉄道の駅に行ってみましょう.

13 数・時間の表現

❑ 何時開演ですか．

What time does the performance start?

A che ora inizia lo spettacolo?

アケオライニーツィア ロスペッターコロ

❑ 試合は6時に始まります．

The game starts at six.

La partita comincia alle sei.

ラパルティータ コミンチャアッレセーイ

❑ 映画は何時に終わりますか．

What time will the movie end?

A che ora finisce il film?

アケオラフィニッシェ イルフィルム

❑ コンサートは何時から何時までですか．

What time will the concert start, and when will it be over?

Da che ora a che ora è il concerto?

ダケオーラ アケオーラエ イルコンチェルト

❑ 9時から11時半までです．

It will go from nine till eleven-thirty.

Dura dalle nove alle undici e mezzo.

ドゥーラダッレノーヴェ アッレウンディチエメッゾ

❑ ローマからミラノまで何時間かかりましたか．

How long did it take from Rome to Milan?

Quanto tempo ha impiegato da Roma a Milano?

クワントテンポ アインピエガート ダローマ アミラーノ

❑ 終点まではどれくらいかかりますか.

How long does it take to get to the terminal?

Quanto tempo ci vuole fino al capolinea?

クワントテンポ チヴオーレ フィーノアルカポリーネア

❑ バスで約1時間です.

It will take about an hour to get there by bus.

Ci vuole circa un'ora in autobus.

チヴオーレ チルカウンノーラ インナウトブス

❑ 渋滞すれば2時間かかります.

If the traffic is heavy, it will take two hours.

Se c'è un ingorgo, ci vogliono due ore.

セチェウニンゴルゴ チヴォッリォノ ドゥエオーレ

> 英語で仮主語 (it) を用いる「時間を要する (volerci)」のような表現では,「Ci vuole un'ora(単数)」と「Ci vogliono due ore(複数)」を使い分けるのが特徴です.

❑ 出発まであとどれくらいですか.

How much time do we have before we leave?

Quanto manca alla partenza?

クワントマンカ アッラパルテンツァ

❑ あと数分しかありません.

We have only a few minutes.

Mancano solo pochi minuti.

マンカノ ソーロポーキミヌーティ

13 数・時間の表現

年月日・曜日をたずねる・答える
── 3月1日に来ました. ──

❑ 今日は何日ですか.
What's the date (today)?
Quanti ne abbiamo oggi?
クワンティ ネアッビアーモ オッジ

❑ 30日です.
30th.
(Ne abbiamo) 30.
(ネアッビアーモ) トレンタ

❑ 会議は何日ですか.
What day will you hold the meeting?
Che giorno è la riunione?
ケジョルノエ ラリウニオーネ

❑ 彼女[彼]の誕生日は何月何日ですか.
When is her [his] birthday?
Quando è il suo compleanno?
クワンドエ イルスオコンプレアンノ

❑ ご出発はいつですか.
When are you planning to leave?
Quando pensa di partire?
クワンド ペンサディパルティーレ

❑ 4月7日です.
It's April 7th.
È il 7 aprile.
エイルセッテアプリーレ

13 数・時間の表現

- ❏ 来月の 15 日です．

  On 15th next month.

  Il 15 del mese prossimo.

  イルクインディチ デルメーゼ プロッスィモ

- ❏ 5月の末にロンドンへ発ちます．

  I'll leave for London at the end of May.

  Partirò per Londra alla fine di maggio.

  パルティロ ペルロンドラ アッラフィーネディマッジョ

- ❏ いつこちらへ来られましたか．

  When did you get here?

  Quando è arrivato(-a) qui?

  クワンドエ アッリヴァート(タ) クィ

- ❏ こちらへは3月1日に来ました．

  I got here on March 1st.

  Sono arrivato(-a) qui il primo marzo.

  ソノアッリヴァート(タ) クィ イルプリーモ マルツォ

- ❏ 休暇はどれくらいありますか．

  How much time do you have off?

  Quanto dura la Sua [tua] vacanza? [tu]

  クワントドゥーラ ラスア [トゥア] ヴァカンツァ

- ❏ 2週間ほどです．

  I'll have about two weeks off.

  Un paio di settimane.

  ウンパイオディセッティマーネ

- ❏ 12月24日から1月1日までは休業です．

  We are closed from December 24th to January 1st.

  È chiuso dal 24 dicembre al 1° gennaio.

  エキユーゾ ダルヴェンティクワットロ ディチェンブレ アルプリモジェンナィオ

13 数・時間の表現

❏ 今日は何曜日ですか.
  What day is it today?
  Che giorno è oggi?
  ケジョルノエオッジ

❏ 月曜です.
  It's Monday.
  È lunedì.
  エルネ**ディ**

❏ 彼 [彼女] とは日曜日に会います.
  I'll meet him [her] on Sunday.
  Lo [La] incontrerò domenica.
  ロ[ラ]インコントレ**ロ** ド**メ**ーニカ

❏ クリスマスは何曜日ですか.
  What day of the week is Christmas?
  Di che giorno cade il Natale?
  ディケジョルノ**カー**デ イルナターレ

❏ 今年のクリスマスは日曜日と重なります.
  Christmas falls on Sunday this year.
  Quest'anno il Natale cade di domenica.
  クエス**タ**ンノ イルナ**ター**レ **カー**デディド**メー**ニカ

❏ 先週の金曜日は大雪でした.
  We had some heavy snow last Friday.
  Ha nevicato molto venerdì scorso.
  アッネヴィカート**モ**ルト ヴェネルディス**コ**ルソ

❏ 私は 1967 年 10 月 20 日, 大阪で生まれました.
  I was born in Osaka on October 20, 1967.
  Sono nato(-a) a Osaka il 20 ottobre 1967.
  ソノナート(タ) ア**オ**ーサカ イル**ヴェ**ンティ オッ**トー**ブレ ミッレ ノヴェ**チェ**ント セッ**サ**ンタ**セ**ッテ

13 数・時間の表現

単語 季節・月・曜日 stagione *f.*, mese *m.*, giorno *m.* /スタジョーネ, メーゼ, ジョルノ/

- 春 primavera *f.* /プリマヴェーラ/ (英 spring)
- 夏 estate *f.* /エスターテ/ (英 summer)
- 秋 autunno *m.* /アウトゥンノ/ (英 autumn, fall)
- 冬 inverno *m.* /インヴェルノ/ (英 winter)
- 12か月 dodici mesi *m.pl.* /ドーディチ メーズィ/ (英 twelve months)
- 1月 gennaio *m.* /ジェンナイオ/ (英 January)
- 2月 febbraio *m.* /フェッブライオ/ (英 February)
- 3月 marzo *m.* /マルツォ/ (英 March)
- 4月 aprile *m.* /アプリーレ/ (英 April)
- 5月 maggio *m.* /マッジョ/ (英 May)
- 6月 giugno *m.* /ジューニョ/ (英 June)
- 7月 luglio *m.* /ルッリォ/ (英 July)
- 8月 agosto *m.* /アゴースト/ (英 August)
- 9月 settembre *m.* /セッテンブレ/ (英 September)
- 10月 ottobre *m.* /オットーブレ/ (英 October)
- 11月 novembre *m.* /ノヴェンブレ/ (英 November)
- 12月 dicembre *m.* /ディチェンブレ/ (英 December)
- 1週間 una settimana *f.* /ウナ セッティマーナ/ (英 a week)
- 月曜日 lunedì *m.* /ルネディ/ (英 Monday)
- 火曜日 martedì *m.* /マルテディ/ (英 Tuesday)
- 水曜日 mercoledì *m.* /メルコレディ/ (英 Wednesday)
- 木曜日 giovedì *m.* /ジョヴェディ/ (英 Thursday)
- 金曜日 venerdì *m.* /ヴェネルディ/ (英 Friday)
- 土曜日 sabato *m.* /サーバト/ (英 Saturday)
- 日曜日 domenica *f.* /ドメーニカ/ (英 Sunday)
- 平日 giorno feriale *m.* /ジョルノ フェリアーレ/ (英 weekday)
- 祝祭日 giorno festivo *m.* /ジョルノ フェスティーヴォ/ (英 festival day)

13 数・時間の表現

シミュレーション ワインの村

サラミにぴったり！

久美子・ミケーレ

久 トスカーナは本当に美しいところね.
Toscana is a very beautiful place.
La Toscana è proprio bella.
ラトスカーナエプロープリォベッラ

ミ よい景色，よいワイン，それによい歌！
Good scenery, good wine, and good songs!
Bei paesaggi, ottimi vini e belle canzoni!
ベイパエサッジ，オッティミヴィーニ エベッレカンツォーニ

あそこにワインショップがあるだろ？
Can you see the wine store over there?
Vedi quell'enoteca?
ヴェーディクエッレノテーカ？

先に代金を払えばワインが好きなだけ試飲できるんだよ.
You can taste as much wine as you want after you pay some money.
Pagando in anticipo si possono assaggiare diversi vini, a volontà.
パガンドイナンティーチポ スィポッソノアッサッジャーレ ディヴェルスィヴィーニ，アヴォロンタ

久 ぜひ試してみたいわ.
I would love to try it.
Voglio proprio provarci.
ヴォッリォプロープリォプロヴァルチ

ミ じゃあ，行こうか．100種類以上はあるからね．

So, let's go. They have more than 100 kinds of wine.

Andiamo, allora. Ce ne sono più di cento tipi.

アンディアーモ，アッローラ　チェネソノピユディチェントティーピ

久 そんなにたくさんは飲めないわ．

I can't try that much.

Beh, non posso bere così tanto...

ベッ，ノンポッソベーレ　コズィタント

ミ これをちょっと飲んでみて．僕のお勧めの一品．

Try this a little. This is what I recommend.

Prova a sentire questo. Te lo consiglio.

プローヴァセンティーレ クエスト　テロコンスィッリォ

久 あら，おいしい．すっきりしてるわね．

That is good. It is light.

Che buono! Fresco e leggero.

ケブオーノ　フレスコエレッジェーロ

ミ こっちのは芳醇な風味でね，このサラミにぴったりだよ．

This one is generous. It matches this salami.

Questo invece è bello corposo; si sposa bene con questo salame.

クエストインヴェーチェ エベッロコルポーゾ　スィスポーザベーネ コンクエスト サラーメ

第14章 現在と過去の出来事

今していること
—— 朝食を取っているところです. ——

□ 今何をしていますか.
What are you doing right now?
Che cosa sta [stai] facendo ora? [tu]
ケコーザスタ [スタイ] ファ**チェンド** オーラ

□ 朝食を取っているところです.
I'm having breakfast.
Sto facendo colazione.
ストファ**チェンド** コラツィ**オー**ネ

□ 今, 友達が来ているところです.
I have a friend over now.
Ora c'è un amico [un'amica] da me.
オラチェウナミーコ [ウナミーカ] ダメ

□ ちょうどホテルから出るところです.
I'm leaving the hotel just now.
Sto uscendo dall'albergo proprio ora.
ストウッ**シェンド** ダッラルベルゴ プロープリオオーラ

□ 返事を待っているところです.
I'm waiting for the answer.
Sto aspettando la risposta.
ストアスペッ**タンド** ラリスポスタ

- 今, 忙しいですか.

    Are you busy at the moment?

    È [Sei] occupato(-a) adesso? [tu]

    エ[セイ] オックパート(タ) アデッソ?

- 今は何もしていません.

    I'm not doing anything now.

    Ora non ho niente da fare.

    オーラ ノノニエンテ ダファーレ

- 田中さんは今ごろ空港に着いているでしょう.

    Mrs. Tanaka should have gotten to the airport by now.

    La signora Tanaka sarà già arrivata all'aeroporto a quest'ora.

    ラスィニョーラタナカ サラジャアリヴァータ アッラエロポルトアクエストーラ

- 確認中です.

    We're in the process of getting this confirmed.

    Stiamo chiedendo conferma.

    スティアーモキエデンド コンフェルマ

- 修理中 [工事中] です.

    It is under repair(s) [construction].

    È in riparazione [costruzione].

    エインリパラツィオーネ[コストゥルツィオーネ]

イタリア語の現在時制は「現在進行中の動作」も意味しますから,「ちょうど今〜しているところです」と強調したい場合だけ「stare + -ando/-endo」を用います.

---

14 現在と過去の出来事

たった今したこと
—— 今, ホテルに着いたところです. ——

□ 今, ホテルに着いたところです.
I just arrived at the hotel.
Sono appena arrivato(-a) all'hotel.
ソノアッペーナアリヴァート(タ) アッロテル

□ ちょうど会社を出たところです.
I just left my office.
Sono appena uscito(-a) dall'ufficio.
ソノアッペーナウッシート(タ) ダッルッフィーチョ

□ たった今, 山田さんからあなたに電話がありました.
Mr. Yamada just called for you.
Il signor Yamada L'ha chiamata proprio ora.
イルスィニョール ヤマダ ラキアマータ プロープリオオーラ

□ 今, あなたに電話しようと思っていたところです.
I was just thinking of giving you a call.
Stavo proprio pensando di chiamarLa.
スターヴォプロープリォ ペンサンドディキアマルラ

□ すみません. 今, 考えごとをしていました.
I'm sorry. I was preoccupied.
Mi scusi, ero altrove col pensiero.
ミスクーズィ, エーロアルトローヴェ コルペンスィエーロ

□ ここはさっき通りましたよね.
We came by here a little while ago, didn't we?
Qui siamo passati poco fa, è vero?
クイスィアーモパッサーティ ポーコファ, エヴェーロ?

14 現在と過去の出来事

❏ さっき行ってきたばかりです.
> I just went there.
> **Ci sono stato(-a) or ora.**
>
> チソノス**タ**ート(タ) オル**オ**ーラ

> 「私はそこへ行ったことがある」「そこへ行ってきたところである」の表現には,「Ci sono stato/a.」で対応します.

❏ 彼女はついさっきまでここにいました.
> She was here till a few minutes ago.
> **Era qui fino a poco fa.**
>
> エーラ**ク**ィ フィーノアポーコ**ファ**

過去・経験の表現
── 修学旅行で来ました. ──

❏ 彼 [彼女] の家には行ったことがあります.
> I've been to his [her] house.
> **A casa sua ci sono già stato(-a).**
>
> アカーザ**ス**ーア チソノジャス**タ**ート(タ)

❏ ヴェルディさんとは以前お会いしたことがあります.
> I have met Mr. Verdi (once) before.
> **Ho già incontrato il signor Verdi.**
>
> オジャインコント**ラ**ート イルスィニョール**ヴェ**ルディ

❏ 3年前にイタリアに来たことがあります.
> I came to Italy three years ago.
> **Sono venuto(-a) in Italia tre anni fa.**
>
> ソノヴェ**ヌ**ート(タ) インニ**タ**ーリア トレ**ア**ンニ**ファ**

14 現在と過去の出来事

- ❑ 修学旅行で来ました．

    I came on a school trip.

    Ci sono venuto(-a) in gita scolastica.

    チソノヴェ**ヌ**ート(タ) インジータスコ**ラ**スティカ

- ❑ 過去に一度スイスへ行ったことがあります．

    I've been to Switzerland once.

    Sono stato(-a) in Svizzera una volta in passato.

    ソノス**タ**ート(タ) インズ**ヴィ**ッツェラ ウナ**ヴォ**ルタインパッサート

- ❑ そこへは行ったことがありません．

    I've never been there.

    Non ci sono mai stato(-a).

    ノンチソノ**マ**イスタート(タ)

- ❑ これはまだ食べたことがありません．

    I have never tried this.

    Questo non l'ho mai provato.

    ク**エ**スト ノンロ**マ**イプロヴァート

- ❑ 今までどこに行っていたのですか．

    Where have you been up to now?

    Dov'è stato(-a) finora?

    ドヴェ**エ**スタート(タ) フィ**ノ**ーラ

- ❑ この本はもう読みましたか．

    Have you read this book yet?

    Ha già letto questo libro?

    ア**ジャ**レット クエスト**リ**ーブロ？

- ❑ 去年，車を買いました．

    I bought a car last year.

    Ho comprato una macchina l'anno scorso.

    オコンプ**ラ**ート ウナ**マッ**キナ ランノス**コ**ルソ

14 現在と過去の出来事

❏ 3年前に卒業しました．
I graduated three years ago.
Mi sono laureato(-a) tre anni fa.
ミソノラウレアート(タ) トレアンニ**ファ**

❏ 中心街を見て回りました．
I walked around the downtown.
Ho fatto un giro in centro.
オファットウンジーロ イン**チェ**ントロ

❏ ちょうどそのとき電話が鳴りました．
Just then, the telephone rang.
Proprio in quel momento, ha suonato il telefono.
プロープリォ インクエルモメント，アスオナート イルテレーフォノ

❏ この映画はずっと前に見ました．
I saw this movie a long time ago.
Ho visto questo film tanto tempo fa.
オ**ヴィ**スト クエスト**フィ**ルム タントテンポ**ファ**

❏ それは何度も聞きました．
I heard it over and over again [many times].
L'ho già sentito diverse volte.
ロジャセンティート ディ**ヴェ**ルセヴォルテ

❏ 確か見たように思います．
I think I have seen it.
Penso proprio di averlo visto.
ペンソプロープリォディ ア**ヴェ**ルロヴィスト

❏ 知りませんでした．
I didn't know that.
Non lo sapevo.
ノンロサペーヴォ

14 現在と過去の出来事

シミュレーション ポンペイ

すばらしいモザイク.

学 あれがヴェズヴィオ山ですか？
Is that Mount Vesuvius?
È il Vesuvio quello?
エイルヴェズーヴィオ クエッロ？

男 そうです．あれが噴火したのです．
Yes. It erupted.
Esatto. È quello il vulcano che ha eruttato.
エザット　エクエッロイルヴルカーノケ アエルッタート

学 何年前のことですか？
When was it?
Quanti anni fa?
クワンティアンニファ

男 およそ2000年前の西暦79年8月24日です．
It was about 2000 years ago. August 24th, A.D.79.
Circa duemila anni fa: il 24 agosto dell' anno 79 dopo Cristo.
チルカドウエミーラアンニファ　イルヴェンティクワットロ アゴスト デッランノ
セッタンタノーヴェ ドーポクリスト

学 そんな大昔にこんなに立派な都市があったんですね．
I can't believe that this beautiful city was here such a long time ago.
E già da allora esistevano città grandi e

belle come questa?

エジャダッローラ エズィステーヴァノ チッタグランディ エベッレ コメクエスタ

[男] 現在は８割ほどが発掘されています．

About 80% of this place has been digged up so far.

Ad oggi, gli scavi hanno portato alla luce circa l'80% della città.

アドッジ, リスカーヴィアンノポルタートアッラルーチェ チルカロッタンタペルチェント デッラチッタ

[学] 建物は平屋ですか？

Are the buildings one-story houses?

Gli edifici hanno un piano solo?

リエディフィーチ アンノウンピアノソーロ？

[男] いいえ，二階建てのものも多いですよ．

No, there are many two-story houses.

Non tutti, ce ne sono molti anche a due.

ノントゥッティ, チェネソノモルティ アンケアドゥーエ

あちらに邸宅が見えるでしょう？

Can you see the mansions over there?

Lo vede quel palazzo laggiù?

ロヴェーデ クエルパラッツォラッジュ？

すばらしいモザイクがありますから，中をご案内しましょう．

There is a beatiful mosaic up there, and I'll show you around.

Dentro c'è un bellissimo mosaico, La porto a vederlo.

デントロチェ ウンベッリッスィモモザイコ, ラポルトアヴェデルロ

- ❏ そんな話は聞いたことがありません.

    I've never heard a story like that.

    Non ho mai sentito una cosa simile.

    ノノマイセンティート ウナコーザ**スィ**ーミレ

- ❏ ここ数年, 彼 [彼女] には会ってません.

    I haven't seen him [her] for the last few years.

    Non lo [la] vedo da alcuni anni.

    ノンロ[ラ] **ヴェ**ード ダールク**ー**ニ**ア**ンニ

- ❏ 私が帰宅したとき, 妻はすでに寝ていました.

    When I got home, my wife was already asleep.

    Quando sono rincasato, mia moglie era già a letto.

    ク**ワ**ンド ソノリンカ**ザ**ート, ミア**モ**ッリェ エーラ**ジャ** ア**レ**ット

- ❏ 2年前からイタリア語を勉強しています.

    I have been studing Italian for two years.

    Studio l'italiano da due anni.

    ス**トゥ**ーディオ リタリ**ア**ーノ ダ**ドゥ**エ**ア**ンニ

- ❏ ここには5年近く住んでいます.

    I have lived here for about five years.

    Abito qui da circa cinque anni.

    アビト ク**ィ** ダ**チ**ルカ **チ**ンク**ェア**ンニ

- ❏ あれからもう10年以上たちます.

    It's been more than ten years since then.

    Sono passati più di dieci anni da allora.

    ソノパッ**サ**ーティ ピ**ユ**ディ ディ**エ**チ**ア**ンニ ダアッ**ロ**ーラ

14 現在と過去の出来事

第15章 未来の予定

予定・計画についてたずねる
―― 明日はどちらへ行きますか？ ――

☐ 今晩は何をしますか．
  What are you doing this evening?
  Che cosa fa [fai] stasera? [tu]
  ケコーザ**ファ**[**ファイ**]スタ**セ**ーラ

☐ 明日はどちらへ行きますか．
  Where are you going tomorrow?
  Dove va [vai] domani? [tu]
  ド**ヴェ**ヴァ[**ヴァ**ーイ]ド**マ**ーニ

☐ 今週末は何をしますか．
  What are you doing this weekend?
  Che cosa fa [fai] questo fine settimana? [tu]
  ケコーザ**ファ**[**ファ**ーイ]クエスト**フィ**ーネセッティ**マ**ーナ

☐ 今度の休みの予定は？
  What's your plan for this vacation?
  Che programma ha [hai] per la prossima vacanza? [tu]
  ケップログラン**マ ア**[**ア**ーイ]ペルラプ**ロ**ッスィマヴァ**カ**ンツァ？

☐ これといった予定は何もありません．
  Nothing special.
  Niente di particolare.
  ニ**エ**ンテディ パルティコ**ラ**ーレ

❏ クリスマスは誰と過ごしますか.

Who are you spending Christmas with?

Con chi passa [passi] il Natale? [tu]

コン**キ**パッサ[パッスィ] イルナ**タ**ーレ

❏ 年末の休みはどこで過ごすつもりですか.

Where will you be spending the year-end holidays?

Dove pensa di passare le vacanze di fine anno?

ド―ヴェペンサディパッサーレ レヴァカンツェディ**フィ**ーネアンノ

■大晦日■

クリスマスを厳粛に過ごすのとは対照的に,大晦日は無礼講です.午前零時になると,打ち上げ花火に爆竹の音,シャンパンや発泡酒のコルクを抜く音など,とにかく賑やかに新年を迎えます.

❏ 午後はお出かけですか.

Are you going out this afternoon?

Esce questo pomeriggio?

エッシェ クエストポメ**リ**ッジョ?

❏ 明日はお暇ですか.

Will you be free tomorrow?

Lei è libero(-a) domani?

レーイエ**リ**ーベロ(ラ) ド**マ**ーニ?

❏ 発送はいつですか.

When are you going to send it?

Quando lo spedisce?

ク**ワ**ンド ロスペ**ディ**ッシェ

15 未来の予定

単語 祝祭日 (＊は休日) **giorni festivi** *m.pl.* /ジョルニ フェスティーヴィ/

1月1日: 元日 ＊ **Capodanno** *m.* /カポダンノ/

1月6日: 主顕節 **Epifania** *f.*, **Befana** *f.* /エピファニーア, ベファーナ/

3月19日: 聖ヨゼフ祭 **San Giuseppe** *f.* /サンジュゼッペ/

復活祭〔春分後の満月の次の日曜日〕 **Pasqua** *f.* /パスクワ/

天使の月曜〔復活祭の翌日〕＊ **Dell'Angelo** *m.*, **Pasquetta** *f.* /デッランジェロ, パスクエッタ/

4月25日: 解放記念日 ＊ **Anniversario della Liberazione** *m.* /アンニヴェルサーリオ デッラ リベラツィオーネ/

5月1日: メーデー ＊ **Festa del Lavoro** *f.* /フェスタ デル ラヴォーロ/

昇天祭〔復活祭後6週目の日曜〕 **Ascensione** *f.* /アッシェンスィオーネ/

聖体降臨祭〔復活祭後7週目の日曜〕 **Pentecoste** *f.* /ペンテコステ/

6月2日: 共和国記念日 ＊ **Festa della Repubblica** *f.* /フェスタ デッラ レプッブリカ/

6月29日: 聖ペテロ・聖パオロ祭 **Santissimi Pietro e Paolo** *f.* /サンティッスィミ ピエートロ エ パオロ/

8月15日: 聖母被昇天祭 ＊ **Assunzione di Maria Vergine** *f.*, **Ferragosto** *m.* /アッスンツィオーネ ディ マリーア ヴェルジネ, フェッラゴスト/

11月1日: 万聖節 ＊ **Ognisanti** *m.*, **Tutti i Santi** *m.pl.* /オンニサンティ, トゥッティ サンティ/

11月2日: 故人追憶の日 **Commemorazione dei Defunti** *f.* /コンメモラツィオーネ デイ デフンティ/

12月8日: 聖母無原罪御宿り日 **Immacolata Concezione** *f.* /インマコラータ コンチェツィオーネ/

12月24日: クリスマス・イブ **Vigilia di Natale** *f.* /ヴィジーリア ディ ナターレ/

12月25日: クリスマス ＊ **Natale** *m.* /ナターレ/

12月26日: 聖ステファノ祭 ＊ **Santo Stefano** *f.* /サント ステーファノ/

12月31日: 大晦日 **San Silvestro** *m.* /サン スィルヴェストロ/

15 未来の予定

❏ ローマにいつまでご滞在ですか.
>   How long are you going to stay in Rome?
>
>   **Fin quando rimane a Roma?**
>
>   フィン**ク**ワンド リ**マ**ーネアローマ

❏ 展覧会はいつからいつまでの予定ですか.
>   What are the dates for the exhibition?
>
>   **Quali sono le date per la mostra?**
>
>   ク**ワ**リソノ レ**ダ**ーテペルラ**モ**ストラ

予定・計画について述べる
—— 昼から出かけます. ——

❏ 午前中に洗濯をします.
>   I'll be doing laundry in the morning.
>
>   **Faccio il bucato in mattinata.**
>
>   **ファ**ッチョイルブカート インマッティ**ナ**ータ

❏ 午前中はたぶん寝ていると思います.
>   I'll probably be sleeping in the morning.
>
>   **Probabilmente di mattina sarò a letto.**
>
>   プロバビル**メ**ンテディマッ**ティ**ーナ サ**ロ** アレット

❏ 昼までに仕事を終わらせます.
>   I'll finish work by noon.
>
>   **Finirò il lavoro per mezzogiorno.**
>
>   フィニ**ロ** イル ラ**ヴォ**ーロ ペルメッゾ**ジョ**ルノ

❏ 昼から出かけます.
>   I'll go out this afternoon.
>
>   **Esco nel primo pomeriggio.**
>
>   **エ**スコ ネルプリモポメ**リ**ッジョ

15 未来の予定

❑ 午後は何もすることがありません．

I'm not doing anything in the afternoon.

Non ho niente da fare nel pomeriggio.

ノノニ**エ**ンテダファー**レ** ネルポメ**リ**ッジョ

❑ 夕方までには帰ります．

I'll be back by evening.

Sarò di ritorno prima di sera.

サ**ロ**ディリト**ル**ノ プリマディ**セ**ーラ

❑ 今夜はチェッキさんの家に呼ばれています．

I've been invited to Mr. Cecchi's house this evening.

Stasera sono invitato(-a) dal signor Cecchi.

スタ**セ**ーラ ソノインヴィ**タ**ート(タ) ダルスィニョール**チェ**ッキ

❑ 明日は市内観光でもしようかな．

Maybe I'll do some sight-seeing in the city tomorrow.

Domani farò un giro turistico in città.

ド**マ**ーニ ファ**ロ** ウンジーロトゥー**リ**スティコ イン**チ**ッタ

❑ 土曜日も仕事があります．

I go to my office on Saturdays too.

Lavoro anche il sabato.

ラ**ヴォ**ーロ **ア**ンケイルサーバト

❑ 週末はゴルフです．

I play golf on weekends.

Gioco a golf il fine settimana.

ジョーコア**ゴ**ルフ イル**フィ**ーネセッティ**マ**ーナ

❑ 来週の火曜日に日本に帰ります．

I'm going to go back to Japan on Tuesday next week.

Torno in Giappone martedì prossimo.

トルノインジャッ**ポ**ーネ マルテ**ディ**プロッスィモ

15 未来の予定

- ❏ 来年またトリノに来ますよ．

    I'll come to Turin again next year.

    Ritornerò a Torino l'anno prossimo.

    リトルネロ アトリーノ ランノプロッスィモ

さまざまな予定
―― ツアーでヴェネチアを回ります．――

- ❏ 今行きます〔相手のところへ〕．

    I'm coming.

    Vengo. / Arrivo.

    ヴェンゴ / アッリーヴォ

- ❏ すぐに戻ります．

    I'll come back soon.

    Torno subito.

    トルノスービト

- ❏ これからメールをチェックします．

    I'll check my e-mail now.

    Ora controllo la mia posta.

    オーラ コントロッロ ラミアポスタ

- ❏ ロビーで待っています．

    I'll be waiting at the lobby.

    L'aspetto nella hall.

    ラスペット ネッラオル

- ❏ 家にいます．

    I'll be at home.

    Resto a casa.

    レストアカーザ

- ❏ ゆっくり休みます.
  I'll take it easy.
  Mi riposo.
  ミリポーゾ

- ❏ 出かけると思います.
  I think I'll go out.
  Penso che uscirò.
  ペンソケウッシロ

- ❏ 美容院［床屋］に行きます.
  I'm going to the hairdresser's [barber's].
  Vado dal parrucchiere [barbiere].
  ヴァードダルパッルッキエーレ［バルビエーレ］

- ❏ サッカーを見に行きます.
  I'm going to watch soccer.
  Vado alla partita (di calcio).
  ヴァードアッラパルティータ（ディカルチョ）

- ❏ 海へ泳ぎに行きます.
  I'm going to swim in the ocean.
  Vado al mare a fare una nuotata.
  ヴァードアルマーレ アファーレウナヌオタータ

- ❏ 友達とレストランで食事をします.
  I'm going to eat at a restaurant with my friend.
  Mangio al ristorante con un amico [un'amica].
  マンジョ アルリストランテ コヌンナミーコ［コヌンナミーカ］

- ❏ 友人たちとパーティーをします.
  Some friends and I are having a party.
  Organizzo una festa con gli amici [le amiche].
  オルガニッツォ ウナフェスタ コンリアミーチ［レアミーケ］

15 未来の予定

❏ 家族でシチリア島へ旅行に行きます．
I'm taking a trip to Sicily with my family.
Vado a fare un viaggio in Sicilia con la famiglia.
ヴァードアファーレウンヴィ**ア**ッジョ インスィ**チー**リア コンラファ**ミ**ッリア

❏ ツアーでヴェネチアを回ります．
I am planning to go around Venice.
Vado a Venezia con una gita organizzata.
ヴァードアヴェネ**ー**ツィア コヌナ**ジ**ータオルガニッ**ザ**ータ

❏ 家族でドライブをすることにしました．
I'll take a drive with my family.
Esco a fare una gita con la mia famiglia.
エスコアファーレウナ**ジ**ータ コンラミアファ**ミ**ッリア

❏ ベルガモにいる従兄に会いに行くことにしました．
I am going to see a cousin who lives in Bergamo.
Vado a Bergamo a trovare un mio cugino.
ヴァードアベルガモ アトロ**ヴァ**ーレ ウンミオク**ジ**ーノ

❏ 映画を見るかもしれません．
I might see a movie.
Forse guardo un film.
フォルセ グワルドウン**フィ**ルム

❏ 友達と会う予定です．
I plan to see some friends.
Mi incontrerò con gli amici [le amiche].
ミインコントレ**ロ** コンリア**ミ**ーチ[レア**ミ**ーケ]

❏ テニスの試合があります．
I have a tennis match.
Ho una partita di tennis.
オウナパルティータディ**テ**ンニス

15 未来の予定

- ❏ 友人が家に来ます．

    A friend is coming over.

    Viene da me un amico [un'amica].

    ヴィエネダメ ウナミーコ [ウナミーカ]

- ❏ ドイツに出張なんです．

    I'm on a business trip to Germany.

    Faccio un viaggio d'affari in Germania.

    ファッチョ ウンヴィアッジョダッファーリ インジェルマーニア

- ❏ まだ，予定は何もありません．

    I don't have any plans yet.

    Non ho nessun programma.

    ノノ ネッスンプログランマ

- ❏ これから決めます．

    I'll decide it later.

    Deciderò ora.

    デチデロ オーラ

- ❏ 体調次第です．

    It depends on how I feel.

    Dipende da come mi sento.

    ディペンデ ダコメミセント

- ❏ 天候次第です．

    It depends on the weather.

    Dipende dal tempo.

    ディペンデダルテンポ

15 未来の予定

❏ 天気がよければ川でバーベキューをします．

> We'll have a barbecue on the river if the weather's good.

Tempo permettendo, faremo un barbecue al fiume.

テンポペルメッテンド，ファレーモウンバルベ**キュ** アルフィ**ユ**ーメ

❏ ジュリオと相談して，明日どこへ行くか決めます．

> Giulio and I will talk it over and decide where to go tomorrow.

Parlo con Giulio e decideremo dove andiamo domani.

パルロコン**ジュ**ーリォ エデチデ**レ**ーモ **ド**ーヴェアンディアーモドマーニ

第16章 天候・気候

天候の表現
—— 小雨が降っています． ——

❑ ミラノ［そちら］の今の天気はどうですか．
How is the weather in Milan [at your place]?
Che tempo fa a Milano [da voi]?
ケテンポ**ファ** アミラーノ［ダ**ヴォ**ーイ］

❑ 天気が良い［悪い］です．
It's fine [bad] weather.
Fa bel [brutto] tempo.
ファベル［ブルット］テンポ

❑ 晴れています．
It's sunny.
C'è il sole.
チェイル**ソ**ーレ

❑ 過ごしやすいです．
It's very comfortable.
Si sta bene.
スィスタ**ベ**ーネ

❑ 曇りです．
It's cloudy.
È nuvoloso.
エヌヴォ**ロ**ーゾ

16 天候・気候

❑ 雨です.
It's raining.
Piove.
ピオーヴェ

❑ 雨が強く降っています.
It's raining heavily.
Piove forte.
ピオーヴェ**フォルテ**

❑ 小雨が降っています.
It is drizzling.
Pioviggina.
ピオ**ヴィッジ**ナ

❑ 雨が降ったり止んだりしています.
It is raining off and on.
Piove a tratti.
ピオーヴェアト**ラ**ッティ

❑ 雪です. / みぞれです.
It's snowing. / It's sleeting.
Nevica. / Cade nevischio.
ネーヴィカ / カーデネ**ヴィ**スキオ

❑ 吹雪いています.
It's a snowstorm.
C'è una bufera di neve.
チェウナブ**フェ**ーラディネーヴェ

❑ 霧 [もや] が出ています.
It's foggy [hazy].
C'è la nebbia [foschia].
チェラ**ネ**ッビア [フォス**キ**ーア]

- ❏ 嵐です.
  It's stormy.
  C'è un temporale.
  チェウンテンポラーレ

- ❏ 風が強いです
  The wind is blowing hard.
  Tira un vento forte.
  ティーラウンヴェント**フォ**ルテ

- ❏ 風が冷たいです.
  The wind is cold.
  Il vento è freddo.
  イル**ヴェ**ントエフレッド

- ❏ 雷が鳴っています.
  It's thundering.
  Tuona.
  トゥ**オ**ーナ

- ❏ 稲妻が光っています.
  Lightning is flashing.
  Lampeggia.
  ラン**ペ**ッジャ

- ❏ 台風が接近しています.
  A typhoon is approaching.
  Si sta avvicinando un tifone.
  スィスタアッヴィチ**ナ**ンド ウンティ**フォ**ーネ

- ❏ 暑い [寒い] です.
  It's hot [cold].
  Fa caldo [freddo].
  ファ**カ**ルド [フ**レ**ッド]

16 天候・気候

❏ 蒸し暑いです.
It's hot and humid. / It's muggy.
Fa un caldo afoso. / C'è afa.
ファウン**カ**ルドアフォーゾ / チェ**アー**ファ

❏ 暖かいです. / 涼しいです.
It's warm. / It's cool.
È mite. / Fa fresco.
エ**ミー**テ / ファフ**レ**スコ

❏ 朝晩は冷え込みます.
It's been getting cold in the early mornings and evenings.
La mattina e la sera fa piuttosto freddo.
ラマッ**ティー**ナ エラ**セー**ラ ファピユッ**ト**スト フ**レ**ッド

❏ 気温が低いです.
The temperature is low.
La temperatura è bassa.
ラテンペラ**トゥー**ラ エ**バ**ッサ

❏ 湿度が高いです.
The humidity is high.
L'umidità è alta.
ルミディ**タ** エ**ア**ルタ

❏ 日中は暖かですが夕方になると冷え込みます.
It's warm during the day, but cold at night.
Durante il giorno fa caldo, ma la sera fa freddo.
ドゥランテイル**ジョ**ルノ ファ**カ**ルド, マラ**セー**ラ ファフ**レ**ッド

❏ もうすぐ夏 [冬] です.
It won't be long before summer [winter].
Fra poco saremo in estate [in inverno].
フラ**ポー**コ サ**レー**モイン**ネ**ス**ター**テ [イニン**ヴェ**ルノ]

❏ もう春 [秋] ですね.

Spring [Fall] is here.

Siamo già in primavera [in autunno].

スィアーモ ジャ イン プリマヴェーラ [インナウトゥンノ]

❏ 夏はかなり暑いです.

It gets pretty hot in the summer.

D'estate fa molto caldo.

デスターテ ファ モルト カルド

❏ 冬の寒さが厳しいです.

It gets very cold in the winter.

Abbiamo un inverno rigido.

アッビアーモ ウニンヴェルノ リージド

❏ 暑い [寒い] のは苦手です.

I don't like it when it gets too hot [cold].

Non sopporto il caldo [freddo].

ノン ソッポルト イル カルド [フレッド]

❏ 今朝,強い地震がありました.

There was a strong earthquake this morning.

C'è stato un forte terremoto stamattina.

チェ スタート ウン フォルテ テッレモート スタマッティーナ

■イタリア■

「地中海」からは温暖で明るいイメージが浮かびますが,長靴のように南北に長いイタリアでは,中央に位置するアペニン山脈 (gli Appennini) を境に,土地の言葉だけではなく気候も大きく変わります.

第17章 入国審査・税関

入国審査・税関における表現
—— これは課税対象となります．——

❏ パスポートを見せてください．
  Show me your passport, please.
  Mi faccia vedere il Suo passaporto, per favore.
  ミ**ファ**ッチャヴェデーレ イルスオパッサ**ポ**ルト，ペルファ**ヴォ**ーレ

❏ 入国目的は何ですか．
  For what purpose are you entering the country?
  Qual è il motivo della Sua visita?
  クワーレ**エ** イルモ**ティ**ーヴォ デッラスア**ヴィ**ーズィタ

❏ 観光です．
  For sightseeing.
  Per turismo.
  ペルトゥーリズモ

❏ 商用［留学］です．
  For business [studying].
  Per lavoro [studio].
  ペルラ**ヴォ**ーロ［ス**トゥ**ーディオ］

❏ どれくらい滞在されるおつもりですか．
  How long are you going to stay?
  Per quanto tempo ha intenzione di restare?
  ペルク**ワ**ントテンポ アインテンツィ**オ**ーネディレスターレ

入国審査・税関

❑ 5日間［2週間］です．
For five days [two weeks].
Cinque giorni [Due settimane].
チンクェジョルニ [ドゥーエセッティマーネ]

❑ 帰りの航空券はお持ちですか．
Do you have a return ticket?
Ha il biglietto aereo di ritorno?
アイルビッリェットアエーレオ ディリトルノ？

❑ はい，これです．
Here it is. / Here you are.
Sì, eccolo qui.
スィ，エッコロクィ

❑ 何か申告するものはありますか．
Do you have anything to declare?
Ha qualcosa da dichiarare?
アクワルコーザ ダディキアラーレ？

❑ いいえ，ありません．
No, nothing.
No, niente.
ノ，ニエンテ

❑ 身の回り品だけです．
I have nothing but my personal belongings.
Ho solo effetti personali.
オソーロ エッフェッティペルソナーリ

❑ これは申告の必要がありますか．
Do I need to declare this?
Questo si deve dichiarare?
クエスト スィデーヴェディキアラーレ？

17 入国審査・税関

❏ これは何ですか．
What is this?
Che cosa è questo?
ケコーザ**エ**クエスト

❏ 心臓の薬です．
It's medicine for my heart.
È una medicina per il cuore.
エウナメディ**チ**ーナ ペリルク**オ**ーレ

❏ 医師の診断書を持っています．
I have a doctor's medical certificate.
Ho il certificato medico.
オイルチェルティフィカート**メ**ーディコ

❏ 酒・たばこ類をお持ちですか．
Do you have any alcohol or tobacco?
Ha delle sigarette o dei liquori?
アデッレスィガ**レ**ッテ オデイリク**オ**ーリ？

❏ これは課税されますか．
Is this taxed?
Per questo devo pagare la tassa?
ペルク**エ**スト デヴォパ**ガ**ーレ ラ**タ**ッサ？

❏ これは課税対象となります．
This is taxed.
Questo è soggetto a tassazione.
ク**エ**スト エソッ**ジェ**ット アタッサツィ**オ**ーネ

❏ 課税額はいくらですか．
How much do I have to pay for the tax?
A quanto ammonta la tassa?
アク**ワ**ント アンモンタラ**タ**ッサ

❑ これは機内には持ち込めません．

You can't bring it into the plane.

Questo non si può portare dentro l'aereo.

クエスト ノンスィプ**オ**ポルターレ デントロラ**エ**ーレオ

❑ これは国外に持ち出せません．

You can't take this out of the country.

Questo non si può portare fuori dal paese.

クエスト ノンスィプ**オ**ポルターレ フ**オ**ーリダルパエーゼ

❑ ここで没収します．

We'll have to confiscate it right here.

Lo deve lasciare qui. / È sequestrato.

ロデーヴェラッシャーレ**クィ** / エセク**エ**ストラート

❑ 日本の税関では問題ありませんでした．

There were no problems at Japan customs.

Non c'è stato nessun problema alla dogana giapponese.

ノン**チェ**スタート ネッ**ス**ンプロブレーマ アッラド**ガ**ーナ ジャッポネーゼ

❑ ワシントン条約に違反しています．

It violates the Washington Convention.

Viola il trattato di Washington.

ヴィーオラ イルトラッタートディ**ウォ**シントン

第18章 交通機関・空港

電車・地下鉄・バスに乗る
―― この電車は急行ですか？ ――

❑ 地下鉄の駅はどこですか．
Where is the subway station?
Dov'è la stazione del metro?
ドヴェ**エ** ラスタツィ**オー**ネデルメートロ

❑ 切符売り場はどこですか．
Where is the ticket office?
Dov'è la biglietteria?
ドヴェ**エ** ラビッリェッテ**リー**ア

❑ ヴェネチアまで2枚ください．
Two tickets to Venice, please.
Due per Venezia, per favore.
ド**ゥー**エ ペルヴェネーツィア，ペルファ**ヴォー**レ

❑ 片道です．
One way, please.
Solo andata, per favore.
ソーロアンダータ，ペルファ**ヴォー**レ

❑ 往復です．
Round-trip, please.
Andata e ritorno, per favore.
アンダータエリ**トル**ノ，ペルファ**ヴォー**レ

❑ この電車はシエナに行きますか.

Does this train stop at Siena?

Questo treno va a Siena?

クエストトレーノ ヴァースィエーナ?

❑ この電車は急行ですか.

Is this train an express?

È un espresso questo treno?

エウンネスプレッソ クエストトレーノ?

❑ 乗り換えが必要ですか.

Do I need to transfer?

Si deve cambiare?

スィデーヴェカンビアーレ?

❑ どこで乗り換えるのですか.

At which station do I transfer?

Dove si cambia?

ドーヴェスィカンビア

❑ アッシジ行きに連絡していますか.

Does it connect with the train for Assisi?

C'è la coincidenza per Assisi?

チェラコインチデンツァ ペルアッスィーズィ?

❑ どこで降りたらいいですか.

Where should I get off?

Dove devo scendere?

ドーヴェデヴォ シェンデレ

❑ ジェノバ行きの電車に乗ってください.

Take the train for Genoa.

Prenda il treno per Genova.

プレンダ イルトレーノペルジェーノヴァ

18 交通機関・空港

駅で

12時20分発の列車

中村 中・駅員 駅

中 すみません，12時20分発の列車はこれですか？
Excuse me, but does it leave at 12:20?
Scusi, è questo il treno delle 12 e 20?
スクーズィ, エクエスト イルトレーノデッレドーディチエヴェンティ？

駅 そうですが，どこへお行きになるんですか？
Yes, but where are you going?
Sì, ma dove deve andare, signora?
スィ, マドヴェデヴェアンダーレ, スィニョーラ？

中 トリノです．
To Torino.
A Torino.
アトリーノ

駅 それでしたら，先頭のほうの車両に乗らないとだめです．
You have to be in the front cars.
Allora deve salire su una carrozza di testa.
アッローラ デヴェサリーレ スウナカッロッツァディテスタ

後方の車両はヴェンティミッリア行ですから．
Because the cars backward go to Ventimiglia.
Quelle di coda vanno a Ventimiglia.
クエッレディコーダ ヴァンノアヴェンティミッリァ

🀫 でも，3番線だと言われたんですよ．
But, I was told to take the train at Platform 3.
Ma mi hanno detto al terzo binario.
マミアンノ**デット**アル**テル**ツォビナーリォ

🀫 そうです．列車はこれですが，後方の車両はジェノバで切り離しになります．
Right. You are in the correct train, but the backward will be detached from the train at Genova.
Infatti. Il treno è questo, ma a Genova le carrozze di coda vengono staccate.
イン**ファ**ッティ イルトレーノエク**エ**スト，マア**ジェ**ーノヴァ レカッ**ロ**ッツェディ コーダ ヴェンゴノスタッ**カ**ーテ

各車両に付いている行先の表示をよく確かめないとだめですよ．
You have to check the plate showing the destination.
Deve leggere il cartello attaccato ad ogni carrozza.
デヴェ**レ**ッジェレ イルカル**テ**ッロ アッタッ**カ**ートアドンニカッ**ロ**ッツァ

🀫 そうでしたか，ありがとうございます．
I see. Thank you.
Ho capito, grazie mille.
オカ**ピ**ート，グラーツィエ**ミ**ッレ

❏ 特急電車に乗ってください．
Take the express train.
Prenda il treno rapido.
プレンダ イル トレーノ ラーピド

❏ リミニで降りてください．
Get off at Rimini.
Scenda a Rimini.
シェンダ ア リーミニ

❏ ヴェローナで乗り換えてください．
Switch at Verona.
Cambi a Verona.
カンビ ア ヴェローナ

■ストライキ■

イタリアでは何の予告もなく突然ストライキに突入することがよくあります．交通機関の遅延も多く，時刻表どおりに運行されていれば運がいいと思い，スローフードの国では，何でものんびり構えて行きましょう．

❏ ドゥオーモは2つ目の駅です．
Duomo is the second stop.
Il Duomo è alla seconda fermata.
イル ドゥオーモ エアッラ セコンダ フェルマータ

❏ パリ行きのユーロスターは 12 番線からです．
The Eurostar bound for Paris leaves from platform 12.
L'Eurostar per Parigi parte dal binario 12.
レウロスタル ペル パリージ　パルテ ダル ビナーリオ ドーディチ

❏ 空港行きのバスはどこから出ますか.
    Where can I take the bus for the airport?
    Da dove parte l'autobus per l'aeroporto?
    ダドーヴェパルテ ラウトブス ペルラエロポルト

❏ このバスは博物館の近くに止まりますか.
    Does this bus [Do you] stop near the museum?
    Questo autobus si ferma vicino al museo?
    クエスタウトブス スィフェルマ ヴィチーノアルムゼーオ?

❏ どうぞお掛けください.
    Please have a seat.
    Prego, si accomodi.
    プレーゴ, スィアッコーモディ

❏ 荷物をお持ちしましょう.
    Shall I take your luggage?
    Posso aiutarLa a portare i bagagli?
    ポッソアユタルラ アポルターレイバガッリ?

❏ 席をお間違えではないですか.
    I think you are in the wrong seat.
    Non ha sbagliato posto?
    ノナズバッリアート ポスト?

❏ ここは私の席だと思います.
    I think this is my seat.
    Credo che questo sia il mio posto.
    クレードケ クエストスィーア イルミオポスト

❏ 切符を拝見させてください.
    I'll check your ticket.
    Mi fa vedere il Suo biglietto?
    ミファヴェデーレ イルスオビッリエット?

18 交通機関・空港

シミュレーション バス停で

アーファの意味は？

久美子 久・男性 男

久 すみません．聖天使城へは何番のバスに乗ればいいんですか？

Excuse me, but which bus takes me to the Castle of Angels?

Scusi, per andare al Castel S. Angelo, che autobus devo prendere?

スクーズィ，ペルアンダーレ アルカステルサン**タ**ンジェロ，ケ**ア**ウトブス デヴォプ**レ**ンデレ

男 46番です．ちょうどここに止まりますよ．

Take 46. The bus is coming here.

Il 46. Si ferma proprio qui.

イルクワランタセーイ スィ**フェ**ルマ プロープリオ**ク**ィ

久 よかった！ 暑いので歩き疲れてしまいました．

What a grief! I am tired of walking in this heat.

Meno male! Sono stanca di camminare con questo caldo.

メノマーレ ソノス**タ**ンカディ カンミナーレコンクエストカルド

男 今日はアーファがありますからね．

There is afa today.

C'è afa oggi.

チェ**ア**ーファオッジ

久 アーファ？ 何という意味ですか？

Afa? What does it mean?

Afa? Cosa vuol dire?
アーファ？ コーザヴォルディーレ

男「湿気があって息苦しくなる暑さ」という意味です.
It means "hot and humid".
Vuol dire "un caldo umido e soffocante".
ヴォルディーレ ウンカルドウーミド エソッフォカンテ

久 ああ，わかりました.
Oh, I see.
Ah, sì. Ora capisco.
アースィ オーラカピスコ

男 それにしてもイタリア語がお上手ですね.
You speak Italian very well, by the way.
Ma Lei parla molto bene l'italiano.
マ レーイパルラモルトベーネ リタリアーノ

久 褒めてくださって，ありがとうございます.
Thank you for your compliment.
Grazie per il complimento.
グラーツィエ ペルイルコンプリメント

男 ほらバスが来ましたよ. よい一日を.
Here the bus comes. Have a good day!
Ecco arriva l'autobus. Buona giornata, signorina.
エッコ アッリーヴァラウトブス ブオナジョルナータ, スィニョリーナ

久 はい，あなたのほうこそ. さようなら.
You too. Bye.
Grazie, altrettanto. ArrivederLa, signore.
グラーツィエ, アルトレッタント アリヴェデルラ, スィニョーレ

久美子久・男性男

バスに乗って

チボリへ行きますよね？

客 何をお探しですか．
What are you looking for?
Che cosa cerca?
ケコーザチェルカ

中 切符を買いたいのですが，どこにも券売機がないもので．
I'd like to buy a ticket, but I can't find any ticket machine.
Vorrei fare il biglietto, ma non vedo nessun distributore.
ヴォッレイファーレ イルビッリエット，マノンヴェード ネッスンディストリブトーレ

客 切符はバスに乗る前に買っておくんですよ．
You have to buy a ticket before getting on the bus.
I biglietti bisogna comprarli prima di salire sull'autobus.
イビッリエッティ ビゾーニャコンプラルリ プリマディサリーレスッラウトブス

中 どこで買うのですか？
Where can I buy a ticket?
Dove si compra?
ドヴェスィコンプラ

客 たばこ屋か新聞屋です．
At a tabacco store or a newsstand.
Dal tabaccaio o dal giornalaio.
ダルタバッカイオ オダルジョルナライオ

中 それじゃあ，どうすればいいんでしょうか．
What am I supposed to do now?
E adesso come faccio?
エアデッソ コメファッチョ

客 検札が乗ってきたら私が事情を説明してあげましょう．
I will tell the ticket inspector your situation when he comes.
Nel caso che salga un controllore, spiego io la situazione.
ネルカーゾケサルガ ウンコントロッローレ，スピエーゴイーヨ ラスィトゥアツィオーネ

中 そうですか，ご親切にありがとうございます．
Thank you for your help.
Grazie, è molto gentile.
グラーツィエ，エモルトジェンティーレ

このバスはチボリへ行きますよね？
This bus is bound for Tivoli, isn't it?
Questo autobus va a Tivoli, vero?
クエストアウトブス ヴァアティーヴォリ，ヴェーロ？

客 はい，終点です．
Yes, it is the terminal.
Sì, è il capolinea.
スィ，エイルカポリーネア

中村 **中**・乗客 **客**

- ❏ フィレンツェに着いたら教えてください.

    Let me know when the train arrives at Florence.

    Mi può avvisare quando arriviamo a Firenze?

    ミ プ**オ** アッヴィザーレ ク**ワ**ンド アッリヴィアーモ アフィ**レ**ンツェ?

- ❏ ここはどこですか.

    Where are we? / Where is this?

    Dove siamo? / Dov'è qui?

    ド−ヴェスィアーモ / ドヴェ**エ**ク**ィ**

- ❏ ボローニャはもう過ぎてしまいましたか.

    Did we already pass Bologna?

    Abbiamo già passato Bologna?

    アッビアーモ ジャ パッサート ボ**ロ**ーニャ?

- ❏ フィレンツェに着きましたよ.

    We've arrived at Florence.

    Eccoci a Firenze!

    エッコチ アフィ**レ**ンツェ

- ❏ ここがあなたの降りる駅です.

    This is the station where you get off.

    Lei deve scendere qui.

    レ−イ デヴェ **シェ**ンデレク**ィ**

- ❏ 北口を出てください.

    Go out the north exit.

    Esca all'uscita nord.

    エスカ アッルッシータ **ノ**ルド

- ❏ 駅からバス[タクシー]に乗ってください.

    Take the bus [a taxi] at the station.

    Prenda l'autobus [il taxi] alla stazione.

    プレンダ ラ**ウ**トブス [イル**タ**クスィ] アッラスタツィ**オ**ーネ

■駅■

イタリアの駅には改札はありませんから，切符は乗車する前に購入して検印機 (vidimatrice) を通しておかないと無効，つまり無賃乗車と同じことになります．検印機は駅の構内やホーム，バスの場合は乗車口の近くに取り付けてあります．

タクシーに乗る
―― Zホテルまでお願いします． ――

☐ **タクシー乗り場はどこですか．**
Where can I get a taxi?
Dov'è il posteggio taxi?
ドヴェ エ イル ポステッジョ **タ**クスィ

☐ **トランクに荷物を入れてください．**
Please put my luggage in the trunk.
Metta la valigia nel bagagliaio, per favore.
メッタ ラ ヴァリージャ ネル バガッリ**ア**イオ，ペル ファ**ヴォ**ーレ

☐ **Zホテルまでお願いします．**
To the Hotel Z, please.
All'Hotel Z, per favore.
アッロ **テ**ル **ゼ**ータ，ペル ファ**ヴォ**ーレ

☐ **急いで行ってください．**
Please hurry up.
Faccia in fretta, per favore.
ファッチャ イン フ**レ**ッタ，ペル ファ**ヴォ**ーレ

18 交通機関・空港

❏ ここで止めてください.
Stop here, please.
Si fermi qui, per favore.
スィフェルミ**クィ**, ペルファ**ヴォ**ーレ

❏ 高速道路を使ってもいいですか.
Can we take the expressway?
Possiamo prendere l'autostrada?
ポッスィアーモプ**レ**ンデレ ラウトスト**ラ**ーダ?

❏ ええ, いいですよ.
Yes, that's fine.
Sì, certo.
ス**ィ**, **チェ**ルト

❏ 一般道で行ってください.
Please take regular roads.
Vada per la strada provinciale, per favore.
ヴァーダ ペルラスト**ラ**ーダプロヴィン**チャ**ーレ, ペルファ**ヴォ**ーレ

❏ 花屋に寄ってください.
Drop by a flower shop.
Passi dal fioraio, per favore.
パッスィダルフィオ**ラ**イオ, ペルファ**ヴォ**ーレ

❏ コロセウムまでいくらかかりますか.
How much does it cost to go to the Colosseum?
Quanto viene fino al Colosseo?
ク**ワ**ントヴィエーネ フィーノアルコロッ**セ**ーオ

❏ おつりは取っておいてください.
Keep the change.
Tenga il resto.
テンガイル**レ**スト

単語 ヨーロッパ　Europa *f.*/エウローパ/

- イギリス　**Inghilterra** *f.*/インギルテッラ/(英 England)
- ロンドン　**Londra** *f.*/ロンドラ/(英 London)
- フランス　**Francia** *f.*/フランチャ/(英 France)
- パリ　**Parigi** *f.*/パリージ/(英 Paris)
- ニース　**Nizza** *f.*/ニッツァ/(英 Nice)
- スペイン　**Spagna** *f.*/スパーニャ/(英 Spain)
- マドリード　**Madrid** *f.*/マドリッ/(英 Madrid)
- ポルトガル　**Portogallo** *m.*/ポルトガッロ/(英 Portugal)
- リスボン　**Lisbona** *f.*/リズボーナ/(英 Lisbon)
- スイス　**Svizzera** *f.*/ズヴィッツェラ/(英 Switzerland)
- ジュネーブ　**Ginevra** *f.*/ジネーヴラ/(英 Geneva)
- チューリヒ　**Zurigo** *f.*/ズリーゴ/(英 Zurich)
- ドイツ　**Germania** *f.*/ジェルマーニァ/(英 Germany)
- ベルリン　**Berlino** *f.*/ベルリーノ/(英 Berlin)
- ミュンヘン　**Monaco** *f.*/モーナコ/(英 Munich)
- オーストリア　**Austria** *f.*/アウストリア/(英 Austria)
- ウィーン　**Vienna** *f.*/ヴィエンナ/(英 Vienna)
- デンマーク　**Danimarca** *f.*/ダニマルカ/(英 Denmark)
- コペンハーゲン　**Copenaghen** *f.*/コペナーゲン/(英 Copenhagen)
- フィンランド　**Finlandia** *f.*/フィンランディア/(英 Finland)
- ヘルシンキ　**Helsinki** *f.*/エルスィンキ/(英 Helsinki)
- ノルウェー　**Norvegia** *f.*/ノルヴェージャ/(英 Norway)
- オスロ　**Oslo** *f.*/オーズロ/(英 Oslo)
- スウェーデン　**Svezia** *f.*/ズヴェーツィア/(英 Sweden)
- ストックホルム　**Stoccolma** *f.*/ストッコルマ/(英 Stockholm)
- ロシア　**Russia** *f.*/ルッスィア/(英 Russia)
- モスクワ　**Mosca** *f.*/モスカ/(英 Moscow)
- ポーランド　**Polonia** *f.*/ポローニア/(英 Poland)
- ワルシャワ　**Varsavia** *f.*/ヴァルサーヴィア/(英 Warsaw)

18　交通機関・空港

飛行機に乗る
—— エコノミーで2席お願いします. ——

❑ 便の予約をお願いします.

I would like to make a reservation for a flight.

Vorrei prenotare un posto per un volo.

ヴォッレイプレノターレ ウンポストペルウンヴォーロ

❑ 6日15時発のロンドン行きを1席お願いします.

One ticket to London, leaving at 15 on 6th.

Per favore, un posto per Londra, per il giorno 6, alle 15.

ペルファヴォーレ, ウンポストペルロンドラ, ペリルジョルノセーイ アッレクイ ンディチ

❑ 明日の10時頃にローマ行きの便はありますか.

Are there any flights to Rome leaving tomorrow about ten o'clock?

C'è qualche volo per Roma domani intorno alle dieci?

チェクワルケヴォーロ ペルローマ ドマーニ イントルノアッレディエチ?

❑ 5月7日のフランクフルト行きの便はありますか.

Are there any flights to Frankfurt leaving on May 7th?

Ci sono voli per Francoforte il sette maggio?

チソノヴォーリ ペルフランコフォルテ イルセッテ マッジョ?

❑ 満席です.

It's full.

È tutto pieno [completo].

エトゥットピエーノ [コンプレート]

❑ 空席待ちでお願いします．

Could you put me on the waiting list?

Potrebbe mettermi in lista d'attesa?

ポトレッベメッテルミ インリスタ ダッテーザ？

❑ エコノミーで2席お願いします．

I'd like to get two seats in economy class.

Vorrei prenotare due posti in classe economica.

ヴォッレイプレノターレ ドゥーエポスティ インクラッセエコノーミカ

❑ 窓側[通路側]の席をお願いします．

I'd like a window [an aisle] seat, please.

Vorrei un posto vicino al finestrino [sul lato del corridoio].

ヴォッレイウンポスト ヴィチーノアルフィネストリーノ [スルラートデルコッリドイオ]

❑ 搭乗手続きをしたいのですが．

I'd like to check in, please.

Vorrei fare il check-in.

ヴォッレイファーレイルチェキン

❑ 搭乗ゲートは何番ですか．

What's the number of the boarding gate?

Qual è il numero del gate?

クワーレエ イルヌーメロ デルゲイト

❑ まだ搭乗は間に合いますか．

Do we still have time to get on board?

Sono ancora in tempo per imbarcarmi?

ソノアンコーラインテンポ ペリンバルカルミ？

18 交通機関・空港

預ける荷物はありません．

I don't have any bags to check.

Non ho nessuna valigia per il check-in.

ノノネッスンヴァリージャ ペリルチェキン

この荷物を預けます．

I'd like to check this luggage [baggage].

Vorrei mandare questa valigia.

ヴォッレイマンダーレ クエスタヴァリージャ

荷物が出てきません．

My luggage hasn't come out. / I can't find my luggage.

La mia valigia non esce.

ラミアヴァリージャ ノンネッシェ

調べてください．

Please look into it.

Controllate, per favore.

コントロッラーテ，ペルファヴォーレ

ローマ空港に行ってしまったようです．

It seems to have gone to Rome airport.

Pare che sia già partita per l'aeroporto di Roma.

パーレケ スィーア ジャパルティータ ペルラエロポルトディローマ

いつ戻りますか．

When will it come back?

Quando posso riaverla?

クワンドポッソ リアヴェルラ

明日中にこのホテルまで届けてください．

Please send it to this hotel by tomorrow.

La mandi a quest'albergo entro domani, per favore.

ラマンディ アクエスタルベルゴ エントロドマーニ，ペルファヴォーレ

単語 空港 aeroporto *m.*/アエロポルト/

ターミナルビル aerostazione *f.*/アエロスタツィオーネ/(英 terminal)

航空会社 compagnia aerea *f.*/コンパンニーア アエーレア/(英 airline)

航空券 biglietto aereo *m.*/ビッリエット アエーレオ/(英 airline ticket)

フライト volo *m.*/ヴォーロ/(英 flight)

座席 posto *m.*/ポスト/(英 seat)

シートベルト cintura di sicurezza *f.*/チントゥーラ ディ スィクレッツァ/(英 seat belt)

窓側の席 finestrino *m.*/フィネストリーノ/(英 window seat)

通路側の席 corridoio *m.*/コッリドイオ/(英 aisle seat)

エコノミークラス classe economica *f.*/クラッセ エコノーミカ/(英 economy class)

ビジネスクラス business class *f.*/ビズネスクラス/(英 business class)

ファーストクラス prima classe *f.*/プリーマクラッセ/(英 first class)

チェックイン check-in *m.*/チェキン/(英 check in)

搭乗ゲート gate *m.*/ゲイト/(英 boarding gate)

搭乗券 carta d'imbarco *f.*/カルタ ディンバルコ/(英 boarding pass)

出発 partenza *f.*/パルテンツァ/(英 departure)

到着 arrivo *m.*/アッリーヴォ/(英 arrival)

トランジット transito *m.*/トランスィト/(英 transit)

乗り継ぎ便 volo della coincidenza *m.*/ヴォーロ デッラ コインチデンツァ/(英 connecting flight)

手荷物 bagaglio a mano *m.*/バガッリォ アマーノ/(英 baggage)

税関 dogana *f.*/ドガーナ/(英 customs)

18 交通機関・空港

第19章 宿泊

ホテルを探す
── シャワー付きの部屋をお願いします. ──

☐ 1泊 100 ユーロ以下のホテルを紹介してください.
Could you recommend a hotel that costs less than 100 euros per night?
Mi può raccomandare una camera che costi meno di 100 euro?
ミプオラッコマンダーレ ウナカーメラケ コスティメーノディチェントエウロ?

☐ 今夜は部屋はありますか.
Do you have a room for the night?
Avete una camera libera per questa notte?
アヴェーテ ウナカーメラリーベラ ペルクエスタノッテ?

☐ 1泊です. / 2 [3] 泊です.
One night. / Two [Three] nights.
Una notte. / Due [Tre] notti.
ウナノッテ / ドゥーエ[トレ]ノッティ

☐ 1泊いくらですか.
How much for one night?
Quanto viene a notte?
クワントヴィエネ アノッテ

❏ ツインをお願いします.
A twin room, please.
Una camera a due letti, per favore.
ウナ**カ**ーメラ アドゥエ**レッ**ティ, ペルファ**ヴォ**ーレ

❏ バス［シャワー］付きの部屋をお願いします.
I'd like a room with a bath [shower].
Una camera con vasca [doccia], per favore.
ウナ**カ**ーメラ コン**ヴァ**スカ[**ドッ**チャ], ペルファ**ヴォ**ーレ

■ホテル■

イタリアのホテルにはシャワーのみで，バスタブが付いていない部屋が多くあります．湯船にゆっくりつかりたい人は，かならず「バスタブ付き (con vasca)」で予約を入れておきましょう．

---

19 宿泊

❏ 部屋にトイレはありますか.
Is there a toilet in the room?
C'è il bagno nella camera?
チェイルバーニョ ネッラ**カ**ーメラ？

❏ 眺めのいい部屋をお願いします.
I'd like a room with a nice view.
Vorrei una camera con vista panoramica.
ヴォッ**レ**イウナカーメラ コンヴィスタパノ**ラ**ーミカ

❏ インターネットの使える部屋をお願いします.
I'd like a room where I can use the Internet.
Vorrei una camera dove si può usare Internet.
ヴォッ**レ**イウナカーメラ ドヴェシプ**オ**ウザー**レ**インテルネット

単語 ホテル　albergo *m.*, hotel *m.* /アルベルゴ, オテル/

フロント［受付］　reception *f.* /レセプション/ (⽶ front desk)
予約　prenotazione *f.* /プレノタツィオーネ/ (⽶ reservation)
シングルルーム　camera singola *f.* /カーメラ スィンゴラ/ (⽶ single room)
ツインルーム　camera a due letti *f.* /カーメラ ア ドゥーエ レッティ/ (⽶ twin room)
ダブルルーム　camera matrimoniale *f.* /カーメラ マトリモニアーレ/ (⽶ double room)
鍵　chiave *f.* /キアーヴェ/ (⽶ key)
勘定（書）　conto *m.* /コント/ (⽶ bill)
ロビー　hall *f.* /オール/ (⽶ lobby)
エレベーター　ascensore *m.* /アッシェンソーレ/ (⽶ elevator)
化粧室　toilette *f.* /トワレット/ (⽶ rest room)
非常口　uscita di sicurezza *f.* /ウッシータ ディ スィクレッツァ/ (⽶ emergency exit)
非常階段　scala antincendio *f.* /スカーラ アンティンチェンディオ/ (⽶ emergency staircase)
ペンション　pensione *f.* /ペンスィオーネ/ (⽶ tourist home)
ユースホステル　ostello della gioventù *m.* /オステッロ デッラ ジョヴェントゥ/ (⽶ youth hostel)

19 宿泊

☐ **部屋を見せてください．**

Please show me the room.

Potrei vedere la camera, per favore?

ポトレイ ヴェデーレ ラ カーメラ, ペルファヴォーレ?

☐ **この部屋にします．**

I'll take this room.

Prendo questa camera.

プレンド クエスタ カーメラ

チェックインのときの表現
―― チェックインをお願いします. ――

☐ 木村です. チェックインをお願いします.
I'd like to check in. My name is Kimura.
Vorrei fare il check-in. Mi chiamo Kimura.
ヴォッレイファーレ イルチェキン ミキアーモ キムラ

☐ 日本から予約しました.
I made a reservation in Japan.
Ho prenotato dal Giappone.
オプレノタート ダルジャッポーネ

☐ お名前のスペルをおっしゃっていただけますか.
Could you tell me how to spell your name please?
Potrebbe fare lo spelling del Suo nome?
ポトレッベファーレ ロスペリング デルスオノーメ?

☐ K, I, M, U, R, A です
It's K, I, M, U, R, A.
K, I, M, U, R come Roma, A.
カッパ, イ, エンメ, ウ, エッレ コメローマ, ア

19 宿泊

■アルファベット■

名前のスペルを正確に伝えるのは，電話で予約する場合などに必要になるかもしれません．アルファベットをイタリア式に，A (ア), B (ビ), C (チ), D (ディ), E (エ), F (エッフェ), G (ジ), H (アッカ), I (イ), J (イルンゴ), K (カッパ), L (エッレ), M (エンメ), N (エンネ), O (オ), P (ピ), Q (クゥ), R (エッレ), S (エッセ), T (ティ), U (ウ), V (ヴ), W (ドッピォヴ), X (イクス), Y (イプスィロン), Z (ゼータ) と「はっきりと発音」すればいいのですが，日本人の「ラ行」だけは曖昧なので，「RomaのR(エッレコメローマ)」と念を押しましょう．逆に，L(エッレ)は，普通は「Livorno (リヴォルノ)」の町の名を使いますが，ロンドン「Londra (ロンドラ)」でも十分に通じます．

19 宿泊

□ ここにサインをお願いします．

Please sign here.

Firmi qui, per favore.

フィルミ**クィ**，ペルファ**ヴォー**レ

□ 505 号室です．

Room 505.

La camera è la 505.

ラ**カ**メラ エラチンクェチェント**チン**クェ

□ キーをどうぞ．

Here's your key.

Ecco la chiave.

エッコラキ**ア**ーヴェ

□ 私の部屋は何階ですか．

What floor is my room on?

A che piano è la mia camera?

ア**ケ**ピアーノ**エ** ラミアカーメラ

- ❏ 2 [3] 階です.
  It's on the second [third] floor.
  È al primo [secondo] piano.
  エアルプリーモ [セコンド] ピアーノ

■階の謎■

いわゆる米語では1階を「最初の階 (the first floor)」と呼びますが，イタリアでは英語と同じように「地上階 (the ground floor)」の意味で，pianterreno (ピアンテッレーノ) とか piano terra (ピアノテッラ) と呼びます．したがって，イタリア語の「最初の階 (il primo piano)」は，日本語や米語の 2階 (the second floor) にあたりますから，エレベーターで①を押してもフロントのある1階にたどりつけないというミステリーに遭遇することがよくあります．1階に降りる場合は，押しボタンのTの文字が「地上 (terra) 階」です．

チェックインのトラブル
── ご予約がありません．──

- ❏ 木村様のご予約はありませんが．
  There's no reservation for a Mr. Kimura.
  Non abbiamo nessuna prenotazione a nome Kimura.
  ノナッビアーモ ネッス―ナプレノタツィオーネ アノーメ キムラ

- ❏ 4月6日に，確かに予約しました．
  I'm sure I made a reservation on April 6th.
  Sono sicuro di aver prenotato, il sei aprile.
  ソノスィク―ロディアヴェル プレノタート，イルセーイ アプリーレ

❏ もう一度確認いたします．

I'll check again.

Ricontrolliamo.

リコントロッリアーモ

❏ 申し訳ございません．ご予約がありません．

I'm sorry, but there's no reservation.

Mi dispiace, ma la Sua prenotazione non risulta.

ミディスピア―チェ，マラスアプレノタツィオ―ネ ノンリスルタ

❏ では，今夜部屋は空いていますか．

Well, are there any rooms available tonight?

Allora, c'è una camera libera per stanotte?

アッロ―ラ，チェウナカ―メラリ―ベラ ペルスタノッテ？

❏ はい，ございます．

Yes, there are.

Sì, ce ne sono.

スィ，チェネソ―ノ

❏ 申し訳ございません．満室です．

I'm sorry, but we're full.

Mi dispiace, ma è tutto completo.

ミディスピア―チェ，マエトゥットコンプレ―ト

❏ ほかのホテルを紹介してくれませんか．

Could you please recommend any other hotels?

Mi può raccomandare qualche altro albergo?

ミプオラッコマンダ―レ クワルケアルトロアルベルゴ？

各種のサービス
── ルームサービスをお願いします. ──

❏ 1泊2食付きでいくらですか.

How much is one night with two meals?

Quanto costa la mezza pensione?

クワントコスタ ラメッザペンスィオーネ

❏ 朝食は付いていますか.

Is breakfast included?

È inclusa la colazione?

エインクルーザ ラコラツィオーネ？

❏ 朝食は何時ですか.

What time is breakfast?

A che ora è la colazione?

アケオーラエ ラコラツィオーネ

19 宿泊

■朝食■

イタリアの朝食は，パンとコーヒーにパック入りのジャムとバターという簡単なものです．たっぷり飲みたい場合は，カプチーノ「cappuccino（カップッチーノ）」よりもミルクコーヒー「caffellatte（カッフェラッテ）」を注文しましょう．コーヒーとホットミルクが別々に来ますので，好きなように調合して何杯も飲めます．なお，イタリア語で「cioccolata（チョッコラータ）」と呼ぶのは「ホットココア」のことです．

❏ チェックアウトは何時ですか．

What time is check-out?

A che ora devo lasciare la camera?

アケオーラ デヴォラッシャーレラカーメラ

❏ ベビーベッドは有料ですか．

Is there a charge for baby cribs?

Si paga un supplemento per un lettino?

スィパーガ ウンスップレメント ペルンレッティーノ？

❏ エレベーターはありますか．

Is there an elevator?

C'è l'ascensore?

チェラッシェンソーレ？

❏ トイレはどこですか．

Where is the bathroom?

Dov'è il bagno?

ドヴェエイルバーニョ

❏ 貴重品は預けられますか．

Will you keep my valuables?

Posso depositare degli oggetti di valore?

ポッソデポズィターレ デッリオッジェッティ ディヴァローレ？

❏ ここから国際電話はかけられますか．

Can I make an international phone call from here?

Posso fare una telefonata internazionale da qui?

ポッソファーレ ウナテレフォナータ インテルナツィオナーレダクィ？

❏ もしもし，505号室です．

Hello, this is room 505.

Pronto, camera 505.

プロント，カーメラチンクェチェントチンクェ

❑ ルームサービスをお願いします.

Room service, please.

Servizio in camera, per favore.

セルヴィーツィオ インカーメラ, ペルファヴォーレ

❑ 朝食を部屋へ運んでもらえますか.

Could you have breakfast brought to the room?

Può farmi portare la colazione in camera?

プオファルミポルターレ ラコラツィオーネ インカーメラ?

❑ 割増料金になるのですか.

Is there an extra charge for it?

Si deve pagare un supplemento?

スィデーヴェパガーレ ウンスップレメント?

❑ キーを部屋に置き忘れました.

I left the key in my room.

Ho lasciato la chiave in camera.

オラッシャート ラキアーヴェ インカーメラ

❑ 市内地図をいただけますか.

May I have a city map, please?

Mi può dare una piantina della città?

ミプオダーレ ウナピアンティーナ デッラチッタ?

❑ ホテルの場所を印してもらえますか.

Could you please mark where the hotel is?

Mi potrebbe segnare dove si trova l'hotel?

ミポトレッベセニャーレ ドヴェスィトローヴァ ロテル?

❑ もう1泊したいのですが.

I'd like to stay for another night.

Vorrei fermarmi un'altra notte.

ヴォッレイフェルマルミ ウナルトラノッテ

19 宿泊

❏ カードで払えますか．

Do you accept credit cards?

Accettate carte di credito?

アッチェッ**ター**テ カルテディクレー**ディ**ト？

❏ 明日の 10 時にタクシーをお願いできますか．

Will you call me a taxi at 10 o'clock tomorrow morning [evening]?

Mi può prenotare un taxi per domani alle dieci?

ミプ**オ**プレノ**ター**レ ウンタ**ク**スィ ペルド**マー**ニ アッレディ**エ**チ？

❏ 荷物を取りに来てください．

Can you come and take the baggage, please?

Può venire a prendere il bagaglio?

プ**オ**ヴェ**ニー**レ アプ**レン**デレ イルバ**ガッ**リォ？

❏ 荷物を２時まで預かっていただけますか．

Could you keep my baggage until two o'clock?

Posso lasciare qui il mio bagaglio fino alle due?

ポッソラッ**シャー**レク**ィ**イルミ**オ**バ**ガッ**リォ フィー**ノ**アッレ**ドゥー**エ？

苦情を言う
—— お湯が出ません． ——

❏ エアコン［暖房］がききません．

The air conditioner [heating] doesn't work.

Il condizionatore [riscaldamento] non funziona.

イルコンディツィオナ**トー**レ［リスカルダ**メン**ト］ノンフンツィ**オー**ナ

❏ 明かり [テレビ] がつきません．

The light [TV] doesn't work.

Non si accende la luce [la televisione].

ノンスィアッチェンデ ラルーチェ [ラテレヴィズィオーネ]

❏ お湯が出ません．

There isn't any hot water.

Non c'è acqua calda.

ノンチェアックワカルダ

❏ 洗面台が詰まりました．

The washstand is clogged.

Si è otturato il lavandino.

スィエオットゥラート イルラヴァンディーノ

❏ 浴室にタオルがありません．

There is no towel in the bathroom.

Non ci sono asciugamani nel bagno.

ノンチソーノ アッシュガマーニネルバーニョ

❏ トイレットペーパーがありません．

There's no toilet paper.

Manca la carta igienica.

マンカラカルタ イジェーニカ

❏ この部屋は狭すぎます．

This room is too small.

Questa camera è troppo piccola.

クエスタカーメラ エトロッポピッコラ

❏ この部屋はうるさいです．

This room is too noisy.

È troppo rumoroso qui.

エトロッポ ルモローゾクィ

❑ もっと静かな部屋はありませんか.
Do you have any quieter rooms?
Avete una camera più silenziosa?
アヴェーテウナカーメラ ピュスィレンツィオーザ？

❑ 部屋をかえてもらえますか.
Could you please change my room?
Vorrei cambiare camera.
ヴォッレイカンビアーレカーメラ

❑ 勘定が間違っているのではありませんか.
I'm afraid the counting is wrong.
Mi pare che ci sia un errore nel conto.
ミパーレケ チスィーア ウンネッローレネルコント

第20章 道をたずねる

道をたずねるときの表現
—— 最寄りの駅はどこですか？ ——

❑ **バス停はどこですか.**
  Where's the bus stop?
  Dov'è la fermata dell'autobus?
  ドヴェ エ ラフェルマータ デッラウトブス

❑ **最寄りの駅はどこですか.**
  Where is the nearest station?
  Dov'è la stazione più vicina?
  ドヴェ エ ラスタツィオーネ ピユヴィチーナ

❑ **この辺に公衆トイレはありますか.**
  Is there a public restroom in the area?
  C'è un gabinetto pubblico qui vicino?
  チェ ウンガビネット プブリコ クィヴィチーノ？

❑ **休める所はありますか.**
  Is there a place I can rest?
  C'è un posto per riposare?
  チェウンポスト ペルリポザーレ？

❑ **それはどこにあるのですか.**
  Where is it?
  Dove si trova?
  ドーヴェスィトローヴァ

❏ 郵便局までどうやって行けばいいですか．

Could you tell me the way to the post office?

Come posso arrivare all'ufficio postale?

コメポッソアッリヴァーレ アッルッフィーチョポスターレ

❏ どうすれば大通りに出られますか．

How can I get to the main street?

Può indicarmi come arrivare sulla strada principale?

プオインディカルミ コメアッリヴァーレ スッラストラーダ プリンチパーレ？

❏ コロセウムへはこの道でいいですか．

Is this the right street to the Colosseum?

Questa strada è giusta per arrivare al Colosseo?

クエスタ ストラーダエジュスタ ペルアッリヴァーレ アルコロッセーオ？

❏ デパートに行きたいのですが．

I'd like to go to the department store.

Vorrei andare a un grande magazzino.

ヴォッレイアンダーレ アウングランデマガッズィーノ

❏ この道は市庁舎へ行けますか．

Does this street lead to City Hall?

Questa strada porta al municipio?

クエスタストラーダ ポルタアルムニチーピオ？

❏ ここはどこでしょうか．道に迷いました．

Where are we now? I'm lost.

Dove siamo? Mi sono perso(-a).

ドーヴェスィアーモ ミソノペルソ（サ）

❏ 遠いですか．

Is it far from here?

È lontano da qui?

エロンターノダクィ？

❏ 歩いて行けますか.
Can I walk there?
Posso andarci a piedi?
ポッソアンダルチ アピエディ？

❏ どのくらいかかりますか.
How long will it take?
Quanto tempo ci vuole?
クワントテンポ チヴオーレ

道案内する
── 突き当たりを左に曲がってください. ──

20 道をたずねる

❏ すぐそこですよ.
It's right over there.
È a due passi da qui.
エアドゥエパッスィダクィ

> イタリア人の2歩 (due passi) は，散歩がてらに歩いて行ける距離を意味しますので，15分 (un quarto d'ora) 程度は覚悟しなければならない場合があります.

❏ 200メートルほど先です.
It's about two hundred meters.
È a circa duecento metri da qui.
エアチルカ ドゥエチェントメートリ ダクィ

❏ ここからだとかなりありますよ.
It's quite far from here.
È abbastanza lontano da qui.
エアッバスタンツァロンターノ ダクィ

道をたずねる

- ❏ タクシーで行ったほうがいいですよ．

    You should take a taxi.
    È meglio prendere un taxi.
    エメッリォ プレンデレ ウンタクスィ

- ❏ 歩くとどれくらいかかりますか．

    How long does it take on foot?
    Quanto tempo ci vuole a piedi?
    ク**ワ**ントテンポチヴ**オ**ーレ アピ**エ**ディ

- ❏ 約 15 分 [30 分] です．

    About a quarter of an hour [half an hour].
    Circa un quarto d'ora [mezz'ora].
    チルカ ウンク**ワ**ルトド**ー**ラ [メッゾ**ー**ラ]

- ❏ 車で1時間ほどです．

    About an hour by car.
    Circa un'ora in macchina.
    チルカ ウノ**ー**ラ インマ**ッキ**ナ

- ❏ 駅の前にあります．

    It's in front of the station.
    È proprio davanti alla stazione.
    エプロープリォ ダ**ヴァ**ンティアッラスタツィ**オ**ーネ

- ❏ 右手 [左手] にあります．

    It's on the right [left] side.
    È a destra [sinistra].
    エア**デ**ストラ [スィ**ニ**ストラ]

- ❏ 道の反対側です．

    It is on the other [opposite] side of the road.
    È dall'altra parte della strada.
    エダッ**ラ**ルトラパルテ デッラストラ**ー**ダ

- ❏ 銀行のすぐ隣りにあります.

    It's right next to the bank.

    Si trova subito dopo una banca.

    スィトローヴァ スービトドーポ ウナバンカ

- ❏ もう1本あちらの道です.

    It is on the next street.

    È sulla prossima strada.

    エスッラプロッスィマ ストラーダ

- ❏ このビルの中 [裏手] にあります.

    It's in [behind] this building.

    È dentro [dietro] quest'edificio.

    エデントロ [ディエートロ] クエステディフィーチョ

- ❏ あの白いビルです.

    It's that white building.

    È quell'edificio bianco.

    エクエッレディフィーチョ ビアンコ

- ❏ 4階にあります.

    It's on the fourth floor.

    È al terzo piano.

    エアルテルツォピアーノ

- ❏ まっすぐに行ってください.

    Go straight.

    Vada diritto.

    ヴァーダ ディリット

- ❏ 次の [2つ目の] 交差点を右に曲がってください.

    Turn to the right at the next [second] intersection.

    Al primo [secondo] incrocio, volti a destra.

    アルプリモ [セコンド] インクローチョ, ヴォルティアデストラ

20 道をたずねる

20 道をたずねる

❏ 突き当りを左に曲がってください．

Turn left at the end of the road.

In fondo alla strada, volti a sinistra.

イン**フォ**ンド アッラスト**ラ**ーダ, **ヴォ**ルティアスィ**ニ**ストラ

❏ 右手にガラス張りのビルが見えてきます．

You will see a glass building on the right.

Vedrà a destra un palazzo di vetro.

ヴェド**ラ** ア**デ**ストラ ウンパ**ラ**ッツォディヴェートロ

❏ 橋を渡ります．

Cross the bridge.

Attraversi il ponte.

アットラ**ヴェ**ルスィ イルポンテ

❏ 橋の手前です．

It is just this side of the bridge.

È prima del ponte.

エプリーマデルポンテ

❏ 線路の向こう側です．

You will find it on that side of the railway.

Si trova oltre la ferrovia.

スィト**ロ**ーヴァ **オ**ルトレ ラフェッロ**ヴィ**ーア

❏ すみません，私もわからないんです．

I'm sorry, I don't know either.

Mi dispiace, ma non lo so neanch'io.

ミディスピ**ア**ーチェ, マノンロ**ソ**ネアンキーオ

❏ ほかの人に聞いてください．

Please ask someone else.

Chieda a qualcun altro.

キ**エ**ーダ アクワルクン**ナ**ルトロ

- 警察官に聞いてください.

  Please ask a police officer.

  Domandi al vigile, per favore.

  ドマンディアル**ヴィ**ージレ, ペルファ**ヴォ**ーレ

- この地図で教えてください.

  Please show me on the map.

  Me lo indichi su questa mappa, per favore.

  メロイン**ディ**キ スク**エ**スタ**マ**ッパ, ペルファ**ヴォ**ーレ

- ご案内しましょう.

  I'll show you the way.

  L'accompagno io.

  ラッコンパーニョ**イ**ーオ

- ついて来てください.

  Please follow me.

  Mi segua, per favore.

  ミ**セ**ーグワ, ペルファ**ヴォ**ーレ

- ここから先はずっと一本道です.

  The road is going to be a straight way from here.

  Di qui in avanti la strada è tutta diritta.

  ディ**ク**イインナ**ヴァ**ンティ ラスト**ラ**ーダエ**トゥ**ッタディ**リ**ッタ

- この道は一方通行です.

  This is a one-way street [road].

  Questa strada è a senso unico.

  ク**エ**スタスト**ラ**ーダ エアセンソ**ウ**ーニコ

- この先は行き止まりです.

  You'll come to a dead end ahead.

  È un vicolo cieco.

  エウン**ヴィ**ーコロ**チェ**ーコ

第21章 観光・スポーツ観戦

観光地での表現
—— 入館料はいくらですか？ ——

☐ 案内所はどこですか．
> Where is the information office?
> **Dov'è l'ufficio informazioni?**
> ドヴェ**エ** ルッフィーチョインフォルマツィ**オー**ニ

☐ 観光バスの乗り場はどこですか．
> Where can I take a sightseeing bus?
> **Dove si prende il pullman per il giro turistico?**
> ド**ー**ヴェ スィ プレンデ イル プルマン ペリルジーロ トゥーリスティコ？

☐ 観光地図はありますか．
> Can I get a sightseeing map?
> **Avete una mappa della città?**
> ア**ヴェ**ーテウナ**マッ**パ デッラチッ**タ**？

☐ バスの路線図はありますか．
> Can I get a bus-route map?
> **Avete la mappa delle linee dell'autobus?**
> ア**ヴェ**ーテラマッパ デッレリーネエ デッラ**ウ**トブス？

☐ 人気の観光スポットを教えてください．
> Could you tell me any popular tourist spots?
> **Sa dirmi quali sono i posti turistici più popolari?**
> サ**ディ**ルミ クワリ**ソ**ーノ イ ポスティトゥー**リ**スティチ ピユポポ**ラ**ーリ？

❏ ここでチケットが買えますか．
　Can I get a ticket here?
　Posso comprare il biglietto qui?
　ポッソコンプラーレ イルビッリェット**クィ**？

❏ 休館日はいつですか．
　When is the museum closed?
　Qual è il giorno di chiusura?
　クワーレ**エ** イルジョルノディキューズーラ

❏ 今日は開いていますか．
　Is the museum open today?
　È aperto oggi?
　エアペルトオッジ？

❏ 入場料［入館料］はいくらですか．
　How much is admission?
　Quant'è l'ingresso?
　クワンテ**エ**リングレッソ

❏ 大人2枚，子供1枚ください．
　Two adults and one child, please.
　Due interi e un ridotto, per favore.
　ドゥーエインテーリ エウンリドット，ペルファ**ヴォ**ーレ

❏ 写真を撮ってもいいですか．
　Can I take a picture [photo]?
　Posso fotografare?
　ポッソフォトグラファーレ？

❏ 入り口［出口］はどこですか．
　Where is the entrance [exit]?
　Dove si trova l'entrata [l'uscita]?
　ドヴェスィトローヴァ レントラータ［ルッシータ］

21 観光・スポーツ観戦

シミュレーション ヴェローナの野外劇場

> すごく幻想的ね.

久 日本からチケットを予約してあるのですが.
I have already made a reservation in Japan.
Ho prenotato i biglietti dal Giappone.
オ プレノタート イ ビッリ エッティ ダル ジャッポーネ

係 はい，承っています．どうぞ．
Yes, you are in. Please, come in.
Sì, tutto a posto. Prego, accomodatevi.
スィ, トゥット ア ポスト プレーゴ, アッコモダーテヴィ

ア アイーダをこんな正面から鑑賞できるなんて！
I'm so lucky, Aida in the front seat!
Che emozione vedere l'Aida proprio qui davanti!
ケ エモツィオーネ ヴェデーレ ライーダ プロープリオ クィ ダヴァンティ

久 ほら，見て！ 暗くなってきたから，みんなライターやろうそくをつけてるわ．
Look. Since it gets dark, everybody put on a light with a lighter or a candle.
Guarda, si è fatto buio, tutti accendono accendini e candele.
グワルダ, スィ エ ファット ブィオ, トゥッティ アッチェンドノ アッチェンディーニ エ カンデーレ

ア まるで星空の中にいるみたいで、すごく幻想的ね.

It is fantastic as if we were in the sky with stars.

Sembra di essere nel bel mezzo di un cielo stellato, che atmosfera surreale!

センブラディエッセレ ネルベルメッゾ ディウンチェーロステッラート, ケアトモスフェーラ スッレアーレ

久 野外劇場は開放感があって、夏の夜にぴったりね.

The open-air theater gives me a feeling of freedom, and it is the best at night in Summer.

L'Arena ti dà un forte senso di libertà; inoltre si addice perfettamente alle notti d'estate.

ラレーナティ**ダ**ウン**フォ**ルテセンソディリベル**タ** イ**ノ**ルトレスィア**ッディ**ーチェ ペルフェッタメンテ アッレ**ノ**ッティデス**タ**ーテ

ア ちなみに、この劇場は紀元1世紀に作られた闘技場だったのよ.

By the way, this theater was a stadium built in the first century.

A proposito, questo teatro è stato costruito nel primo secolo dopo Cristo, ed era un'arena dove si conbatteva.

アプロポーズィト, クエストテアートロ エスタートコストル**イ**ート ネルプリーモ セーコロ ドーポクリスト, エッ**デ**ーラ ウナレーナ ドヴェスィコンバッ**テ**ーヴァ

久美子 久・アンジェラ ア・係員 係

トレヴィの泉

底掃除のボランティア

久美子・ミケーレ

久 これが有名なトレヴィの泉？すごい人ね.
Is this that famous Trevi Fountain? A lot of people!
È questa la famosa Fontana di Trevi? Ma quanta gente!
エ ク**エ**スタ ラ ファ**モ**ーザ フォン**タ**ーナ ディ ト**レ**ーヴィ？ マ ク**ワ**ンタ **ジェ**ンテ

ミ 大勢の人が集まる超人気スポットだからね.
This place is one of the most famous sites many people come to.
È uno dei luoghi di ritrovo più piacevole ed animato.
エ **ウ**ーノ デイ ル**オ**ーギ ディ リト**ロ**ーヴォ ピュ ピア**チェ**ーヴォレ エッ ダニ**マ**ート

久 じゃあ,すべての道はこの噴水に通じているのね.
Then, every road leads to this fountain.
Allora tutte le strade portano a questa fontana.
アッ**ロ**ーラ ト**ゥッ**テ レ スト**ラ**ーデ **ポ**ルタノ ア ク**エ**スタ フォン**タ**ーナ

ミ 違うね,正解は３本だよ.
Wrong! It is the juncture of the three roads.
Sbagliato! La risposta esatta è "Tre vie".
ズバッリ**ア**ート ラ リス**ポ**スタ エ**ザッ**タ エ ト**レ** ヴィーエ

トレヴィという名前の由来はね,噴水に通じる道が３本あるからなんだ.

The name "Trevi" stems from "three roads" to the fountain.
Lo sai che il nome "Trevi" deriva dalle "tre vie" che portano alla fontana?
ロサーイケ イルノーメトレーヴィ デリーヴァダッレトレヴィーエ ケポルタノアッラ フォンターナ

久 そうだったの，知らなかったわ．
Oh, really? I didn't know that.
Ah, sì? Non lo sapevo.
アッスィー？ ノンロサペーヴォ

ミ じゃあ，泉にコインを投げる準備はいいね．
Are you ready to throw a coin?
Allora sei pronta per buttarci una monetina?
アッローラ セイプロンタ ペルブッタルチ ウナモネティーナ？

久 もちろんよ！ またローマに戻って来られますようにと願いを込めて．
Sure. I wish to come back to Rome again.
Ma certo! Con la speranza di ritornare a Roma.
マチェルト コンラスペランツァディ リトルナーレアローマ

でも，あのコインは結局どうなるの？
But, how will the coins thrown in the fountain go?
Ma tutte quelle monetine dove vanno a finire?
マトゥッテクエッレモネティーネ ドヴェヴァンノアフィニーレ

久美子 久 ・ ミケーレ ミ

ミ この辺に住んでる子供が入って取っちゃうんだよ．

Children who live around here pick them up.

I ragazzini che abitano in questa zona ci entrano per pescarle.

イラガッツィーニケ アビタノインクエスタゾーナ チエントラノペルペスカルレ

噴水の底を掃除するボランティアってとこかな．

They are volunteers who clean the fountain.

Sarebbero volontari per pulire il fondo della fontana.

サレッベロヴォロンターリ ペルプリーレ イルフォンドデッラフォンターナ

久 悪い子たちね！ 私の夢はどうなるのよ．

Bastards! How will my dream become?

Birichini! E come andrà a finire il mio sogno?

ビリキーニ エコメアンドラアフィニーレ イルミオソーニョ

ミ 大丈夫だよ．君の夢はきっとかなうから．

Don't worry. I'm sure your dream will come true.

Niente paura! Il tuo sogno sarà realizzato lo stesso.

ニエンテパウーラ イルトゥオソーニョ サラレアリッザートロステッソ

単語 美術館・博物館 galleria *f.*, museo *m.* /ガッレリーア, ムゼーオ/

ブレラ美術館（ミラノ）　Pinacoteca di Brera *f.* /ピナコテーカ ディ ブレーラ/

聖マリア・グラツィエ教会（ミラノ）　Chiesa di Santa Maria delle Grazie *f.* /キエーザ ディ サンタマリーア デッレ グラーツィエ/

『最後の晩餐』　Cenacolo *m.* /チェナーコロ/

総督宮殿（ヴェネツィア）　Palazzo Ducale *m.* /パラッツォ ドゥカーレ/

アカデミア美術館（ヴェネツィア）　Gallerie dell'Accademia *f.pl.* /ガッレリーエ デッラッカデーミア/

ウッフィーツィ美術館（フィレンツェ）　Galleria degli Uffizi *f.* /ガッレリーア デッリ ウッフィーツィ/

ピッティ宮殿（フィレンツェ）　Palazzo Pitti *m.* /パラッツォ ピッティ/

　パラティーナ画廊　Galleria Palatina *f.* /ガッレリーア パラティーナ/

バルジェッロ美術館（フィレンツェ）　Museo di Bargello *m.* /ムゼーオ ディ バルジェッロ/

ヴァチカン美術館（ローマ）　Musei Vaticani *m.pl.* /ムゼーイ ヴァティカーニ/

システィーナ礼拝堂（ローマ）　Cappella di Sistina *f.* /カッペッラ ディ スィスティーナ/

『最後の審判』　Giudizio universale *m.* /ジュディーツィオ ウニヴェルサーレ/

ボルゲーゼ美術館（ローマ）　Museo Borghese *m.* /ムゼーオ ボルゲーゼ/

国立考古博物館（ナポリ）　Museo archeologico nazionale *m.* /ムゼーオ アルケオロージコ ナツィオナーレ/

21 観光・スポーツ観戦

- ❑ おみやげ物屋はどこですか.
  > Where is the souvenir shop?
  > **Dove si trova il negozio di souvenir?**
  > ドヴェスィトローヴァ イルネゴーツィオ ディスヴェニル

- ❑ 電池はどこで買えますか.
  > Where can I get battery cells?
  > **Dove si comprano le pile?**
  > ドヴェスィコンプラノ レピーレ

- ❑ すみません, シャッターを押していただけますか.
  > Excuse me, but would you mind taking a picture?
  > **Mi scusi, può farmi una fotografia?**
  > ミスクーズィ, プオファルミ ウナフォトグラフィーア?

- ❑ この服装で入れますか.
  > Will they let me in with these clothes on?
  > **Si può entrare vestiti in questo modo?**
  > スィプオエントラーレ ヴェスティーティ インクエストモード?

- ❑ (カジノで) チップを換金してください.
  > I'd like to cash in these chips, please.
  > **Vorrei cambiare queste fiche in contanti.**
  > ヴォッレイカンビアーレ クエステフィシュ インコンタンティ

観光ツアーを利用するときの表現
── 日帰りツアーはありますか? ──

- ❑ 観光ツアーのパンフレットはありますか.
  > Can I get a pamphlet for the sightseeing tour?
  > **Avete il dépliant per il giro turistico?**
  > アヴェーテ イルデプリアン ペリルジーロトゥーリスティコ?

❏ 日帰りツアーはありますか.

Do you have a one-day tour?

Si può fare un giro giornaliero?

スィプ**オ**ファーレ ウンジーロジョルナリ**エ**ーロ?

❏ 半日ツアーはありますか.

Do you have a half-day tour?

Si può fare un giro di mezza giornata?

スィプ**オ**ファーレ ウンジーロディ**メ**ッザジョルナータ?

❏ ツアーに食事は付いていますか.

Does the tour include meals?

Sono compresi anche i pasti?

ソノコンプ**レ**ーズィ アンケイ**パ**スティ?

❏ ツアーにピサは入っていますか.

Does the tour include a visit to Pisa?

Si visita anche la città di Pisa?

スィ**ヴィ**ーズィタ アンケラチッ**タ**ディピーサ?

❏ 日本語のガイドは付いていますか.

Does the tour include any Japanese language guides?

C'è una guida che parla giapponese?

チェウナグ**イ**ーダケ パルラジャッポ**ネ**ーゼ?

❏ ホテルまで迎えに来てくれますか.

Could you pick me up at the hotel?

Mi può venire a prendere all'albergo?

ミプ**オ**ヴェニーレ アプ**レ**ンデレ アッラル**ベ**ルゴ?

21 観光・スポーツ観戦

- ❏ ホテルまで送迎バスがあります．

 There are courtesy vans available to get to the hotel and back.

 C'è il pullman speciale dell'albergo.

 チェイル プルマン スペチャーレ デッラルベルゴ

- ❏ いつ出発しますか．

 When will the tour start?

 Quando si parte?

 クワンド スィ パルテ

- ❏ いつホテルに戻りますか．

 When will the tour get back to the hotel?

 Quando si torna in albergo?

 クワンド スィ トルナ イン ナルベルゴ

> # サッカー観戦
> ── 1対1の同点です． ──

- ❏ どのチームを応援していますか．

 What team do you like the best?

 Qual è la Sua [tua] squadra preferita? [tu]

 クワレ エ ラスア [トゥア] スクワードラ プレフェリータ

- ❏ どの選手を応援していますか．

 What player do you like the best?

 Qual è il Suo [tuo] giocatore preferito? [tu]

 クワレ エ イルスオ [トゥオ] ジョカトーレ プレフェリート

❏ 私はユベントスのファンです．

I am a fan of the Juventus.

Sono tifoso(-a) della Juventus (Juve).

ソノティ**フォー**ゾ（ザ）デッラユ**ウェ**ントゥス[**ユーウェ**]

❏ イタリア対フランスの試合はどこでやるのですか．

Where will the match between Italy and France be held?

Dove avrà luogo la partita fra Italia e Francia?

ドヴェアヴラル**オー**ゴ ラパル**ティー**タ フライ**ター**リア エ フ**ラン**チャ

❏ 試合は何日にありますか．

What day is the match held?

Quando c'è la partita?

クワンド**チェ** ラパル**ティー**タ

❏ 試合開始は何時ですか．

What time does the game start?

A che ora inizia la partita?

アケ**オー**ラ イニー**ツィ**ア ラパル**ティー**タ

❏ 今，何対何ですか．

What is the score now?

Com'è il punteggio ora?

コメ**エ**イルプン**テッ**ジョ**オー**ラ

❏ 3対2でイタリアがリードしています．

Italy has a three to two lead.

L'Italia conduce per tre a due.

リ**ター**リア コン**ドゥー**チェ ペルト**レ**ア**ドゥー**エ

21 観光・スポーツ観戦

❏ 1対1の同点です.

It's tied, one to one.

È pari, uno a uno.

エパーリ, **ウー**ノア**ウー**ノ

❏ どのチームが勝ちましたか.

Which team won?

Quale squadra ha vinto?

クワレスク**ワー**ドラ ア**ヴィ**ント

❏ ミランが勝ちました.

The Milan won!

Ha vinto il Milan!

ア**ヴィ**ント イルミーラン

❏ 引き分けました.

The match ended in a tie.

Hanno pareggiato.

アンノ パレッ**ジャー**ト

❏ ローマが2点リードしています.

The Rome is leading by two points.

La Roma conduce per due reti.

ラ**ロー**マ コン**ドゥー**チェ ペル**ドゥー**エ**レー**ティ

❏ インテルが1点入れました.

The Inter has scored one point.

L'Inter ha segnato un gol.

リ**ン**テル アセ**ニャー**ト ウン**ゴー**ル

❏ イタリアは2006年にワールドカップを制しました.

Italy got the World Cup in 2006.

L'Italia si è aggiudicata la Coppa del Mondo nel 2006.

リ**ター**リア スィエアッジュディ**カー**タ ラ**コッ**パデル**モ**ンド ネルドゥエ**ミー**ラ**セー**イ

❑ がんばれ！

Go for it!

Forza! / Coraggio!

フォルツァ / コラッジョ

■スポーツ■

イタリアを代表するスポーツは「サッカー (calcio)」ですが，イタリア半島を巡る「Giro d'Italia (ジーロディターリア)」はフランスの「Tour de France (ツールドフランス)」と並び称される自転車の大ロードレースです．自転車競技「ciclismo (チクリズモ)」やモーターバイク競技「motociclismo (モトチクリズモ)」，さらに「F 1 (フォルムラウーノ) GP (グランプレーミオ)」にも熱狂的なファンが多く，Monza (モンツァ) と Imola (イーモラ) にサーキットがあります．

スポーツと趣味
── 近くにキャンプ場はありますか？──

❑ 近くにキャンプ場はありますか．

Is there a campsite around here?

C'è un campeggio qui vicino?

チェウンカンペッジョ **クィ**ヴィチーノ？

❑ 湖の近くに設備の整ったキャンプ場があります．

There is a well-equipped campsite near the lake.

C'è un campeggio molto attrezzato vicino al lago.

チェウンカンペッジョ **モルトアットレッツァート** ヴィチーノアル**ラ**ーゴ

21 観光・スポーツ観戦

有名な海水浴 [スキー] 場はどこですか.

Where is a famous beach [skiing ground]?

Dove si trova una famosa stazione balneare [sciistica]?

ドヴェスィトローヴァ ウナファモーザ スタツィオーネバルネアーレ [シイスティカ]

ピクニックにいい場所はありますか.

Where shall we go on a picnic?

C'è qualche bel posto per fare un picnic?

チェクワルケベルポスト ペルファーレウンピクニク?

このあたりは何が釣れますか.

What kind of fish can you catch around here?

Quali pesci si pescano da queste parti?

クワーリペッシ スィペスカノ ダクエステパルティ

ここは禁漁区域です.

This is a no-fishing area.

Qui c'è il divieto di pesca.

クイチェイルディヴィエートディペスカ

ここは遊泳禁止です.

Swimming is prohibited here.

Qui c'è il divieto di balneazione.

クイチェイルディヴィエートディバルネアツィオーネ

何かスポーツをしますか.

Do you play sports?

Fa [Fai] dello sport? [tu]

ファ [ファイ] デッロスポルト?

- ❏ テニスをします.

  I play tennis.

  Gioco a tennis.

  ジョーコアテニス

- ❏ ジョギングをしています.

  I take a jog. / I jog.

  Faccio un po' di jogging.

  ファッチョ ウンポディジョッギング

- ❏ スポーツジムに行っています.

  I'm going to a gym.

  Vado in palestra.

  ヴァードインパレストラ

- ❏ 水泳 [ヨガ] 教室に通っています.

  I go to a swimming [Yoga] school.

  Seguo un corso di nuoto [yoga].

  セーグオ ウンコルソディヌオート [ヨーガ]

- ❏ 山登り [ダイビング] に熱中しています.

  I'm deeply into mountain climbing [diving].

  Sono appassionato(-a) di alpinismo [diving].

  ソノアッパッスィオナート (タ) ディアルピニスモ [ダイヴィング]

- ❏ スカッシュが好きです.

  I like squash.

  Mi piace lo squash.

  ミピアーチェ ロスクウォッシュ

- ❏ 柔道には自信があります.

  I am good at judo.

  Il judo è la mia specialità.

  イルジュード エラミアスペチャリタ

21 観光・スポーツ観戦

❏ 市民マラソンに参加します.

I'm running in the city marathon.

Partecipo alla maratona cittadina.

パルテーチポ アッラマラトーナ チッタディーナ

❏ スキー［スケート］はできません.

I can't ski [skate].

Non sono capace di sciare [pattinare].

ノンソノカパーチェディシヤーレ［パッティナーレ］

❏ ゴルフは興味ありません.

I'm not interested in golf.

Non mi interessa il golf.

ノンミインテレッサ イルゴルフ

❏ スポーツは苦手です.

I'm bad at sports.

Lo sport non è il mio forte.

ロスポルト ノネイルミオフォルテ

❏ 見るのは好きです.

I like to watch.

Mi piace da spetta*tore*(*-trice*).

ミピアーチェ ダスペッタトーレ（トリーチェ）

❏ テレビで野球の試合を見ます.

I watch a baseball game on TV.

Guardo le partite di baseball alla TV.

グワルドレパルティーテ ディベイズボル アッラティッヴ

❏ このところスポーツは何もしていません.

Lately, I haven't been playing any sports.

Di recente, non pratico nessuno sport.

ディレチェンテ, ノンプラーティコ ネッスーノスポルト

❑ 趣味で絵を描いています．
I draw pictures as my hobby.
Dipingo per hobby.
ディピンゴ ペルオッビ

❑ 日曜大工が趣味です．
I'm a do-it-yourself fan.
Ho l'hobby del bricolage.
オロッビ デルブリコラージュ

❑ 学生時代，バレーボールをやっていました．
I played volleyball when I was a student.
Quando ero studente(-essa) giocavo a pallavolo.
クワンドエーロ ストゥデンテ(テッサ) ジョカーヴォ アパッラヴォーロ

❑ 小さい頃サッカー選手にあこがれていました．
I wanted to be a soccer player in my childhood.
Da piccolo volevo diventare un calciatore.
ダピッコロ ヴォレーヴォディヴェンターレ ウンカルチャトーレ

❑ ひところサーフィンに熱中していました．
I was once absorbed in surfing.
Mi sono appassionato(-a) al surf in passato.
ミソノアッパスィオナート(タ) アルセルフ インパッサート

❑ オリンピックはいつどこで開催されますか．
When and where are the Olympics held?
Quando e dove avranno luogo le Olimpiadi?
クワンドエドーヴェ アヴランノルオーゴ レオリンピーアディ

21 観光・スポーツ観戦

第22章 食事

食事に誘う
―― 食事に行きませんか？ ――

- [ ] お腹がすきました． / 喉が渇きました．
  I'm hungry. / I'm thirsty.
  Ho fame. / Ho sete.
  オファーメ / オセーテ

- [ ] 喫茶店で休みましょう．
  Let's take a break at a coffee shop.
  Fermiamoci al bar.
  フェルミアーモチ アルバール

- [ ] お昼は何にしましょうか．
  What shall we eat for lunch?
  Cosa mangiamo per pranzo?
  コーザマンジャーモ ペルプランゾ

- [ ] 食事に行きませんか．
  Shall we go and eat together?
  Andiamo a mangiare?
  アンディアーモアマンジャーレ？

- [ ] 中華料理はどうですか．
  How about Chinese food?
  Che ne dice [dici] della cucina cinese? [tu]
  ケネディーチェ [ディーチ] デッラクチーナチネーゼ

❏ 何か食べたいものはありますか.

Is there anything you'd like to eat?

C'è qualcosa che vorrebbe mangiare?

チェクワルコーザケ ヴォッレッヴェ マンジャーレ?

❏ 嫌いなものはありますか.

Is there anything you don't like?

C'è qualcosa che non Le piace?

チェクワルコーザケ ノンレピアーチェ?

❏ 何でも大丈夫です.

Anything's ok.

Mangio di tutto.

マンジョディトゥット

❏ あまり辛いものは苦手です.

I can't eat anything too spicy.

Non amo i cibi troppo piccanti.

ノンナーモ イチービトロッポピッカンティ

❏ いいレストランを教えていただけませんか.

Could you recommend a good restaurant?

Mi può consigliare un buon ristorante?

ミプオコンスィッリアーレ ウンブオンリストランテ?

❏ この店はおいしくて値段も手ごろです.

The food in this restaurant is good and the prices aren't bad.

In questo ristorante si mangia bene e i prezzi sono modici.

インクエストリストランテ スィマンジャベーネ エイプレッツィソーノモーディチ

シミュレーション レストランで

夫婦で夕食.

夫・妻・ウエイター

ウ こんばんは. 最初の料理は何になさいますか？
Good evening. What would you like your first order?
Buona sera, signori. Cosa prendono per il primo?
ボナセーラ, スィニョーリ コーザプレンドノ ペリルプリーモ

妻 私は抜きます. それほどすいてませんから.
I'll pass. I'm not so hungry.
Io lo salto, perché non ho molta fame.
イオロサルト, ペルケ ノノモルタファーメ

夫 僕はキノコのリゾットをもらいます.
I'll take a risotto with mashrooms.
Io, invece, prendo il risotto con funghi.
イオインヴェーチェ, プレンド イルリゾットコンフンギ

ウ わかりました. メインはお肉かお魚のどちらに？
All right. Which do you want for the main dish, meat or fish?
Va bene. E per il secondo, carne o pesce?
ヴァベーネ エペリルセコンド, カルネオペッシェ？

妻 私は魚にします. 何が美味しいですか？
I want fish, what is good?
Preferisco il pesce. Cosa c'è di buono?
プレフェリスコ イルペッシェ コーザチェディブオーノ

ウ 鱒の塩焼きかムール貝はいかがですか？
How about a trout broiled with salt or moules?
Gradisce una trota ai ferri o delle cozze?
グラディッシェウナトロータ アイフェッリオデッレコッツェ？

妻 ではムール貝にフライドポテトを添えてください．
I'd like moules with french fries.
Allora mi porti delle cozze con contorno di patatine fritte.
アッローラ ミポルティ デッレコッツェ コンコントルノディパタティーネフリッテ

夫 僕はカツレツにミックスサラダを添えて．
I'd like a cutlet with mixed salada.
Per me una cotoletta con contorno d'insalata mista.
ペルメ ウナコトレッタ コンコントルノ ディンサラータミスタ

ウ お飲み物は，何がよろしいでしょうか？
What drink would you like to have?
E da bere, signori? Cosa preferiscono?
エダベーレ, スィニョーリ？ コーザプレフェリスコノ

夫 白ワイン1リットルとミネラル水を半リットル．
One litre of white wine and half litre of mineral water.
Un litro di vino bianco e mezza minenale.
ウンリートロディ ヴィーノビアンコ エメッザミネラーレ

ウ すぐにご用意させていただきます．
I'll be right back.
Subito, signori.
スービト, スィニョーリ

夫**夫**・妻**妻**・ウエイター**ウ**

❏ ごちそうしますよ．
I'll treat you.
Offro io.
オッフロイーオ

レストランに入るときの表現
―― 何名様ですか？ ――

❏ 今晩8時から3名で予約をお願いします．
I'd like a reservation for three at eight o'clock tonight.
Vorrei prenotare un tavolo per tre, stasera alle otto.
ヴォッレイプレノターレ ウンターヴォロペルトレ, スタセーラ アッレオット

❏ 急いでいます．長く待たないとだめですか．
We are in a hurry. Do we have to wait long?
Abbiamo fretta. C'è molto da aspettare?
アッビアーモフレッタ　チェモルトダアスペッターレ？

❏ ここにお名前を書いてください．
Please put your name down here.
Per favore, scriva qui il Suo nome.
ペルファヴォーレ, スクリーヴァクィイルスオノーメ

❏ この席でよろしいですか．
Will this seat be all right for you?
Va bene questo tavolo?
ヴァベーネ クエストターヴォロ？

❏ 7時で予約をしました．
I have a reservation for seven o'clock.
Ho prenotato per le sette.
オプレノタート ペルレセッテ

❏ 何名様ですか．
How many people are in your party?
In quanti siete?
インクワンティスィエーテ？

❏ 2［3］人です．
We are two [three].
Siamo in due [tre].
スィアーモインドゥーエ［トレ］

❏ 禁煙席・喫煙席どちらがよろしいですか．
Would you prefer smoking or nonsmoking?
Preferisce la sala fumatori o non fumatori?
プレフェリッシェ ラサーラフマトーリ？オノンフマトーリ

❏ たばこをお吸いになりますか．
Would you like to smoke?
Lei fuma?
レイフーマ？

❏ 禁煙席をお願いします．
Nonsmoking, please.
Non fumatori, per favore.
ノンフマトーリ，ペルファヴォーレ

❏ たばこはどこで吸えますか．
Where can I smoke?
Dove posso fumare?
ドヴェポッソフマーレ

22 食事

■禁煙■

2005年よりイタリアでは禁煙法が実施されています．公共の場での喫煙には罰金が科せられ，ほとんどのレストランが全席禁煙です．

☐ こちらへどうぞ．
Right this way, please.
Prego, s'accomodi.
プレーゴ, サッコーモディ

☐ この席は空いていますか．
Can I take this place?
È libero questo posto?
エリーベロ クエストポスト?

注文する
―― 本日のスープは何ですか？ ――

☐ ご注文をどうぞ．
May I take your order?
Cosa desiderano, signori?
コーザデズィーデラノ, スィニョーリ?

☐ メニューを見せてください．
A menu, please?
Il menu, per favore?
イルメヌー, ペルファヴォーレ

- ❏ 今日のお勧めは何ですか．

    What's today's special?

    Qual è il piatto del giorno?

    クワレ**エ** イルピアットデル**ジョ**ルノ

- ❏ この店の自慢料理は何ですか．

    What's your specialty?

    Qual è la vostra specialità?

    クワレ**エ** ラヴォストラスペチャリ**タ**

- ❏ 本日のスープは何ですか．

    What's the soup of the day?

    Qual è la zuppa del giorno ?

    クワレ**エ** ラズッパデル**ジョ**ルノ

- ❏ 前菜の盛り合わせを少しください．

    Give me a little assorted hors d'oeuvre.

    Vorrei un po' di antipasti misti.

    ヴォッ**レ**イ ウンポディアンティパスティ**ミ**スティ

- ❏ 魚［肉］にします．

    I'd like the fish [meat].

    Prendo il pesce [la carne].

    プレンドイル**ペ**ッシェ［ラ**カ**ルネ］

- ❏ ステーキの焼き具合はどのようにしましょうか．

    How would you like your steak?

    Come preferisce la bistecca?

    コーメプレフェ**リ**ッシェ ラビス**テ**ッカ

- ❏ ミディアム［レア，ウエルダン］にしてください．

    Medium [Rare, Well-done], please.

    Non troppo cotta [Al sangue, Ben cotta], per favore.

    ノントロッポ**コ**ッタ［アル**サ**ングェ，ベン**コ**ッタ］，ペルファ**ヴォ**ーレ

❏ ミックスサラダを添えてください．

With a mixed salad, please.

Con contorno di insalata mista, per favore.

コン コン**トル**ノ ディ インサラータ ミスタ, ペル ファ**ヴォー**レ

❏ ボリュームが少ないのはどれですか．

Which has the least volume?

Qual è (il) meno abbondante?

クワレ**エ**(イル) メーノ アッポン**ダ**ンテ

❏ 量を半分にしてください．

I'd like a half-portion.

Ne vorrei mezza porzione.

ネ ヴォッ**レ**イ メッザ ポルツィ**オー**ネ

■食事①■

コースの頼み方としては，前菜 (antipasto)，第一の皿 (il primo piatto)，第二の皿 (il secondo piatto) と添え物 (contorno)，最後にデザートやコーヒー，必要に応じて食前酒や食後酒を注文します．全部の皿を頼んでも食べきれない場合があるので，第一の皿を抜いて，たとえば前菜と第二の皿，第二の皿とサラダとデザート，といった組み合わせも可能です．一品だけで終えたい場合は，大衆食堂やセルフサービスの店で軽く済ませるのがよいでしょう．

お酒を飲む
—— ワインをグラスでください. ——

❏ 飲み物は何がいいですか.
> What would you like to drink?
> **E da bere, cosa preferisce?**
> エダベーレ, コーザプレフェリッシェ

❏ ワインリストはありますか.
> Do you have a wine list?
> **Avete una lista dei vini?**
> アヴェーテ ウナリスタデイヴィーニ?

❏ この料理にはどのワインが合いますか.
> Could you recommend a good wine for this dish?
> **Quale vino si sposa bene con questo piatto?**
> クワレヴィーノ スィスポーザベーネ コンクエストピアット

❏ 赤[白]ワインをグラスでください.
> A glass of red [white] wine, please.
> **Un bicchiere di vino rosso [bianco], per favore.**
> ウンビッキエーレディヴィーノロッソ [ビアンコ], ペルファヴォーレ

❏ アルコールはだめなんです.
> I don't drink.
> **Non bevo alcolici.**
> ノンベーヴォアルコーリチ

❏ 一口ならいただきます.
> I'll have a sip.
> **Ne bevo solo un sorso.**
> ネベーヴォ ソーロウンソルソ

22 食事

❏ 乾杯！

Cheers!

Alla salute! / Cincin!

アッラサルーテ / チンチン

食事の途中で
— 小皿を持ってきてください． —

❏ 中に何が入ってるんですか．辛すぎます．

What's inside? It's too hot.

Che cosa c'è dentro? È troppo piccante.

ケ コーザ チェ デントロ　エ トロッポ ピッカンテ

❏ （サラダの）味付けは済んでいますか．

Is it already dressed?

È già condita?

エ ジャ コンディータ？

❏ 小皿を持ってきてください．

Please bring a small plate.

Mi porti un piattino, per favore.

ミ ポルティ ウン ピアッティーノ，ペル ファヴォーレ

■食事②■

イタリアのレストランでの食事は，各自が頼んだ料理を「しっかり食べる」のがエチケットです．中華料理のように大皿から取り分けて食べるという習慣はありませんので，「皿の取り替え」や「つまみ食い」はマナーに反します．また，メインディッシュの添え物 (contorno) は例外として，目の前には「1皿だけ」が基本です．

❏ お水をいただけますか.

I'd like a glass of water.

Vorrei un bicchiere d'acqua.

ヴォッレイ　ウンビッキエーレダックワ

❏ すみません，パンをもう少しお願いします.

Excuse me, some more bread, please.

Senta, ancora un po' di pane, per favore.

センタ，アンコーラウンポディパーネ，ペルファヴォーレ

❏ ナイフ［フォーク，スプーン］をいただけますか.

Would you bring me a knife [fork, spoon], please?

Per favore, mi porti un coltello [una forchetta, un cucchiaio].

ペルファヴォーレ，ミポルティ ウンコルテッロ［ウナフォルケッタ，ウンクッキアィオ］

❏ 汚してしまいました.

I've got some spots on me.

Mi sono macchiato(-a).

ミソノマッキアート(タ)

❏ 染み抜きがあったら持ってきてください.

Could you bring me some stain remover?

Può portarmi uno smacchiatore?

プオポルタルミ ウーノズマッキアトーレ?

レストランでの苦情
―― 頼んだものがまだ来ません. ――

☐ スープが冷めています.
　The soup is cold.
　La zuppa è fredda.
　ラズッパエフレッダ

☐ これは火が通っていません.
　This isn't done cooking.
　Questo non è abbastanza cotto.
　クエストノネアッバスタンツァコット

☐ これは注文していません.
　I didn't order this.
　Questo non l'ho ordinato.
　クエスト ノンロオルディナート

☐ 私が頼んだのは子羊のフィレです.
　I ordered a lamb fillet.
　Ho ordinato il filetto di agnello.
　オールディナート イルフィレットディアニェッロ

☐ 頼んだものがまだ来ません.
　My [Our] order hasn't arrived yet.
　Il mio [nostro] piatto non arriva ancora. [noi]
　イルミオ[ノストロ]ピアット ノンナッリーヴァ アンコーラ

☐ 申し訳ございません.
　I'm very sorry.
　Mi scusi.
　ミスクーズィ

- ❏ 確認してまいります.
  I'll go check.
  Vado a controllare.
  ヴァードアコントロッラーレ

- ❏ もうしばらくお待ちください.
  Please wait a moment.
  Aspetti ancora un momento, per favore.
  アスペッティ アンコーラウンモメント, ペルファヴォーレ

デザートを注文する
—— 私はアイスクリームにします. ——

- ❏ デザートには何がありますか.
  What'll you have for dessert?
  Cosa avete per dessert? / Che dolci avete?
  コーザヴェーテ ペルデッセール / ケドルチアヴェーテ

- ❏ 私はアイスクリームにします.
  I'd like some ice cream.
  Io prendo un gelato.
  イオプレンド ウンジェラート

- ❏ デザートはいりません.
  I don't need dessert.
  Non prendo il dolce.
  ノンプレンド イルドルチェ

- ❏ (ノンアルコールの)食後酒を持ってきてください.
  Would you bring a (non-alcohol) digestif?
  Mi porta un digestivo (analcolico)?
  ミポルタ ウンディジェスティーヴォ (アナルコーリコ)?

22 食事

❏ 薬を飲むので普通の水をお願いします．

Water, please. I need to take some medicines.

Un po' di acqua naturale, per favore. Devo prendere una medicina.

ウンポディ**アッ**クワ ナトゥ**ラ**ーレ，ペルファ**ヴォ**ーレ デヴォプ**レ**ンデレ ウナ メディ**チ**ーナ

支払いのときの表現
—— お勘定をお願いします．——

❏ お勘定をお願いします．

Check, please.

Il conto, per favore.

イル**コ**ント，ペルファ**ヴォ**ーレ

❏ 割り勘にしましょう．

Let's split the bill.

Facciamo alla romana.

ファッ**チャ**ーモ アッラロ**マ**ーナ

❏ クレジットカードでお願いします．

By credit card, please.

Con la carta di credito, per favore.

コンラ**カ**ルタディク**レ**ーディト，ペルファ**ヴォ**ーレ

❏ カードはご使用になれません．

We can't accept any credit cards.

Non accettiamo carte di credito.

ノナッチェッティ**ア**ーモ カルテディク**レ**ーディト

- ❏ 現金でお願いします.
  Cash, please.
  In contanti, per favore.
  インコン**タ**ンティ, ペルファ**ヴォ**ーレ

- ❏ 計算が間違っています.
  This was added up wrong.
  C'è un errore nel conto.
  チェウンネッ**ロ**ーレ ネルコント

- ❏ 請求額が高すぎます.
  This bill is too expensive.
  Il conto è troppo salato.
  イル**コ**ント エト**ロ**ッポサ**ラ**ート

- ❏ おつりが足りません.
  This is not the correct change.
  Il resto che mi ha dato non basta.
  イル**レ**ストケミア**ダ**ート ノンバスタ

- ❏ 100ユーロ札を渡しました.
  I gave you a 100 euro bill.
  Le ho dato un biglietto da cento euro.
  レオ**ダ**ート ウンビッリェットダ**チェ**ントエウロ

ファーストフードを注文するときの表現
—— ここで食べます. ——

- ❏ テイクアウトでハンバーガーを2個お願いします.
  Two hamburgers to go, please.
  Due hamburger da portar via, per favore.
  ドゥーエアンブ**ル**ゲル ダポルタル**ヴィ**ーア, ペルファ**ヴォ**ーレ

- ❏ **マスタード抜きにしてください.**
  Hold the mustard, please.
  Senza mostarda, per favore.
  センツァモス**タ**ルダ, ペルファ**ヴォ**ーレ

- ❏ **ホットドッグとオレンジジュースをください.**
  A hot dog and an orange juice, please.
  Un hot dog e un succo d'arancia, per favore.
  ウンオトドグ エウン**ス**ッコダランチャ, ペルファ**ヴォ**ーレ

- ❏ **スモール [ミディアム，ラージ] をお願いします.**
  A small [medium, large], please.
  Piccola [Media, Grande], per favore.
  ピッコラ [メーディア, グランデ], ペルファ**ヴォ**ーレ

- ❏ **氷は入れないでください.**
  No ice, please.
  Senza ghiaccio, per favore.
  センツァギ**ア**ッチョ, ペルファ**ヴォ**ーレ

- ❏ **ここで食べます.**
  I'll eat it here.
  Mangio qui.
  マンジョ**ク**ィ

- ❏ **持ち帰ります.**
  I'd like this to go.
  Lo porto via.
  ロ**ポ**ルトヴィーア

食事の途中の会話
—— どうやって食べるのですか？ ——

☐ 遠慮なさらずに．
Make yourself at home.
Senza complimenti!
センツァコンプリメンティ

☐ 冷めないうちに召し上がれ．
Eat it before it gets cold.
Mangi prima che si raffreddi.
マンジ プリーマケ スィラッフレッディ

☐ たくさん召し上がってください．
Please have as much as you'd like.
Mangi e beva a volontà.
マンジエベーヴァ アヴォロンタ

イタリアでは，日本の「いただきます」と同じように，Buon appetito!/ブオンナッペティート/（よい食欲を！）と言って食べ始めます．

☐ お口に合えばいいのですが．
I don't know whether you'll like it but..
Spero che sarà di Suo gradimento.
スペーロケ サラディ スオグラディメント

☐ すごいごちそうですね．
Wow, what a treat!
Quante cose buone!
クワンテコーゼ ブオーネ

- ❏ わあ，いい香り．

  Wow. Nice smell.

  Che buon profumo!

  ケブ**オ**ンプロフ**ー**モ

- ❏ おいしいです！

  Delicious!

  Buono! / Delizioso!

  ブ**オ**ーノ / デリツィ**オ**ーゾ

- ❏ これ，大好物なんです．

  This is my favorite.

  Per questo vado matto(-a).

  ペルク**エ**スト ヴァード**マ**ット(タ)

- ❏ どうぞ（自分で）お取りください．

  Help yourself, please.

  Prego, si serva.

  プレーゴ，スィ**セ**ルヴァ

- ❏ スープの味はいかがですか．

  What do you think of the soup?

  Che ne pensa della zuppa?

  ケネペンサ デッラ**ズ**ッパ

- ❏ これは何ですか．

  What is this?

  Questo che cos'è ?

  ク**エ**ストケ コーゼ**エ**？

- ❏ どうやって食べるのですか．

  How do you eat this?

  Come si mangia?

  コーメスィマンジャ

❑ 手で持ってもいいですか．

Can I hold it in my hand?

Posso prenderlo con le mani?

ポッソプレンデルロ コンレマーニ？

❑ こうやって食べるんです．

You eat it like this.

Si mangia così.

スィマンジャコズィ

❑ これも食べられますか．

Can you eat this too?

Si mangia anche questo?

スィマンジャ アンケクエスト？

❑ それは飾りです．

That's a decoration.

Quella è una decorazione.

クエッラエ ウナデコラツィオーネ

❑ それは食べられません．

We don't eat that.

Non si mangia.

ノンスィマンジャ

❑ フォアグラを食べるのは初めてです．

This is the first time to eat foie gras.

È la prima volta che mangio il fegato d'oca.

エラプリマヴォルタケ マンジョイルフェーガトドーカ

❑ ごめんなさい，これはちょっと食べられません．

I'm sorry, but I can't eat that.

Questo non posso mangiarlo, mi dispiace.

クエスト ノンポッソマンジャルロ，ミディスピアーチェ

- ❑ アレルギーが出るんです．

    I'll have an allergic reaction.

    Mi dà una reazione allergica.

    ミダ ウナレアツィオーネ アッレルジカ

- ❑ おかわりはいかがですか．

    How about another helping [refill]?

    Ne gradisce ancora un po'?

    ネグラディッシェ アンコーラウンポ？

- ❑ もう十分いただきました．

    I've already had enough.

    Ne ho preso abbastanza.

    ネオプレーゾ アッパスタンツァ

- ❑ お腹が一杯です．

    I'm full.

    Mi sento proprio sazio(-a).

    ミセントプロープリォ サーツィオ(ア)

- ❑ とてもおいしかったです，ごちそうさま．

    I really enjoyed the meal, thank you.

    Ho mangiato proprio bene, grazie.

    オマンジャート プロープリォベーネ，グラーツィエ

- ❑ 気に入っていただいてうれしいです．

    I'm glad you liked it.

    Sono molto felice che Le sia piaciuto.

    ソノモルトフェリーチェケ レスィーアピアチュート

単語 野菜　verdura *f.* /ヴェルドゥーラ/

キャベツ　cavolo *m.* /カーヴォロ/ (㊧ cabbage)
芽キャベツ　cavolini di Bruxelles *m.pl.* /カーヴォリーニ ディ ブルクセル/ (㊧ Brussels sprouts)
タマネギ　cipolla *f.* /チポッラ/ (㊧ onion)
キュウリ　cetriolo *m.* /チェトリオーロ/ (㊧ cucumber)
ニンジン　carota *f.* /カローター/ (㊧ carrot)
カブ　rapa *f.* /ラーパ/ (㊧ turnip)
ラディッシュ　ravanello *m.* /ラヴァネッロ/ (㊧ radish)
ビート　barbabietola *f.* /バルバビエートラ/ (㊧ beet)
セロリ　sedano *m.* /セーダノ/ (㊧ celery)
レタス　lattuga (a palla) *f.* /ラットゥーガ (アッパッラ)/ (㊧ lettuce)
ピーマン　peperone *m.* /ペペローネ/ (㊧ green pepper)
パプリカ　paprica *f.* /パプリカ/ (㊧ paprika)
ニンニク　aglio *m.* /アッリォ/ (㊧ garlic)
ブロッコリー　broccolo *m.* /ブロッコロ/ (㊧ broccoli)
パセリ　prezzemolo *m.* /プレッツェーモロ/ (㊧ parsley)
アスパラガス　asparago *m.* /アスパーラゴ/ (㊧ asparagus)
エンドウマメ　pisello *m.* /ピゼッロ/ (㊧ (green) pea)
サヤインゲン　fagiolini *m.pl.* /ファジョリーニ/ (㊧ green bean)
トウモロコシ　granturco *m.*, mais *m.* /グラントゥルコ, マイス/ (㊧ corn, maize)
キノコ　fungo *m.* /フンゴ/ (㊧ mushroom)
オリーブ　oliva *f.* /オリーヴァ/ (㊧ olive)
トマト　pomodoro *m.* /ポモドーロ/ (㊧ tomato)
ナス　melanzana *f.* /メランツァーナ/ (㊧ eggplant)
ジャガイモ　patata *f.* /パタータ/ (㊧ potato)
サツマイモ　batata *f.*, patata dolce *f.* /バタータ, パタータ ドルチェ/ (㊧ sweet potato)
ヤマイモ　igname *m.* /イニャーメ/ (㊧ yam)
カボチャ　zucca *f.* /ズッカ/ (㊧ pumpkin)
ホウレンソウ　spinaci *m.pl.* /スピナーチ/ (㊧ spinach)
カリフラワー　cavolfiore *m.* /カヴォルフィオーレ/ (㊧ cauliflower)

22 食事

単語 果物 frutta *f.*/フルッタ/

- イチゴ　　fragola *f.*/フラーゴラ/(® strawberry)
- オレンジ　arancia *f.*/アランチャ/(® orange)
- キウイ　　kiwi *m.*/キーウィ/(® kiwi)
- グレープフルーツ　pompelmo *m.*/ポンペルモ/(® grapefruit)
- サクランボ　ciliegia *f.*/チリエージャ/(® cherry)
- ナシ　　　pera *f.*/ペーラ/(® pear)
- パイナップル　ananas *m.*/アーナナス/(® pineapple)
- バナナ　　banana *f.*/バナーナ/(® banana)
- ブドウ　　uva *f.*/ウーヴァ/(® grapes)
- プラム　　prugna *f.*/プルーニャ/(® plum)
- ブルーベリー　mirtillo *m.*/ミルティッロ/(® blueberry)
- ミカン　　mandarino *m.*/マンダリーノ/(® mandarin, mikan)
- メロン　　melone *m.*/メローネ/(® melon)
- モモ　　　pesca *f.*/ペスカ/(® peach)
- リンゴ　　mela *f.*/メーラ/(® apple)
- レモン　　limone *m.*/リモーネ/(® lemon)

単語 肉 carne *f.*/カルネ/

- 牛肉　　manzo *m.*/マンゾ/(® beef)
- 子牛　　vitello *m.*/ヴィテッロ/(® veal)
- 豚肉　　carne di maiale *f.*/カルネ ディ マイアーレ/(® pork)
- 羊肉　　montone *m.*/モントーネ/(® mutton)
- ラム　　agnello *m.*/アニェッロ/(® lamb)
- 鶏肉　　pollo *m.*/ポッロ/(® chicken)
- 赤身　　magro *m.*/マーグロ/(® lean)
- ロース　controfiletto *m.*/コントロフィレット/(® sirloin)
- ヒレ　　filetto *m.*/フィレット/(® fillet)
- 挽き肉　carne tritata *f.*, macinato *m.*/カルネ トリタータ, マチナート/(® minced meat)
- ハム　　prosciutto *m.*/プロシュット/(® ham)
- ソーセージ　salsiccia *f.*/サルスィッチャ/(® sausage)
- サラミ　salame *m.*/サラーメ/(® salami)
- ベーコン　pancetta *f.*/パンチェッタ/(® bacon)
- レバー　fegato *m.*/フェーガト/(® liver)

単語 魚介類 frutto di mare *m.*/フルット ディ マーレ/

- 魚　　pesce *m.*/ペッシェ/(英 fish)
- タイ　　dentice *m.*/デンティチェ/(英 sea bream)
- ヒラメ　　rombo *m.*/ロンボ/(英 flounder)
- 舌ビラメ　　sogliola *f.*/ソッリオラ/(英 sole)
- マグロ　　tonno *m.*/トンノ/(英 tuna)
- スズキ　　spigola *f.*/スピーゴラ/(英 perch)
- イワシ　　sardina *f.*/サルディーナ/(英 sardine)
- アンチョビ　　acciuga *f.*/アッチューガ/(英 anchovy)
- ニシン　　aringa *f.*/アリンガ/(英 herring)
- タラ　　merluzzo *m.*/メルルッツォ/(英 cod)
- サバ　　scombro *m.*/スコンブロ/(英 mackerel)
- サケ　　salmone *m.*/サルモーネ/(英 salmon)
- マス　　trota *f.*/トロータ/(英 trout)
- イカ　　seppia *f.*/セッピア/(英 cuttlefish)
- ヤリイカ　　calamaro *m.*/カラマーロ/(英 squid)
- ホタルイカ　　calamaro lucciola *m.*/カラマーロ ルッチョラ/(英 firefly squid)
- タコ　　polpo *m.*/ポルポ/(英 octopus)
- ウナギ　　anguilla *f.*/アングイッラ/(英 eel)
- カニ　　granchio *m.*/グランキオ/(英 crab)
- シバエビ　　gamberetto *m.*/ガンベレット/(英 shrimp)
- 車エビ　　gambero *m.*/ガンベロ/(英 prawn)
- ロブスター　　aragosta *f.*/アラゴスタ/(英 lobster)
- アカザエビ　　scampo *m.*/スカンポ/(英 Dublin Bay prawn)
- シャコ　　canocchia *f.*/カノッキア/(英 squilla)
- カキ　　ostrica *f.*/オストリカ/(英 oyster)
- ホタテ　　capasanta *f.*/カパサンタ/(英 scallop)
- アサリ　　vongola *f.*/ヴォンゴラ/(英 short-neck clam)
- ムール貝　　cozza *f.*/コッツァ/(英 blue mussel, moule)

単語 飲み物 bevanda *f.*/ベヴァンダ/

水　acqua *f.*/アックァ/(英 water)
ミネラルウォーター　acqua minerale *f.*/アックァ ミネラーレ/(英 mineral water)
炭酸水　acqua gassata *f.*/アックァ ガッサータ/(英 soda water)
ソーダ水　selz *m.*/セルツ/(英 soda water)
アルコール　alcol *m.*/アルコル/(英 alcohol)
ワイン　vino *m.*/ヴィーノ/(英 wine)
赤ワイン　vino rosso *m.*/ヴィーノ ロッソ/(英 red wine)
白ワイン　vino bianco *m.*/ヴィーノ ビアンコ/(英 white wine)
ロゼ　vino rosato *m.*/ヴィーノ ロザート/(英 rosé)
発泡ワイン　spumante *m.*/スプマンテ/(英 sparkling wine)
シャンパン　champagne *m.*/シャンパーニュ/(英 champagne)
ビール　birra *f.*/ビッラ/(英 beer)
生ビール　birra alla spina *f.*/ビッラ アッラ スピーナ/(英 draft beer)
ウイスキー　whisky *m.*/ウィスキ/(英 whiskey)
カクテル　cocktail *m.*/コクテイル/(英 cocktail)
日本酒　sakè *m.*/サケ/(英 *sake*)
食前酒　aperitivo *m.*/アペリティーヴォ/(英 apéritif)
食後酒　digestivo *m.*/ディジェスティーヴォ/(英 digestif)
コーヒー　caffè *m.*/カッフェ/(英 coffee)
ミルク　latte *m.*/ラッテ/(英 milk)
ミルクコーヒー　caffellatte *m.*/カッフェッラッテ/(英 coffee with milk)
カプチーノ　cappuccino *m.*/カップッチーノ/(英 cappuccino)
紅茶　tè *m.*/テ/(英 tea)
ティーバッグ　bustina di tè *f.*/ブスティーナ ディ テ/(英 tea bag)
ココア　cioccolata *f.*/チョッコラータ/(英 cocoa)
ジュース　succo *m.*/スッコ/(英 juice)
レモネード　limonata *f.*/リモナータ/(英 lemonade)
コーラ　coca-cola *f.*/コーカコーラ/(英 coke)

第23章 買い物

お店と売り場を探す
―― 歩きやすい靴を探しています. ――

❏ この辺にデパートはありますか.
   Is there a department store around here?
   C'è un grande magazzino da queste parti?
   チェウングランデマガッ**ズィ**ーノ ダクエステパル**ティ**?

❏ 商店街はどのあたりですか.
   Where is the shopping center?
   Dove si trova la zona commerciale?
   ドヴェスィトロー**ヴァ** ラゾーナコンメル**チャ**ーレ

❏ どこかいい本屋さんを教えていただけませんか.
   Would you tell me any good bookstore, please?
   Mi potrebbe consigliare una buona libreria?
   ミポト**レッ**ベ コンスィッリ**アー**レ ウナブ**オー**ナリブレリーア?

❏ いらっしゃいませ.
   May I help you?
   Desidera? / In che posso servirLa?
   デズィーデラ? / インケ**ポッ**ソセル**ヴィ**ルラ?

❏ ちょっと見ているだけです.
   I'm just looking, thank you.
   Vorrei solo guardare, grazie.
   ヴォッレイ**ソー**ログワル**ダー**レ, グ**ラー**ツィエ

■店②■

お店に入るときは，店の人の姿が見えなくても「Buongiorno./Buonasera.」と声をかけて入りましょう．また，勝手に商品を触らないこと，もし手に取って見たい場合は，「触ってもいいですか (Posso toccare?)」とお店の人に一言断ってからにしましょう．

❏ ネクタイはありますか．

Do you have some ties?

Avete cravatte?

アヴェーテ クラ**ヴァ**ッテ？

❏ 文房具はどこで売っていますか．

Where do you sell stationery?

Dove si vende la cancelleria?

ド**ヴェ** スィ **ヴェ**ンデ ラ カンチェッレ**リ**ーア

❏ 歩きやすい靴を探しています．

I'm looking for some comfortable shoes.

Sto cercando delle scarpe comode.

スト チェル**カ**ンド デッレ スカルペ コ**ー**モデ

❏ 婦人［紳士］服売り場はどこですか．

Where can I find the women's [men's] clothes?

Dove si trova il reparto abbigliamento donna [uomo]?

ド**ヴェ** スィ ト**ロ**ーヴァ イル レ**パ**ルト アッビッリア**メ**ント **ド**ンナ［ウ**オ**ーモ］

❏ 食料品売場は何階ですか．

On which floor is a grocery?

A che piano è il reparto alimentari?

ア ケ ピ**ア**ーノ **エ** イル レ**パ**ルト アリメン**タ**ーリ

23 買い物

- ❏ こちらにございます.
  It's over here.
  Da questa parte.
  ダク**エ**スタパルテ

- ❏ エスカレーターの奥にございます.
  It's behind the escalator.
  È dietro alla scala mobile.
  エディ**エ**ートロ アッラスカーラ**モ**ービレ

- ❏ 3階にあります.
  That's on the 3rd floor.
  È al secondo piano.
  エアルセ**コ**ンドピアーノ

- ❏ 地下2階にあります.
  That's on the 2nd floor below.
  È al secondo piano sotterraneo.
  エアルセ**コ**ンドピアーノ ソッテッ**ラ**ーネオ

- ❏ エレベーターで5階に行ってください.
  Please take the elevator to the 5th floor.
  Vada al quarto piano con l'ascensore.
  ヴァーダアルク**ワ**ルトピアーノ コンラッシェン**ソ**ーレ

- ❏ あちらの階段で上がって[下りて]ください.
  Please go up [down] using the stairway over there.
  Salga [Scenda] quella scala.
  サルガ [**シェ**ンダ] ク**エ**ッラス**カ**ーラ

- ❏ 申し訳ございません, こちらでは扱っておりません.
  I'm sorry, we don't have those here.
  Mi dispiace, ma non li abbiamo.
  ミディスピ**ア**ーチェ, マ**ノ**ンリアッビ**ア**ーモ

シミュレーション 買い物

お買い得です.

店 いらっしゃいませ. 何か御用は？
Hello. Can I help you?
Buongiorno, signorina. Desidera?
ボンジョルノ, スィニョリーナ デズィーデラ？

久 靴を探しているんですけど.
I'm looking for a pair of shoes.
Mi servirebbe un paio di scarpe.
ミセルヴィレッベ ウンパイオディスカルペ

店 どういったタイプがよろしいでしょうか？
What kind of shoes do you want?
Quale tipo Le andrebbe bene?
クワーレティーポ レアンドレッベベーネ

久 ヒールが低くて歩きやすいのがいいです.
Low heel, easy to walk.
Con tacchi bassi, di tipo sportivo.
コンタッキバッスィ, ディティーポ スポルティーヴォ

店 サイズはいくつですか？
What size?
Che numero porta?
ケヌーメロ ポルタ

久 38 だと思います.
Size 38, I think.
Il trentotto, credo.
イルトレントット, クレード

久美子 久 ・ 店員 店

[店] これなどいかがでしょうか？
How about this pair?
Le andrebbero bene queste?
レアンドレッベロベーネ クエステ？

特別奉仕品で 30% 引きです．
It is offered with a special price. 30% discount.
Sono in offerta speciale, sconto 30%.
ソノインノッフェルタ スペチャーレ, スコント トレンタペルチェント

[久] 本当ですか？丈夫なんでしょうね？
Really? Is it durable?
Davvero!? Ma durano?
ダッヴェーロ？ マドゥーラノ？

[店] 長持ちすることは保証いたします．
I guarantee that it will keep long.
Glielo assicuro, le porterà per anni.
リエロアッスィクーロ, レポルテラ ペルアンニ

[久] とても履き心地がいいです．これにします．
Very comfortable. I'll take it.
Sono veramente comode. Prendo queste.
ソノヴェラメンテコーモデ プレンドクエステ

[店] とてもお似合いですよ．それにお買い得ですからね.
It looks good on you. And good price.
Le stanno benissimo. E sono regalate!
レスタンノベニッスィモ エソーノレガラーテ

久美子[久]・店員[店]

シミュレーション 百貨店で

カードは使えますか？

中村 中・店員 店

🔲 すみません，口紅はどこで買えるでしょうか？
Excuse me, but where can I get a lipstick?
Scusi, dove posso comprare dei rossetti?
スクーズィ，ドヴェポッソコンプラーレ デイロッセッティ

🔲 1階の化粧品売り場です．
At the cosmetic part, on the first floor.
Al reparto cosmetici, è al pianterreno.
アルレパルトコズメーティチ，エアルピアンテッレーノ

あのエスカレーターのすぐ後ろにございます．
You can find it behind the escalator.
Si trova subito dietro quella scala mobile.
スィトローヴァ スービトディエトロ クエッラスカーラモービレ

🔲 手袋も買いたいのですが．
I need gloves too.
Vorrei comprare anche dei guanti.
ヴォッレイコンプラーレ アンケデイグワンティ

🔲 それでしたら，2階の革製品の売り場へお上がりください．
Gloves are at the leathers, on the second floor.
Allora deve salire al reparto pelletterie, al primo piano.
アッローラ デヴェサリーレ アルレパルトペッレッテリーエ，アルプリモピアーノ

🈂 それから，カフスボタンやネクタイピンは？
How about cuff links and tiepins?
E i gemelli e le spille da cravatta?
エイジェメッリ エレスピッレダクラヴァッタ？

🈂 どちらも３階のアクセサリーのお店にございます．
Both of them will be found in the accessory shop on the third floor.
Tutti e due alla bigiotteria, al secondo piano.
トゥッティエドゥーエ アッラビジョッテリーア，アルセコンドピアーノ

🈂 カードは使えますか？
Do you accept credit cards?
Accettate carte di credito?
アッチェッターテ カルテディクレーディト？

🈂 もちろんです．ドルや円でのお支払いも可能です．
Of course. We accept dollars and yen as well.
Senz'altro. Si può pagare anche in dollari o in yen.
センツァルトロ　スィプオパガーレ アンケインドッラリ オインニエン

中村 🈂・店員 🈂

品物を見せてもらう・品物について聞く
── 色違いはありますか？ ──

☐ **あれを見せてくださいますか.**
Could you show me that one, please?
Potrei vedere quello?
ポトレイヴェデーレ クエッロ？

☐ **触ってもいいですか.**
May I touch this?
Posso toccare?
ポッソトッカーレ？

☐ **この指輪［イヤリング］を見せてください.**
Please show me this ring [these earrings].
Vorrei vedere quest'anello [questi orecchini].
ヴォッレイヴェデーレ クエスタネッロ［クエスティオレッキーニ］

☐ **右端［左端］のを見せてください.**
Show me the one at the right [left] end.
Vorrei vedere l'ultimo a destra [sinistra].
ヴォッレイヴェデーレ ルティモ アデストラ［スィニストラ］

☐ **左から2［3］つ目のを見せてください.**
Please show me the second [third] one from the left.
Mi faccia vedere il secondo [terzo] da sinistra.
ミファッチャヴェデーレ イルセコンド［テルツォ］ダスィニストラ

☐ **真ん中のを見せてください.**
Show me the middle one.
Vorrei vedere quello in mezzo.
ヴォッレイヴェデーレ クエッロインメッゾ

❏ ショーウインドウにあるのを見たいのですが.

I'd like to see one in the shopwindow.

Mi piacerebbe vedere quello in vetrina.

ミピアチェレッペヴェデーレ クエッロインヴェトリーナ

❏ ほかのを見せてくださいますか.

Could you show me another one, please?

Me ne fa vedere un altro?

メネファヴェデーレ ウンナルトロ?

❏ 素材は何ですか.

What kind of fabric is this?

Che [Di che] materiale è?

ケ|ディ**ケ**|マテリアーレ**エ**

❏ (服の) サイズはいくつですか.

What size do you take [want]?

Che taglia porta?

ケ**タ**ッリァ ポルタ

❏ サイズは 40 です.

Size 40.

La quaranta.

ラクワ**ラ**ンタ

❏ (靴の) サイズはいくつですか.

What size do you take [want]?

Che numero porta?

ケ**ヌ**ーメロ ポルタ

❏ サイズは 37 です.

Size 37.

Il trentasette.

イルトレンタ**セ**ッテ

- ❏ サイズがわかりません．

  I don't know my size.

  Non so la mia taglia [il mio numero].

  ノン**ソ** ラミア**タ**ッリア [イルミオ**ヌ**ーメロ]

- ❏ 大きすぎ [小さすぎ] ます．

  This is too large [small].

  È troppo grande [piccolo(-a)].

  エトロッポグランデ [**ピ**ッコロ (ラ)]

- ❏ 少し長い [短い] です．

  This is too long [short].

  È troppo lungo(-a) [corto(-a)].

  エトロッポルンゴ (ガ) [コルト (タ)]

- ❏ ちょうどいいです．

  This is my size.

  È proprio la mia taglia [il mio numero].

  エプロープリォ ラミア**タ**ッリア [イルミオ**ヌ**ーメロ]

- ❏ 違うデザインのはありますか．

  Do you have any other styles?

  Ne avete di altri tipi?

  ネア**ヴェ**ーテ ディ**ア**ルトリティーピ？

- ❏ これより大きい [小さい] サイズはありますか．

  Do you have this in a larger [smaller] size?

  Non ne avete un altro più grande [piccolo]?

  ノネ**ヴェ**ーテウナルトロ ピュグ**ラ**ンデ [**ピ**ッコロ]？

- ❏ 色違いはありますか．

  Do you have another color?

  Avete altri colori?

  ア**ヴェ**ーテ アルトリコローリ？

23 買い物

❏ これで色が黒のはありますか.
Do you have same one in black?
C'è anche nero?
チェアンケネーロ？

試着する
── 試着してもいいですか？ ──

❏ 試着してもいいですか.
Can I try this on?
Posso provare questo?
ポッソプロヴァーレ クエスト？

❏ 鏡はありますか.
Is there a mirror?
C'è uno specchio?
チェウーノスペッキォ？

❏ ぴったりです.
It fits me perfectly!
Mi sta a pennello.
ミスタアペンネッロ

❏ ちょっときつい [ゆるい] です.
It's a bit tight [loose].
È un po' stretto(-a) [largo(-a)].
エウンポストレット（タ）[ラルゴ（ガ）]

❏ 似合うかしら.
I wonder if this will look good.
Come mi sta?
コーメミスタ

23 買い物

❏ 私には似合わないみたい．
I don't think this looks good on me.
Non credo (che) mi stia bene.
ノンクレード(ケ)ミスティアベーネ

❏ お似合いですよ．
It suits you. / It looks good on you.
Le sta benissimo.
レスタベニッスィモ

❏ こちらのほうがお似合いです．
This one looks better on you.
Questo(-a) Le sta meglio.
クエスト(タ)レスタメッリォ

品物を買う
―― 全部でいくらですか？ ――

❏ これをください．
I'll take this, please.
Prendo questo.
プレンドクエスト

❏ これを3つください．
I'll take three of these.
Ne prendo tre.
ネプレンド トレ

❏ いくらですか．
How much?
Quant'è ?
クワンテエ?

❏ 全部でいくらですか.

How much is it all together?

Quanto viene in tutto?

クワントヴィエーネ イントゥット

❏ いくらまで免税になりますか.

How much is the limit for duty free?

Quanto bisogna spendere per avere l'esenzione dall'IVA?

クワント ビゾーニャスペンデレ ペラヴェーレ レゼンツィオーネ ダッリーヴァ

❏ 気に入りましたが値段がちょっと高すぎます.

I like it, but the price is a bit too high.

Mi piace, ma per me è un po' troppo caro.

ミピアーチェ, マペルメ ウンポ トロッポカーロ

❏ まけてもらえますか.

Can you give me a discount?

Potrei avere uno sconto?

ポトレイアヴェーレ ウーノスコント?

❏ トラベラーズチェックは使えますか.

Can I use a traveler's check?

Posso usare i traveller's cheque?

ポッソウザーレ イトラーヴェルスチェク?

❏ 現金［カード］でお支払いします.

I'll pay in cash [by credit card].

Pago in contanti [con la carta].

パーゴインコンタンティ［コンラカルタ］

23 買い物

ヴェネチアのメルカート

少し負けてくれない？

ミケーレ ミ ・ 久美子 久 ・ 店の男 店

ミ ここからはメルカートが続くからスリに注意して！

Watch out for pickpockets here in the market.

Di qui prosegue il mercato, quindi stai attenta ai borsaioli!

ディクィ プロセーグェイル メルカート, クインディスタイアッテンタ アイボルサイオーリ

久 あら，すてきなヴェネチアングラスの写真立てがあるわ.

Oh, here is a nice photo frame of Venetian Glass.

Oh, che bel portafoto in vetro di Murano.

オー, ケベルポルタフォート インヴェートロディムラーノ

店 よかったら色違いもありますよ.

You can find the same one with other colors.

Se vuole ne abbiamo anche in altri colori.

セヴオーレ ネアッビアーモアンケ インナルトリコローリ

久 おいくらですか？

How much?

Quanto costa?

クワントコスタ

店 25 ユーロです．
25 euros.
25 euro.
ヴェンティ**チ**ンクェ**エ**ウロ

久 ちょっと予算オーバーね．2つ買うから少し負けてくれない？
It's kind of expensive. Could you discount the price if I bought two of this?
È un po' più di quanto pensavo. Se ne compro due mi fa un po' di sconto?
エウンポピ**ユ**ディク**ワ**ントペン**サ**ーヴォ　セネコ**ン**プロド**ゥ**ーエ　ミファウンポディスコント？

店 うーん，じゃあ2つで48ユーロ．
Well, how about 48 euros for two.
Dunque... due... facciamo 48 euro.
ド**ゥ**ンクェ…ド**ゥ**ーエ…　ファッ**チャ**ーモクワラン**ト**ットエウロ

久 45！
45!
45!
クワラン**タチ**ンクェ

店 まいったなあ，じゃあ，45で！
Okay, I will accept 45.
E va beh, facciamo 45!
エ**ヴァ**ベッ，ファッ**チャ**ーモクワラン**タチ**ンクェ

久 ありがとう．いい買い物ができたわ．
Thank you. I could get it with a good price.
Grazie. Ho fatto proprio un bell'acquisto.
グ**ラ**ーツィエ　オファット**プ**ロープリォウンベッラクイスト

シミュレーション おみやげ

カメオのブローチはないかしら？

久美子・アンジェラ

久 母に何かおみやげを買いたいの．
I'd like to get a gift for my mother.
Voglio comprare un souvenir per la mamma.
ヴォッリォコンプラーレ ウンスーヴェニール ペルラマンマ

ア ガラスのアクセサリーはどうかしら？
How about a glass accesory?
Che ne diresti di qualche oggettino in vetro?
ケネディレスティ ディクワルケオッジェッティーノインヴェートロ

久 あら，このペンダントすてきね．
Oh, this pendant is nice.
Oh, questo ciondolino è proprio bello.
オー，クエストチョンドリーノ エプロープリォベッロ

ア モザイクのアクセサリーは，おみやげに喜ばれるのよ．
Mosaic accessories will be good gifts.
La bigiotteria a mosaico è sempre un regalo gradito.
ラビジョッテリーアモザイコ エセンプレ ウンレガーログラディート

久 とりあえず，これを買うわ．
First, I will take this.
Intanto compro questo.
インタント コンプロクエスト

ア ほかにどんなものがほしいの？
What else do you want?
Che altro vuoi comprare?
ケアルトロ ヴオイコンプラーレ

久 手ごろな値段のカメオのブローチはないかしら？
Is there any cameo brooch with a reasonable price?
Ci sarà una spilla con cammeo a un prezzo ragionevole?
チサラウナスピッラ コンカンメーオ アウンプレッツォラジョネーヴォレ？

ア カメオなら，お勧めの店があるわ．
As for cameo, I know a good store.
Per i cammei conosco il negozio giusto.
ペルイカンメーイ コノスコ イルネゴーツィオジュスト

久 そう？　連れて行ってくれる？
Really? Could you take me to the store?
Davvero? Mi ci porteresti?
ダッヴェーロ？　ミチポルテレスティ？

ア ええ，すぐ近くよ．
Yeah, it is close from here.
Certo, ci andiamo subito.
チェルト，チアンディアーモスービト

久 アクセサリーを見てまわるのは楽しいわね．
It is fun to look around for accessories.
Com'è divertente passeggiare e ammirare tanti begli oggettini.
コメエディヴェルテンテ パッセジャーレアンミラーレ タンティベッリ オッジェッティーニ

別々に包んでいただけますか.
Will you wrap them individually?
Può fare confezioni separate?
プオ**ファー**レ コンフェツィ**オー**ニ セパ**ラ**ーテ?

プレゼント用に包んでください.
Will you gift-wrap it, please?
Può fare una confezione regalo, per favore?
プオ**ファー**レ ウナコンフェツィオーネレ**ガ**ーロ, ペルファ**ヴォー**レ?

日本に送ってもらえますか.
Will you send this to Japan?
Posso farmelo spedire in Giappone?
ポッソ**ファル**メロス**ペ**ディーレ インジャッ**ポー**ネ?

どのくらい日数がかかりますか.
How many days will it take?
Quanti giorni ci vorranno?
クワンティ**ジョル**ニ チヴォッ**ラ**ノ?

話が違います.
That's not what you said.
Non è quello che ha detto prima.
ノ**ネ**クエッロケアデットプ**リ**ーマ

これを別のと取り替えてほしいのですが.
I would like to have it exchanged for another one.
Vorrei cambiare questo con un altro.
ヴォッ**レ**イ カンビ**アー**レク**エ**スト コヌン**ナ**ルトロ

これがレシートです.
Here is the receipt.
Ecco lo scontrino.
エッコ ロスコント**リ**ーノ

単語 装身具・アクセサリー

bigiotteria *f.*/ビジョッテリーア/

バッグ **borsa** *f.*/ボルサ/(英 bag)

ハンドバッグ **borsetta** *f.*/ボルセッタ/(英 handbag, purse)

ショルダーバッグ **tracolla** *f.*/トラコッラ/(英 shoulder bag)

アタッシュケース **ventiquattrore** *f.*/ヴェンティクァットローレ/(英 attaché case)

スーツケース **valigia** *f.*/ヴァリージャ/(英 suitcase)

財布 **portafoglio** *m.*/ポルタフォッリォ/(英 purse, wallet)

時計 **orologio** *m.*/オロロージョ/(英 watch, clock)

腕時計 **orologio da polso** *m.*/オロロージョ ダ ポルソ/(英 wristwatch)

傘 **ombrello** *m.*/オンブレッロ/(英 umbrella)

扇子 **ventaglio** *m.*/ヴェンタッリォ/(英 fan)

眼鏡 **occhiali** *m.pl.*/オッキアーリ/(英 glasses)

サングラス **occhiali da sole** *m.pl.*/オッキアーリ ダ ソーレ/(英 sunglasses)

指輪 **anello** *m.*/アネッロ/(英 ring)

ブローチ **spilla** *f.*/スピッラ/(英 brooch)

ペンダント **pendente** *m.*, **ciondolo** *m.*/ペンデンテ, チョンドロ/(英 pendant)

ネックレス **collana** *f.*/コッラーナ/(英 necklace)

ブレスレット **braccialetto** *m.*/ブラッチャレット/(英 bracelet)

イヤリング **orecchino** *m.*/オレッキーノ/(英 earring)

カフスボタン **gemelli** *m.pl.*/ジェメッリ/(英 cuff links)

23 買い物

第24章 電話・郵便・銀行

電話をかけるときの表現
―― もしもし…. ――

☐ もしもし,ヴェルディさんはいらっしゃいますか.
Hello. Is Mr. Verdi there?
Pronto. C'è il signor Verdi?
プロント, チェイルスィニョール ヴェルディ?

☐ ビアンキ夫人をお願いしたいのですが.
May I speak to Mrs. Bianchi?
Vorrei parlare con la signora Bianchi.
ヴォッレイパルラーレ コンラスィニョーラ ビアンキ

☐ どちらさまですか.
Who's calling, please?
Con chi parlo? / Chi parla?
コンキパルロ / キパルラ

☐ 私は田中と申します.
This is Tanaka. / My name is Tanaka.
Parla Tanaka. / Mi chiamo Tanaka.
パルラ タナカ / ミキアーモ タナカ

☐ そのままお待ちください.
Please hold (the line).
Attenda in linea, per favore.
アッテンダ インリーネア, ペルファヴォーレ

❏ ただ今ほかの電話に出ております.
   He [She] is on another line right now.
   In questo momento è al telefono.
   インクエストモメント エアルテレーフォノ

❏ 今ちょっと席をはずしております.
   He [She] is not at his [her] desk right now.
   In questo momento non c'è.
   インクエストモメント ノンチェ

❏ あとでこちらからかけ直します.
   I'll call you back later.
   Richiamerò più tardi.
   リキアメロ ピユタルディ

❏ 彼に田中から電話があったことをお伝えください.
   Please tell him Tanaka called.
   Gli riferisca che ha chiamato Tanaka.
   リ リフェリスカケ アキアマート タナカ

❏ …番へ電話をするように言ってください.
   Please ask him [her] to call...
   Gli [Le] dica di telefonare al numero.... [lei]
   リ [レ] ディーカディ テレフォナーレ アルヌーメロ…

❏ あなたの電話番号は？
   May I have your phone number?
   Qual è il Suo numero di telefono?
   クワレエ イルスオヌーメロディテレーフォノ

❏ 電話番号は，02-345678 です.
   My telephone number is 02-345678.
   Il mio numero di telefono è 02/345678.
   イルミオヌーメロディテレーフォノエ, ゼーロ, ドゥーエ, トレンタクワットロ,
   チンクワンタセーイ, セッタントット

24 電話・郵便・銀行

❏ 何番におかけですか.

What number are you calling?

Che numero ha chiamato?

ケヌーメロ アキアマート

❏ 番号が違います.

Wrong number.

Ha sbagliato numero.

アズバッリアート ヌーメロ

❏ 番号を間違えました.

I dialed the wrong number.

Scusi, ho sbagliato numero.

スクーズィ, オズバッリアート ヌーメロ

❏ 発信音のあとにメッセージをどうぞ.

Please leave a message after you hear the dial tone.

Per favore, lasciate un messaggio dopo il segnale acustico.

ペルファヴォーレ, ラッシャーテ ウンメッサッジョ ドーポイルセニャーレ アクスティコ

❏ 帰ったら携帯 [会社] にお電話ください.

Please call my cell phone [office] when you get back.

Mi chiami al cellulare [in ufficio] quando ritorna.

ミキアーミ アルチェッルラーレ [インヌッフィーチョ] クワンドリトルナ

■携帯電話■

イタリアの携帯電話普及率は世界でもトップクラスです．公共の場ではマナーモードにして音を出さないようにという考えがないのか，電車やバスの中…，いたるところで携帯電話を片手に大声で話をしているイタリア人を見かけます．

郵便局での表現
―― 切手を 10 枚. ――

❑ 郵便局はどこでしょうか.

Where's the post office?

Dove si trova l'ufficio postale?

ドヴェ スィ トローヴァ ルッフィーチョ ポスターレ

❑ 切手はどこで買えますか.

Where can I get some stamps?

Dove posso comprare dei francobolli ?

ドヴェ ポッソ コンプラーレ デイ フランコボッリ

❑ 切手はいくら貼ればいいですか.

How much do I need for this?

Quanto costa l'affrancatura?

クワント コスタ ラッフランカトゥーラ

❑ 5ユーロ切手を 10 枚ください.

I would like ten 5 Euro stamps.

Mi dia dieci francobolli da cinque euro.

ミ ディーア ディエチ フランコボッリ ダ チンクエ エウロ

❑ 記念切手はありますか.

Do you have any commemorative stamps?

Avete qualche francobollo commemorativo?

アヴェーテ クワルケ フランコボッロ コンメモラティーヴォ？

❑ どこに投函すればいいですか.

Where should I put this mail?

Dove posso imbucare?

ドヴェ ポッソ インブカーレ

24 電話・郵便・銀行

> (シミュレーション) **郵便局で**
>
> -----
> 小包を日本に送りたいのですが.

中村中・郵便局員係

中 この小包を送りたいので,お願いします.
I'd like to send this parcel.
Vorrei spedire questo pacchetto, per favore.
ヴォッレイスペディーレ クエストパケット ペル ファヴォーレ

係 航空便ですか.
By airmail?
Per via aerea?
ペルヴィーアエーレア?

中 もちろん,速達・書留でお願いします.
Sure. And express and registered, please.
Certamente, espresso e raccomandato, per favore.
チェルタメンテ, エスプレッソ エラッコマンダート, ペルファヴォーレ

日本にはいつごろ届くでしょうか?
When will it reach Japan?
Quando pensa che arriverà in Giappone?
クワンドペンサケ アッリヴェラ インジャッポーネ

係 2週間ぐらいでしょうか.
About two weeks, I think.
Un paio di settimane, credo.
ウンパイオディセッティマーネ, クレード

🀄 それから日本へ送る絵葉書の切手を 10 枚ください.

And I need ten stamps for postcards to Japan.

Poi vorrei dieci francobolli per cartolina, per il Giappone.

ポーイ ヴォッレイディ **エ**チフランコボッリペルカルト**リ**ーナ, ペリルジャッ**ポ**ーネ

🀄 はい, どうぞ, 全部で 38 ユーロ 40 セントです.

Here you are. 38 euros and 40 cents.

Ecco a Lei, sono 38,40 euro in tutto.

エッコアレ**ー**イ, ソノトレン**ト**ット クワラン**タエ**ウロ イン**ト**ゥット

🀄 切手は郵便局でしか買えないのですか?

Are stamps sold only at post offices?

I francobolli si possono comprare solo all'ufficio postale?

イフランコ**ボ**ッリ スィポッソノコンプ**ラ**ーレ ソ**ー**ロアッルッフィーチョポス**タ**ーレ?

🀄 いいえ, タバコ店でも売っています.

No, they are sold at tobacco stores.

No, si vendono anche in tabaccheria.

ノ, スィ**ヴェ**ンドノ **ア**ンケインタバッケ**リ**ーア

🀄 そうですか, ありがとうございます.

Oh, really? Thanks.

Ah sì?, grazie.

アッ**ス**ィー? グ**ラ**ーツィエ

銀行で

今日の円のレートはいくらですか？

中村 中・行員 係

中 こんにちは．今日の円のレートはいくらですか？
Hello. What is the currency exchange rate of yen today?
Buongiorno. Qual è il cambio dello yen oggi?
ボンジョルノ　クワーレ エ イル カンビォ デッロ イ エン オッジ

係 これが今日の為替相場のリストです．
Here is the list of currency exchange today.
Ecco la lista della quotazione di oggi.
エッコ ラ リスタ デッラ クオタツィオーネ ディ オッジ

中 2万円をユーロに換えていただけますか？
Could you exchange 20,000 yen to euros?
Vorrei cambiare 20.000 yen in euro, per piacere.
ヴォッレイ カンビアーレ ヴェンティミーライ エン イン ネウロ，ペル ピア チェーレ

係 かしこまりました．
All right, ma'am.
Va bene, signora.
ヴァ ベーネ，スィニョーラ

お名前をここに書いて，サインをお願いします．
Would you put your name and signature, please?
Scriva il Suo nome qui e metta una firma,

per favore.
スクリーヴァ イルスオノーメ ク**ィ** エメッタウナ **フィ**ルマ, ペルファ **ヴォ**ーレ

🈠 パスポートは確認されますか？

Are you going to see my passport?

Vuol vedere il mio passaporto?

ヴォルヴェデーレ イルミオパッサポルト？

㊝ いいえ，その必要はありません．

No, it isn't necessary.

No, non è necessario.

ノ, ノネネチェッ**サ**ーリォ

はい，134.20 ユーロです．

Here is 134.20 euros.

Ecco a Lei: 134, 20 euro.

エッコアレーイ, チェントトレンタク**ワ**ットロ ヴェンティ**エ**ウロ

100 ユーロ札 1 枚と 10 ユーロ札 3 枚，残りが硬貨です．

One 100 euro bill, three 10 euro bills, and coins.

Un biglietto da 100, tre biglietti da 10 e il resto in monete.

ウンビッリエットダ**チェ**ント, トレビッリエッティダディ**エ**ーチ エイル**レ**スト インモ**ネ**ーテ

🈠 どうもありがとうございます．さようなら．

Thank you. Bye.

Grazie mille. ArrivederLa!

グラーツィエ**ミ**ッレ　アリヴェ**デ**ッラ

❏ この手紙［小包］を日本に送りたいのですが．

I would like to send this letter [package] to Japan.

Vorrei spedire questa lettera [questo pacco] in Giappone.

ヴォッレイスペディーレ クエスタレッテラ［クエストパッコ］ インジャッポーネ

❏ 速達［書留］にしてください．

I would like to send this by express [registered] mail.

Vorrei spedir*la*[*-lo*] per espresso [raccomandata].
[lo: pacco]

ヴォッレイスペディルラ（ロ）ペルエスプレッソ［ラッコマンダータ］

❏ 航空便［船便］でいくらかかりますか．

How much will it cost by airmail [sea mail]?

Quanto costa per via aerea [via mare]?

クワントコスタ ペルヴィーアエーレア［ヴィーアマーレ］

■郵便事情■

イタリアの郵便事情は良くありません．まず郵便局では長蛇の列を覚悟しなくてはならず，郵送してから届くまでの時間も予想できません．イタリアのある都市から，日本とドイツとイタリア国内の別の都市へ同時にはがきを送ったところ，一番初めに届いたのはドイツ，次に日本，そして最後に3週間近く経ってようやくイタリアの都市に配達された，という笑い話もあります．

銀行での表現
ユーロに替えてください．

- ❏ 銀行でお金を下ろします．
  I am taking money out of the bank.
  Ritiro il denaro dalla banca.
  リティーロ イルデナーロ ダッラバンカ

- ❏ 銀行にお金を預けます．
  I am putting money in the bank.
  Deposito il denaro in banca.
  デポーズィト イルデナーロ インバンカ

- ❏ 銀行で振り込みをします．
  I am sending money via a bank transfer.
  Faccio un versamento su un conto in banca.
  ファッチョ ウンヴェルサメント スウンコントインバンカ

- ❏ 両替してください．
  I'd like to exchange some money.
  Vorrei cambiare dei soldi.
  ヴォッレイカンビアーレ デイソルディ

- ❏ ユーロ [円] に替えてください．
  I'd like this exchanged into euro [yen].
  Vorrei cambiare questi in euro [yen], per favore.
  ヴォッレイカンビアーレ クエスティ インネウロ [イェン]，ペルファヴォーレ

- ❏ トラベラーズチェックを現金化してください．
  Please cash this traveler's check.
  Mi cambi questo traveller's cheque, per favore.
  ミカンビ クエスト トラーヴェルスチェク，ペルファヴォーレ

24 電話・郵便・銀行

❏ この小切手を現金にしてください．
Will you please cash this check?
Può cambiarmi questo assegno?
プオカンビアルミ クエストアッセーニョ？

❏ ATMはどこにありますか．
Where is the ATM?
Dove si trova il bancomat?
ドヴェスィトローヴァ イルバンコマット

❏ 日本からの送金は受けられますか．
Can I receive payment from Japan?
Posso ricevere versamenti dal Giappone?
ポッソリチェーヴェレ ヴェルサメンティ ダルジャッポーネ？

❏ 口座を開きたいのですが．
I'd like to open an account.
Vorrei aprire un conto.
ヴォッレイアプリーレ ウンコント

第25章 パソコン・電気製品

パソコン・インターネットの表現
── あとでメールを差し上げます． ──

❏ このパソコンは日本語が入力できますか．
   Can you enter Japanese data on this computer?
   Si può scrivere in giapponese con questo computer?
   スィプオスクリーヴェレ インジャッポネーゼ コンクエストコンピューテル？

❏ インターネットができる店はありますか．
   Is there an internet cafe?
   C'è un internet café (cybercafé)?
   チェウンインテルネットカフェ (サイベルカフェ)？

❏ 自分のホームページを作りました．
   I made my own homepage.
   Ho creato il mio sito internet.
   オクレアート イルミオスィートインテルネット

❏ メールアドレスを教えていただけますか．
   What's your e-mail address?
   Mi può [puoi] dare il Suo [tuo] indirizzo e-mail? [tu]
   ミプオ [プオイ] ダーレ イルスオ [トゥオ] インディリッツォ イメイル？

❏ メールアドレスはこれです．
   This is my e-mail address.
   Ecco il mio indirizzo e-mail.
   エッコ イルミオインディリッツォ イメイル

❏ メールアドレスは，ab@cd.ne.jp です．
My e-mail address is ab@cd.ne.jp.
Il mio indirizzo e-mail è ab@cd.ne.jp.
イル ミオ インディリッツォ イメイル **エ** ア**ビ**, キヨッチョラ**チ**, **ディ**, **プ**ント, **エ**ンネ, **エ**, **プ**ント, イル**ン**ゴ, **ピ**

❏ あとでメールを差し上げます．
I'll send you an e-mail later.
Le manderò un'e-mail più tardi.
レマン**デ**ロ ウンニ**メ**イル ピユ**タ**ルディ

❏ メールで連絡を取り合いましょう．
Why don't we stay in touch by e-mail?
Teniamoci in contatto via e-mail.
テニ**ア**ーモチ インコン**タ**ット ヴィーア イ**メ**イル

❏ メールをしたのですが，ご覧になられましたか．
Have you seen the mail I sent you?
Le ho mandato un'e-mail, l'ha letta?
レオマン**ダ**ート ウンニ**メ**イル, ラ**レ**ッタ？

電気製品の使い方
―― 充電します． ――

❏ リモコン [スイッチ] はどこですか．
Where is the remote control [switch]?
Dov'è il telecomando [l'interruttore]?
ドヴェ**エ** イルテレコ**マ**ンド [リンテッルッ**ト**ーレ]

25 パソコン・電気製品

❏ 電気（明かり）をつけます［消します］.
I turn on [off] the light.
Accendo [Spengo] la luce.
アッチェンド［スペンゴ］ラルーチェ

❏ テレビをつけます［消します］.
I turn on [off] the television.
Accendo [Spengo] la televisione.
アッチェンド［スペンゴ］ラテレヴィズィオーネ

❏ 音量を上げます［下げます］.
I turn up [down] the volume.
Alzo [Abbasso] il volume.
アルツォ［アッバッソ］イルヴォルーメ

❏ チャンネルを変えます.
I change the channel.
Cambio canale.
カンビオ カナーレ

❏ 3チャンネルにします.
I turn on Channel 3.
Metto il Canale 3.
メットイル カナーレトレ

❏ コンセントはどこですか.
Where is the outlet?
Dov'è la presa della corrente?
ドヴェエ ラプレーザ デッラコッレンテ

❏ 電池が切れました.
The battery died.
La batteria è scarica.
ラバッテリーア エスカーリカ

25 パソコン・電気製品

❏ 電池を交換します.
I change the battery.
Cambio la batteria.
カンビオ ラバッテリーア

❏ 充電します.
I charge it up.
Ricarico la batteria.
リカーリコ ラバッテリーア

第26章 トラブル・緊急事態

困ったときの表現
―― パスポートをなくしました. ――

❏ ちょっと困っています.
I've got a problem.
Ho un problema.
オウンプロブレーマ

❏ 警察署はどこですか.
Where is the police station?
Dov'è la questura?
ドヴェ エラクエストゥーラ

❏ コンタクトレンズを落としました.
I've dropped my contact lens.
Mi è caduta una lente a contatto.
ミエカドゥータ ウナレンテアコンタット

❏ パスポートをなくしました.
I've lost my passport.
Ho perso il passaporto.
オペルソ イルパッサポルト

❏ 電車の中にかばんを忘れました.
I left my bag on the train.
Ho lasciato la borsa nel treno.
オラッシャート ラボルサ ネルトレーノ

❏ ここに上着を忘れたようです．
I think I have left my jacket here.
Devo aver dimenticato la giacca qui.
デーヴォ アヴェルディメンティカート ラジャッカクィ

❏ ここにはありませんでした．
It's not here.
Qui non c'è.
クィ ノンチェ

❏ 見つかったらホテルに電話をください．
Please call the hotel when you find it.
La prego, mi chiami all'albergo se la trovasse.
ラプレーゴ，ミキアーミ アッラルベルゴ セラトロヴァッセ

盗難にあったときの表現
—— 財布をすられました．——

❏ 何を盗まれましたか．
What was stolen?
Che cosa Le hanno rubato?
ケコーザ レアンノルバート

❏ 財布をすられました．
My wallet has been stolen.
Mi hanno rubato il portafoglio.
ミアンノルバート イルポルタフォッリォ

❏ 目撃者はいますか．
Were there any witnesses?
C'era qualche testimone?
チェーラ クアルケテスティモーネ？

26 トラブル・緊急事態

- [ ] あの人が見ていました．

    That person saw it happen.

    Quella persona ha visto cos'è successo.

    クエッラペル**ソ**ーナ ア**ヴィ**スト コゼエス**ッチェ**ッソ

- [ ] 若い男でした．

    It was a young man.

    Era un giovane.

    エーラウンジョー**ヴァ**ネ

- [ ] あちらに走って行きました．

    He ran that way.

    È scappato di là.

    エスカッ**パ**ート ディ**ラ**

- [ ] かばんを盗まれました．

    Someone has stolen my bag.

    Mi hanno rubato la borsa.

    ミアン**ノ**ル**バ**ート ラ**ボ**ルサ

- [ ] かばんの特徴を教えてください．

    What does your bag look like?

    Che tipo di borsa?

    ケ**ティ**ーポディ**ボ**ルサ？

- [ ] これくらいの大きさの黒い肩掛けかばんです．

    It's a black shoulder bag about this size.

    È una borsa a tracolla nera, grande così.

    エ**ウ**ナ**ボ**ルサ アトラ**コ**ッラ**ネ**ーラ，グ**ラ**ンデコ**ズィ**

- [ ] これを通りで拾いました．

    I found this on the street.

    Ho trovato questo per terra.

    オト**ロヴァ**ート ク**エ**スト ペル**テ**ッラ

26 トラブル・緊急事態

■防犯■

スリやひったくりなどの対策としては，とにかく荷物は常に手の届くところに置いておくことです．そしてバッグは口を閉め，チャックの開閉口は自分の見える側に向けて置くこと．バイクに乗って通りからひったくる場合もあるので，通りとは反対側にバッグをさげて歩くように心がけましょう．特にパスポートの再発行には時間がかかるので，「お金よりも大切に！」を肝に銘じておきましょう．

子供が迷子になったときの表現
―― 息子がいなくなりました． ――

☐ 息子［娘］がいなくなりました．
I can't find my son [daughter].
Ho smarrito mio figlio [mia figlia].
オズマッリート ミオ**フィ**ッリォ［ミア**フィ**ッリァ］

☐ 彼［彼女］を探してください．
Please look for him [her].
Cercate*lo(-la)*, per carità.
チェルカーテロ(ラ), ペルカリ**タ**

☐ 息子［娘］は5歳です．
My son [daughter] is five years old.
Mio figlio [Mia figlia] ha cinque anni.
ミオ**フィ**ッリォ［ミア**フィ**ッリァ］アチンクェ**ア**ンニ

❑ 名前は太郎です．
His name is Taro.
Si chiama Taro.
スィキアーマ タロー

❑ 白いTシャツとジーンズを着ています．
He's wearing a white T-shirt and jeans.
Porta una maglietta bianca e jeans.
ポルタ ウナマッリエッタ ビアンカ エジンス

❑ Tシャツには飛行機の絵がついています．
There's a picture of an airplane on his T-shirt.
C'è il disegno di un aereo sulla maglietta.
チェイルディゼーニョ ディウンナエーレオ スッラマッリエッタ

❑ これが彼の写真です．
This is his picture.
Questa è una sua foto.
クエスタ エウナスアフォート

助けを求める
—— 助けて！ ——

26 トラブル・緊急事態

❑ 助けて！
Help!
Aiuto!
アユート

❑ 火事だ！
Fire!
Al fuoco!
アルフオーコ

- [ ] どろぼう！
  Thief!
  Al ladro!
  アルラードロ

- [ ] おまわりさん！
  Police!
  Polizia!
  ポリツィーア

- [ ] お医者さんを呼んで！
  Call a doctor!
  Chiamate un medico!
  キアマーテ ウンメーディコ

- [ ] 救急車を！
  Get an ambulance!
  Chiamate un'ambulanza!
  キアマーテ ウナンブランツァ

- [ ] 交通事故です！
  There's been an accident!
  C'è stato un incidente!
  チェスタート ウニンチデンテ

- [ ] こっちに来てください．
  Please come here.
  Venite qui, per cortesia.
  ヴェニーテクィ, ペルコルテズィーア

- [ ] けが人がいます．
  We have an injured person.
  Ci sono dei feriti.
  チソノデイフェリーティ

❑ 病人がいます．
We have a sick person.
Ci sono persone malate.
チソーノ ペルソーネマラーテ

❑ 彼［彼女］は動けません．
He [She] can't move.
Non può muoversi.
ノンプオ ムオーヴェルスィ

事件に巻き込まれて
―― 大使館の人に話をしたいのです．――

❑ 私は被害者です．
I'm a victim.
Sono la vittima [la parte lesa].
ソノラヴィッティマ［ラパルテレーザ］

❑ 私は無実です．
I'm innocent.
Sono innocente.
ソノインノチェンテ

❑ 何も知りません．
I don't know anything.
Non so niente.
ノンソニエンテ

26 トラブル・緊急事態

❑ 領事館［大使館］に電話してもいいですか.
May I call the consulate [embassy]?
Posso telefonare al mio consolato [alla mia ambasciata]?
ポッソテレフォナーレ アルミオコンソラート［アッラミアアンバッシャータ］？

❑ 日本大使館の人に話をしたいのです.
I'd like to talk to someone at the Japanese embassy.
Vorrei parlare con qualcuno dell'ambasciata giapponese.
ヴォッレイパルラーレ コンクワルクーノ デッランバッシャータジャッポネーゼ

❑ 日本語の通訳をお願いします.
I'd like a Japanese interpreter.
Vorrei un interprete di giapponese.
ヴォッレイ ウニンテルプレテ ディジャッポネーゼ

❑ 日本語のできる弁護士をお願いします.
I'd like to talk to a lawyer who can speak Japanese.
Vorrei un avvocato che parli giapponese.
ヴォッレイ ウンナッヴォカートケ パルリジャッポネーゼ

第27章 病院・薬局

病院での表現
―― 日本語の話せる医師はいますか？ ――

☐ この近くに病院［薬局］はありますか．

Is there a hospital [drugstore] near here?

C'è un ospedale [una farmacia] qui vicino?

チェウンノスペダーレ［ウナファルマチーア］**ク**ィヴィチーノ？

☐ 日本語の話せる医師はいますか．

Is there a doctor here who speaks Japanese?

C'è un dottore che parli giapponese?

チェウンドット**ー**レケ パルリジャッポ**ネ**ーゼ？

☐ 服を脱いでください．

Please take your clothes off.

Si svesta, per favore.

スィズ**ヴェ**スタ，ペルファ**ヴォ**ーレ

☐ 左［右］腕をまくってください．

Please roll up your left [right] sleeve.

Tiri su la manica sinistra [destra], per favore.

ティーリ**ス**ッ ラマーニカスィ**ニ**ストラ［**デ**ストラ］，ペルファ**ヴォ**ーレ

☐ ここに横になってください．

Please lie down here.

Si sdrai qui, per favore.

スィズドラー**イク**ィ，ペルファ**ヴォ**ーレ

- ❑ 気分はいかがですか.

  How do you feel?

  Come si sente?

  コーメスィセンテ

- ❑ どこが具合悪いのですか.

  What kind of symptoms do you have?

  Che disturbi [sintomi] ha?

  ケディストゥルビ [スィントミ] ア

- ❑ いつからですか. / それはいつですか.

  Since when? / When was that?

  Da quando? / Quando è stato?

  ダクワンド / クワンド エスタート

- ❑ 今朝からです. / 昨日の夜です.

  Since this morning. / Last night.

  Da questa mattina. / Ieri sera.

  ダクエスタマッティーナ / イエリセーラ

- ❑ 以前にも同じ症状がありましたか.

  Have you had symptoms like this before?

  Ha avuto qualcosa di simile in passato?

  アーヴート クワルコーザディスィーミレ インパッサート?

- ❑ 何を食べ [飲み] ましたか.

  What did you eat [drink]?

  Che cosa ha mangiato [bevuto]?

  ケコーザ アマンジャート [ベヴート]

- ❑ ここは痛いですか.

  Does it hurt here?

  Le fa male qui?

  レファマーレクィ?

❏ 喉は痛みますか．

Do you have a sore throat?

Ha mal di gola?

アマルディゴーラ？

❏ 熱はありますか．

Do you have a fever?

Ha la febbre?

アラ**フェ**ッブレ？

❏ 口を開けてください．

Please open your mouth.

Apra la bocca, per favore.

ア-プララボッカ，ペルファ**ヴォ**ーレ

❏ 深呼吸してください．

Please take a deep breath.

Respiri profondamente.

レス**ピ**ーリ プロフォンダ**メ**ンテ

❏ 血液［尿］検査をします．

We'll do a blood [urine] test.

Facciamo un esame del sangue [delle urine].

ファッ**チャ**ーモ ウンネ**ザ**ーメ デル**サ**ングェ［デッレウ**リ**ーネ］

❏ レントゲンを撮ります．

We'll take an X-ray.

Facciamo una radiografia.

ファッ**チャ**ーモ ウナラディオグラ**フィ**ーア

症状・体調を説明する
—— 食欲がありません. ——

❏ 気分が悪いのですが.
I don't feel very good.
Mi sento male.
ミセントマーレ

❏ 風邪をひきました.
I've caught a cold.
Sono raffreddato(-a).
ソノラッフレッダート(タ)

❏ 咳がひどいんです.
I'm coughing a lot.
Ho una brutta tosse.
オウナブルッタトッセ

❏ 食欲がありません.
I have no appetite.
Non ho appetito.
ノノアッペティート

❏ 吐きそうです.
I feel like vomiting.
Ho la nausea.
オラナウゼア

❏ めまいがします.
I feel dizzy.
Mi gira la testa.
ミジーラ ラテスタ

27 病院・薬局

❏ 悪寒がします.
> I've got chills.
> **Ho i brividi.**
> オイブリーヴィディ

❏ 鼻水が出ます.
> My nose is running.
> **Ho il naso che cola.**
> オイルナーゾケ コーラ

❏ 鼻がつまっています.
> My nose is stopped [stuffed] up.
> **Ho il naso chiuso.**
> オイルナーゾ キューゾ

❏ 下痢をしています.
> I have diarrhea.
> **Ho la diarrea.**
> オラディアッレーア

❏ 便秘です.
> I am constipated.
> **Sono costipato(-a).**
> ソノコスティパート(タ)

❏ 喉がはれています.
> I have a sore throat.
> **Ho la gola infiammata.**
> オラゴーラ インフィアンマータ

❏ 息が苦しいです.
> I'm having difficulty breathing.
> **Ho difficoltà a respirare.**
> オラディッフィコルタ アレスピラーレ

- ❏ だるいです．
    I don't have any energy.
    Mi sento debole.
    ミセントデーボレ

- ❏ 肩がひどくこっています．
    My shoulders are very stiff.
    Ho le spalle indolenzite.
    オレスパッレ インドレンツィーテ

- ❏ 夜眠れません．
    I don't sleep well at night.
    Non dormo bene di notte.
    ノンドルモベーネ ディノッテ

- ❏ 車［船，飛行機］に酔いました．
    I got carsick [seasick, airsick].
    Mi è venuto il mal d'auto [di mare, d'aria].
    ミエヴェヌート イルマルダウト［ディマーレ, ダーリア］

- ❏ 熱があります．
    I have a fever.
    Ho la febbre.
    オラフェッブレ

- ❏ 37度5分あります．
    My temperature is thirty-seven point five.
    Ho la febbre a trentasette e cinque.
    オラフェッブレ アトレンタセッテ エチンクェ

- ❏ 熱っぽいです．
    I feel feverish [hot].
    Mi sento la febbre.
    ミセント ラフェッブレ

❏ 平熱です.

My temperature is normal.

Ho la temperatura normale.

オラテンペラ**トゥ**ーラ ノル**マ**ーレ

❏ 昨夜から熱が下がりません.

My fever hasn't gone down since last night.

La febbre non scende da ieri sera.

ラ**フェッ**ブレ ノン**シェ**ンデ ダ イエリ**セ**ーラ

❏ 頭が痛みます. / 胃が痛みます.

I have a headache. / My stomach hurts.

Ho mal di testa. / Ho mal di stomaco.

オマルディ**テ**スタ / オマルディス**ト**ーマコ

❏ ここが (とても) 痛いです.

It hurts (a lot) here.

Mi fa (molto) male qui.

ミファ (**モ**ルト) マーレ**クィ**

❏ ここが断続的に痛みます.

I have a pain here off and on.

Ho un dolore intermittente qui.

オウンド**ロ**ーレ インテルミッ**テ**ンテ **クィ**

❏ ここがはれています.

I have swelling here.

Mi si è gonfiato qui.

ミスィ**エ**ゴンフィ**ア**ートクィ

❏ ここがかゆいです.

It itches here.

Mi prude qui.

ミプ**ルー**デ**クィ**

27 病院・薬局

❏ 足がつっています．

I have got a cramp in my leg.

Ho un crampo alla gamba.

オウンクランポ アッラガンバ

持病・体質・病歴について
—— 卵アレルギーです．——

❏ 何か持病はありますか．

Do you have any chronic diseases?

Ha qualche malattia cronica?

アクワルケマラッティーア クローニカ？

❏ 糖尿病です．

I have diabetes.

Ho il diabete.

オイルディアベーテ

❏ 高血圧［低血圧］です．

I have a high [low] blood pressure.

Ho la pressione alta [bassa].

オラプレッスィオーネ アルタ［バッサ］

❏ 胃腸が弱いんです．

I have poor digestion.

Ho lo stomaco delicato. / Digerisco male.

オロストーマコ デリカート / ディジェリスコマーレ

❏ 胃潰瘍があります．

I have a stomache ulcer.

Ho l'ulcera gastrica.

オルルチェラ ガストリカ

❏ 私は卵アレルギーです．
> I'm allergic to eggs.
> Sono allergico(-a) alle uova.

ソノアッレルジコ(カ) アッレウオーヴァ

❏ 私は妊娠3か月です．
> I'm three months pregnant.
> Sono incinta di tre mesi.

ソノインチンタディ トレメーズィ

眼科・歯科での表現
―― 目に何か入りました．――

❏ 目に何か入りました．
> I have something in my eye.
> Mi è entrato qualcosa in un occhio.

ミエエントラート クワルコーザ イヌンノッキォ

❏ まぶたの内側に何かできています．
> I have something under my eyelid.
> C'è qualcosa all'interno della palpebra.

チェクワルコーザ アッリンテルノ デッラパルペブラ

❏ コンタクトをしています．
> I wear contact lenses.
> Ho le lenti a contatto.

オレレンティ アコンタット

27 病院・薬局

❏ 近視［遠視，乱視，老眼］です.

I am nearsighted [farsighted, astigmatic, presbyopic].

Sono miope [ipermetrope, astigmatico(-a), presbite].

ソノミーオペ［イペルメートロペ, アスティグマーティコ（カ）, プレーズビテ］

❏ 歯が痛みます.

I've got a toothache.

Ho mal di denti.

オマルディデンティ

❏ 左の上の奥歯が痛みます.

One of the top left teeth in the back hurts.

Sento male al molare superiore sinistro.

セントマーレ アルモラーレ スーペリオーレ スィニストロ

❏ 入れ歯がこわれました.

I have a broken false tooth.

Mi si è rotta la dentiera.

ミスィエロッタ ラデンティエーラ

けがなどの説明
—— 足首をねんざしました. ——

❏ けがをしました.

I injured myself.

Mi sono ferito(-a).

ミソノフェリート（タ）

27 病院・薬局

❏ ドアに指をはさみました.
> My finger got caught in the door.
>
> **Mi sono schiacciato(-a) un dito in una porta.**
>
> ミソノスキアッチャート(タ) ウンディート イヌナポルタ

❏ 指を切ってしまいました.
> I cut my finger.
>
> **Mi sono tagliato(-a) un dito.**
>
> ミソノタッリアート(タ) ウンディート

❏ 足首をねんざしました.
> I sprained my ankle.
>
> **Ho preso una storta alla caviglia.**
>
> オプレーゾ ウナストルタ アッラカヴィッリァ

❏ 突き指です.
> I sprained my finger.
>
> **Mi sono slogato(-a) un dito.**
>
> ミソノズロガート(タ) ウンディート

❏ ころんで腰をひどく打ちました.
> I fell down and got a serious bruise on my back.
>
> **Sono caduto(-a) e ho sbattuto la schiena.**
>
> ソノカドゥート(タ) エオズバットゥート ラスキエーナ

❏ やけどをしました.
> I've burned myself.
>
> **Mi sono bruciato(-a).**
>
> ミソノブルチャート(タ)

❏ 虫に刺されました.
> I got bitten by some bug.
>
> **Sono stato(-a) punto(-a) da un insetto.**
>
> ソノスタート(タ) プント(タ) ダウンニンセット

27 病院・薬局

診断の表現
—— インフルエンザにかかっています. ——

☐ たいしたことはありません.
It's nothing.
Non è niente. / Niente di grave.
ノネニ**エ**ンテ / ニ**エ**ンテディグラ**ー**ヴェ

☐ インフルエンザにかかっています.
You have the flu.
Ha l'influenza.
アリンフル**エ**ンツァ

☐ ウイルス性の感染症です.
It's a contagious viral disease.
È un'infezione da virus.
エウン ニンフェツィ**オ**ーネ ダ**ヴィ**ルス

☐ 気管支炎です.
It's bronchitis.
È una bronchite.
エウナブロン**キ**ーテ

☐ 炎症を起こしています.
There's inflammation.
È un'infiammazione.
エウンニンフィアンマツィ**オ**ーネ

☐ 食べ物のアレルギーです.
It's a food allergy.
È un'allergia alimentare.
エウナッレル**ジ**ーア アリメン**タ**ーレ

27 病院・薬局

❏ 筋を傷めています.
> Your muscle is injured.
> **Si è danneggiato un muscolo.**
> スィエダンネッジャート ウンムスコロ

❏ 指の骨が折れています.
> You have a fractured bone in the finger.
> **L'osso del dito si è fratturato.**
> ロッソデルディート スィエフラットゥラート

❏ 縫合手術が必要です.
> You need stitches.
> **Ha bisogno di una sutura.**
> アビゾーニョディ ウナスートゥーラ

❏ 手術が必要です.
> You need surgery.
> **Bisogna fare un intervento.**
> ビゾーニャファーレ ウニンテルヴェント

❏ 検査が必要です.
> You need to be examined.
> **Bisogna fare un esame.**
> ビゾーニャファーレ ウンネザーメ

❏ 入院しなければなりません.
> You must be hopitalized.
> **Deve ricoverarsi in ospedale.**
> デーヴェ リコヴェラルスィ インノスペダーレ

❏ 重症 [軽症] です.
> You are seriously [slightly] ill.
> **È gravemente [leggermente] ammalato(-a).**
> エグラヴェメンテ [レッジェルメンテ] アンマラート(タ)

27 病院・薬局

病気についての質問
—— 旅行は続けられますか. ——

☐ 治るのにどのくらいかかりますか.
How long will it take me to recover?
Quanto tempo ci vuole per guarire?
クワント テンポ チ ヴォレ ペル グワリーレ

☐ 旅行は続けられますか.
Can I keep my travel?
Posso continuare il viaggio?
ポッソ コンティヌアーレ イル ヴィアッジョ？

☐ すぐに日本に帰れますか.
Can I go back to Japan soon?
Posso tornare subito in Giappone?
ポッソ トルナーレ スービト イン ジャッポーネ？

☐ 明日 [数日後に] また来てください.
Please come again tomorrow [in a few days].
Ritorni ancora domani [fra pochi giorni].
リトルニ アンコーラ ドマーニ [フラ ポーキ ジョルニ]

薬に関する表現
—— 1日に3回飲んでください. ——

☐ 1日に何回飲むのですか.
How many times a day should I take this?
Quante volte al giorno devo prenderle?
クワンテ ヴォルテ アル ジョルノ デヴォ プレンデッレ？

- ❏ 1日に3回飲んでください.

    Please take it three times a day.

    Le prenda tre volte al giorno.

    レプレンダ トレヴォルテ アルジョルノ

- ❏ 食前［後］に飲んでください.

    Please take this before [after] meal.

    Le prenda prima dei pasti [dopo i pasti].

    レプレンダ プリーマデイパスティ［ドーポイパスティ］

- ❏ 食間に飲んでください.

    Please take it between meals.

    Le prenda fra i pasti.

    レプレンダ フライパスティ

- ❏ 1回2錠です.

    Take two pills at a time.

    Prenda due compresse alla volta.

    プレンダ ドゥーエ コンプレッセ アッラヴォルタ

- ❏ 風邪薬をください.

    I'd like some cold medicine, please.

    Vorrei qualche medicina per il raffreddore.

    ヴォッレイ クワルケメディチーナ ペリルラッフレッドーレ

- ❏ 頭痛薬はありますか.

    Do you have medicine for a headache?

    Avete qualche medicina per il mal di testa?

    アヴェーテ クワルケメディチーナ ペリルマルディテスタ？

- ❏ 眠くならないのにしてください.

    I'd like something that won't make me drowsy.

    Vorrei qualcosa che non mi dia sonnolenza.

    ヴォッレイ クワルコーザケ ノンミディーア ソンノレンツァ

27 病院・薬局

- ❏ この薬を常用しています．

  I use this medicine regularly.

  Prendo questa medicina abitualmente.

  プレンド クエスタ メディチーナ アビトゥアルメンテ

- ❏ どんな薬を飲みましたか．

  What kind of medicine did you take?

  Quale medicina ha preso?

  クワレ メディチーナ ア プレーゾ

- ❏ 市販の痛み止めです．

  Over-the-counter painkillers.

  Un analgesico in vendita.

  ウン ナナルジェーズィコ イン ヴェンディタ

- ❏ 持って来ました．

  I brought it with me.

  L'ho portato. È questo.

  ロ ポルタート エ クエスト

- ❏ アスピリンにアレルギーがあります．

  I'm allergic to aspirin.

  Sono allergico(-a) all'aspirina.

  ソノ アッレルジコ (カ) アッラスピリーナ

- ❏ 破傷風のワクチンは受けましたか．

  Did you get a tetanus shot?

  Ha fatto la vaccinazione antitetanica?

  ア ファット ラ ヴァッチナツィオーネ アンティテターニカ？

27 病院・薬局

体調に関する表現
―― 寝不足です. ――

❏ 顔色が悪いですよ.
> You look pale.
> **Ha una brutta cera.**
> アウナブルッタチェーラ

❏ ちょっと疲れ気味です.
> I'm a little tired.
> **Sono un po' stanco(-a).**
> ソノウンポス**タ**ンコ(カ)

❏ 今日は体調がよくありません.
> I don't feel too good today.
> **Oggi non mi sento bene.**
> オッジ ノンミセントベーネ

❏ 二日酔いです.
> I'm hungover.
> **Ho bevuto troppo.**
> オベヴートトロッポ

❏ 時差ぼけです.
> I feel sick because of jet-lag.
> **Risento della differenza di fuso orario.**
> リ**セ**ント デッラディッフェ**レ**ンツァ ディフー**ゾ**ラーリォ

❏ 寝不足です.
> I didn't get enough sleep.
> **Ho dormito poco.**
> オドルミートポーコ

27 病院・薬局

❏ 少し気分がよくなりました.

I feel a little better.

Mi sento meglio.

ミ セント メッリォ

❏ すっかり疲れが取れました.

I'm totally refreshed.

La stanchezza è tutta sparita.

ラ スタンケッツァ エ トゥッタ スパリータ

❏ すっかりよくなりました.

I am quite well now.

Ora sto molto meglio.

オーラ スト モルト メッリォ

❏ 風邪は治りました.

I've gotten over my cold.

Sono guarito(-a) dal raffreddore.

ソノ グワリート(タ) ダル ラッフレッドーレ

単語 からだ corpo *m.*/コルポ/

頭	**testa** *f.*, **capo** *m.*/テスタ, カーポ/(英 head)
髪	**capello** *m.*/カペッロ/(英 hair)
顔	**faccia** *f.*, **viso** *m.*/ファッチャ, ヴィーゾ/(英 face, look)
額	**fronte** *f.*/フロンテ/(英 forehead)
眉	**sopracciglio** *m.*/ソプラッチッリォ/(英 eyebrow)
まつげ	**ciglio** *m.*/チッリォ/(英 eyelashes)
目	**occhio** *m.*/オッキオ/(英 eye)
耳	**orecchio** *m.*/オレッキオ/(英 ear)
鼻	**naso** *m.*/ナーゾ/(英 nose)

口	bocca *f.*/ボッカ/	(英 mouth)
唇	labbro *m.*/ラッブロ/	(英 lip)
歯	dente *m.*/デンテ/	(英 tooth)
歯茎	gengiva *f.*/ジェンジーヴァ/	(英 gums)
舌	lingua *f.*/リングワ/	(英 tongue)
喉	gola *f.*/ゴーラ/	(英 throat)
顎	mento *m.*/メント/	(英 chin, jaw)
頬	guancia *f.*/グワンチャ/	(英 cheek)
髭〔顎・頬の〕	barba *f.*/バルバ/	(英 beard, whiskers)
髭〔口髭〕	baffi *m.pl.*/バッフィ/	(英 mustache)
首	collo *m.*/コッロ/	(英 neck)
肩	spalla *f.*/スパッラ/	(英 shoulder)
腕	braccio *m.*/ブラッチョ/	(英 arm)
ひじ	gomito *m.*/ゴーミト/	(英 elbow)
手	mano *f.*/マーノ/	(英 hand)
手首	polso *m.*/ポルソ/	(英 wrist)
指	dito *m.*/ディート/	(英 finger)
親指	pollice *m.*/ポッリチェ/	(英 thumb)
人差し指	indice *m.*/インディチェ/	(英 forefinger)
中指	medio *m.*/メーディオ/	(英 middle finger)
小指	mignolo *m.*/ミーニョロ/	(英 little finger)
爪	unghia *f.*/ウンギア/	(英 nail)
胸	petto *m.*, seno *m.*/ペット、セーノ/	(英 chest, breast)
腹	pancia *f.*/パンチャ/	(英 stomach)
背中	schiena *f.*/スキエーナ/	(英 back)
腰	fianchi *m.pl.*/フィアンキ/	(英 hips)
脚	gamba *f.*/ガンバ/	(英 leg)
ひざ	ginocchio *m.*/ジノッキオ/	(英 knee, lap)
足首	caviglia *f.*/カヴィッリア/	(英 ankle)
かかと	tallone *m.*/タッローネ/	(英 heel)
足	piede *m.*/ピエーデ/	(英 foot)

27 病院・薬局

単語 医療・医薬品 medicina *f.*/メディチーナ/

風邪薬　medicina per il raffreddore *f.*/メディチーナ ペル イル ラッフレッドーレ/(英 medicine for cold)

うがい薬　gargarismi *m.pl.*/ガルガリズミ/(英 gargle)

咳止め　medicina per la tosse *f.*/メディチーナ ペル ラ トッセ/(英 cough medicine)

便秘薬　lassativo *m.*/ラッサティーヴォ/(英 laxative)

消化剤　digestivo *m.*/ディジェスティーヴォ/(英 digestive medicine)

解熱剤　antifebbrile *m.*/アンティフェッブリーレ/(英 antipyretic)

鎮痛剤　analgesico *m.*/アナルジェーズィコ/(英 analgesic)

睡眠薬　sonnifero *m.*/ソンニーフェロ/(英 sleeping pill)

消毒薬　disinfettante *m.*/ディズィンフェッタンテ/(英 disinfectant)

目薬　collirio *m.*/コッリーリオ/(英 eye lotion)

日焼け止め　crema solare *f.*/クレーマ ソラーレ/(英 sunscreen)

絆創膏　cerotto *m.*/チェロット/(英 plaster)

コンタクトレンズ　lenti a contatto *f.pl.*/レンティ アコンタット/(英 contact lenses)

眼鏡　occhiali *m.pl.*/オッキアーリ/(英 glasses)

眼帯　benda *f.*/ベンダ/(英 eye bandage)

入れ歯　dentiera *f.*/デンティエーラ/(英 denture)

コンドーム　preservativo *m.*/プレセルヴァティーヴォ/(英 condom)

生理ナプキン　assorbente *m.*/アッソルベンテ/(英 sanitary napkin)

ガーゼ　garza *f.*/ガルツァ/(英 gauze)

衛生マスク　maschera sanitaria *f.*/マスケラ サニターリア/(英 cotton mask)

注射器　siringa *f.*/スィリンガ/(英 syringe)

煎じ薬　tisana *f.*/ティザーナ/(英 decoction)

錠剤　compressa *f.*/コンプレッサ/(英 tablet)

丸薬　pillola *f.*/ピッロラ/(英 pill)

カプセル　capsula *f.*/カプスラ/(英 capsule)

座薬　supposta *f.*/スッポスタ/(英 suppository)

日伊単語帳

あ行

アイスクリーム **gelato** *m.* /ジェラート/(英 ice cream)
開いた **aperto** /アペルト/(英 open)
空いた〔使用可〕**libero** /リーベロ/(英 vacant)
青い **blu** /ブル/(英 blue)
赤い **rosso** /ロッソ/(英 red)
赤ちゃん **bimbo(-a)** *m.(f.)* /ビンボ (バ)/(英 baby)
明かり **luce** *f.* /ルーチェ/(英 light)
明るい〔性格〕**allegro** /アッレーグロ/(英 cheerful)
明るい〔照明〕**luminoso** /ルミノーゾ/(英 well-lighted)
秋 **autunno** *m.* /アウトゥンノ/(英 autumn)
アクセサリー **accessori** *m.pl.* /アッチェッソーリ/(英 accessories)
朝 **mattina** *f.* /マッティーナ/(英 morning)
麻 **lino** *m.* /リーノ/(英 linen)
明後日(あさって) **dopodomani** /ドーポドマーニ/(英 the day after tomorrow)
足 **piede** *m.* /ピエーデ/(英 foot)
味 **gusto** *m.* /グスト/(英 taste)
明日 **domani** /ドマーニ/(英 tomorrow)
汗 **sudore** *m.* /スドーレ/(英 sweat)
暖かい **caldo** /カルド/(英 warm)
頭 **testa** *f.* /テスタ/(英 head)
新しい **nuovo** /ヌオーヴォ/(英 new)
熱［暑］い **caldo** /カルド/(英 hot)
アナウンス **annuncio** *m.* /アンヌンチョ/(英 announcement)
危ない **pericoloso** /ペリコローゾ/(英 dangerous)
甘い **dolce** /ドルチェ/(英 sweet)
雨 **pioggia** *f.* /ピオッジャ/(英 rain)
アレルギー **allergia** *f.* /アッレルジーア/(英 allergy)
暗証番号 **codice segreto** *m.* /コーディチェ セグレート/(英 code number)

安全な sicuro /スィクーロ/(英 safe)
案内所 ufficio informazioni m. /ウッフィーチョ インフォルマツィオーニ/(英 information office)
胃 stomaco m. /ストーマコ/(英 stomach)
Eメール e-mail f. /イメイル/(英 e-mail)
医院 studio medico m. /ストゥーディオ メーディコ/(英 doctor's office)
家 casa f. /カーザ(サ)/(英 house)
石 pietra f. /ピエートラ/(英 stone)
医者 medico m. /メーディコ/(英 doctor)
椅子 sedia f. /セーディア/(英 chair)
イタリア語 italiano m. /イタリアーノ/(英 Italian)
市場 mercato m. /メルカート/(英 market)
糸 filo m. /フィーロ/(英 thread, yarn)
犬 cane m. /カーネ/(英 dog)
今すぐ adesso, subito /アデッソ, スービト/(英 at once)
意味 significato m. /スィンニフィカート/(英 meaning, sense)
イヤホン auricolare m. /アウリコラーレ/(英 earphone)
入り口 entrata f. /エントラータ/(英 the entrance)
衣類 abbigliamento m. /アッビッリアメント/(英 clothing)
入れ歯 dentiera f. /デンティエーラ/(英 denture)
色 colore m. /コローレ/(英 color)
インターネット Internet f. /インテルネット/(英 the Internet)
飲料水 acqua potabile f. /アックワ ポタービレ/(英 drinking water)
ウール lana f. /ラーナ/(英 wool)
ウエイター cameriere m. /カメリエーレ/(英 waiter)
ウエイトレス cameriera f. /カメリエーラ/(英 waitress)
上へ su /スッ/(英 up)
受付〔場所〕 reception f. /レセプション/(英 reception)
後ろ dietro m. /ディエートロ/(英 the back)
薄い sottile /ソッティーレ/(英 thin)
嘘 bugia f. /ブジーア/(英 lie)
歌 canzone f. /カンツォーネ/(英 song)
美しい bello /ベッロ/(英 beautiful)
腕 braccio m.(le braccia f.pl.) /ブラッチョ(レブラッチャ)/(英

arm)
馬 cavallo *m.* /カヴァッロ/(㊧ horse)
運賃 tariffa *f.* /タリッファ/(㊧ fare)
運転手 autista *m.f.* /アウティスタ/(㊧ driver)
絵 quadro *m.* /クワードロ/(㊧ picture)
エアコン condizionatore (d'aria) *m.* /コンディツィオナトーレ (ダーリア)/(㊧ air conditioner)
映画 film *m.* /フィルム/(㊧ film, movie)
映画館 cinema *m.* /チーネマ/(㊧ movie theater)
英語 inglese *m.* /イングレーゼ/(㊧ English)
ＡＴＭ bancomat *m.* /バンコマット/(㊧ A.T.M.)
駅 stazione *f.* /スタツィオーネ/(㊧ station)
エスカレーター scala mobile *f.* /スカーラ モービレ/(㊧ escalator)
エナメル smalto *m.* /ズマルト/(㊧ enamel)
絵葉書 cartolina (illustrata) *f.* /カルトリーナ (イッルストラータ)/(㊧ picture postcard)
エレベーター ascensore *m.* /アッシェンソーレ/(㊧ elevator)
演劇 teatro *m.* /テアートロ/(㊧ the drama)
エンジン motore *m.* /モトーレ/(㊧ engine)
鉛筆 matita *f.* /マティータ/(㊧ pencil)
美味しい buono, delizioso /ブオーノ, デリツィオーゾ/(㊧ nice, delicious)
往復（切符）andata e ritorno *m.* /アンダータエリトルノ/(㊧ a round trip)
多い molto, tanto /モルト, タント/(㊧ many, much)
大きい grande /グランデ/(㊧ big, large)
大きさ grandezza *f.* /グランデッツァ/(㊧ size)
丘 collina *f.* /コッリーナ/(㊧ hill)
お金 denaro *m.*, soldi *m.pl.* /デナーロ, ソルディ/(㊧ money)
屋外で all'aperto /アッラペルト/(㊧ outdoors)
屋上 tetto a terrazza *f.* /テット アッテッラッツァ/(㊧ flat roof)
屋内で al coperto /アルコペルト/(㊧ indoors)
押しボタン pulsante *m.* /プルサンテ/(㊧ push button)
オストリッチ〔駝鳥〕struzzo *m.* /ストルッツォ/(㊧ ostrich)
遅い〔時間〕tardi /タルディ/(㊧ late)

日伊単語帳

遅い〔速度〕**lento** /レント/(英 slow)
音 **suono** *m.* /スオーノ/(英 sound)
音〔物音〕**rumore** *m.* /ルモーレ/(英 noise)
落し物 **oggetto smarrito** *m.* /オッジェット ズマッリート/(英 lost article)
一昨日（おととい）**ieri l'altro, l'altro ieri** /イエリラルトロ, ラルトロ イエーリ/(英 the day before yesterday)
大人 **adulto(-a)** *m.(f.)* /アドゥルト(タ)/(英 adult, grown-up)
踊り **ballo** *m.*, **danza** *f.* /バッロ, ダンツァ/(英 dance)
同じ **stesso, uguale** /ステッソ, ウグワーレ/(英 the same, equal)
オプション **opzione** *f.* /オプツィオーネ/(英 option)
オペラ **opera (lirica)** *f.* /オーペラ(リーリカ)/(英 opera)
おむつ **pannolino** *m.* /パンノリーノ/(英 diaper)
重い〔重量〕**pesante** /ペザンテ/(英 heavy)
重い〔症状〕**grave** /グラーヴェ/(英 serious)
おもちゃ **giocattolo** *m.* /ジョカットロ/(英 toy)
織物 **tessuto** *m.* /テッスート/(英 textile, fabrics)
終わり **fine** *f.* /フィーネ/(英 end)
音楽 **musica** *f.* /ムーズィカ/(英 music)
温泉 **terme** *f.pl.* /テルメ/(英 thermal baths)
温度 **temperatura** *f.* /テンペラトゥーラ/(英 temperature)

か行

蚊 **zanzara** *f.* /ザンザーラ/(英 mosquito)
ガーゼ **garza** *f.* /ガルツァ/(英 gauze)
カーテン **tenda** *f.* /テンダ/(英 curtain)
カート **carello** *m.* /カレッロ/(英 cart)
ガードマン **guardia** *f.* /グワルディア/(英 guard)
カーニバル **Carnevale** *m.* /カルネヴァーレ/(英 carnival)
カーブ **curva** *f.* /クルヴァ/(英 curve, turn)
貝 **mollusco** *m.* /モッルスコ/(英 shellfish)
海外旅行 **viaggio all'estero** *m.* /ヴィアッジョ アッレステロ/(英 traveling abroad)
海岸 **spiaggia** *f.* /スピアッジャ/(英 seashore, beach)
海峡 **stretto** *m.* /ストレット/(英 strait, channel)

介護 cura *f.*, assistenza *f.* /クーラ, アッシステンツァ/(㊙ care, nursing)
外国語 lingua straniera *f.* /リングワ ストラニエーラ/(㊙ foreign language)
会社 ditta *f.*, società *f.* /ディッタ, ソチェタ/(㊙ company)
階段 scala *f.* /スカーラ/(㊙ stairs)
懐中電灯 pila *f.*, torcia *f.* /ピーラ, トルチャ/(㊙ flashlight)
ガイド〔案内〕guida *f.* /グィーダ/(㊙ guide)
ガイドブック guida *f.* /グィーダ/(㊙ guidebook)
顔 faccia *f.* /ファッチャ/(㊙ face)
鏡 specchio *m.* /スペッキォ/(㊙ mirror, glass)
係〔担当者〕addetto(-a) *m.(f.)* /アッデット(タ)/(㊙ person in charge *of*)
鍵 chiave *f.* /キアーヴェ/(㊙ key)
書留 raccomandata *f.* /ラッコマンダータ/(㊙ registration)
家具 mobile *m.* /モービレ/(㊙ furniture)
各駅停車 treno locale *m.* /トレーノ ロカーレ/(㊙ local train)
学生 studente(-*essa*) *m.(f.)* /ストゥデンテ(テッサ)/(㊙ student)
学生証 tessera studentesca *f.* /テッセラ ストゥデンテスカ/(㊙ student's ID card)
傘 ombrello *m.* /オンブレッロ/(㊙ umbrella)
飾り decorazione *f.* /デコラツィオーネ/(㊙ decoration)
菓子 dolce *m.* /ドルチェ/(㊙ confectionery)
火事 incendio *m.* /インチェンディオ/(㊙ fire)
カジノ casinò *m.* /カズィノ/(㊙ casino)
カシミア cashmere *m.* /カシュミル/(㊙ cashmere)
歌手 cantante *m.f.* /カンタンテ/(㊙ singer)
数 numero *m.* /ヌーメロ/(㊙ number)
ガス gas *m.* /ガス/(㊙ gas)
風 vento *m.* /ヴェント/(㊙ wind)
風邪 raffreddore *m.* /ラッフレッドーレ/(㊙ cold, flu)
家族 famiglia *f.* /ファミッリァ/(㊙ family)
ガソリン benzina *f.* /ベンズィーナ/(㊙ gasoline, gas)
固〔硬〕い duro, rigido /ドゥーロ, リージド/(㊙ hard, solid)
形 forma *f.* /フォルマ/(㊙ shape, form)
片道 solo andata *f.* /ソーロ アンダータ/(㊙ one way)

日伊単語帳

カタログ **catalogo** *m.* /カターロゴ/(英 catalog)
楽器 **strumento (musicale)** *m.* /ストルメント (ムズィカーレ)/(英 musical instrument)
学校 **scuola** *f.* /スクォーラ/(英 school)
カバー **coperta** *f.* /コペルタ/(英 cover)
かばん（鞄）**borsa** *f.* /ボルサ/(英 bag)
株式会社 **società per azioni** *f.* /ソチェタペルアツィオーニ/(英 joint-stock corporation)
紙 **carta** *f.* /カルタ/(英 paper)
髪 **capello** *m.* /カペッロ/(英 hair)
カメオ **cammeo** *m.* /カンメーオ/(英 cameo)
カメラ **macchina fotografica** *f.* /マッキナ フォトグラーフィカ/(英 camera)
辛い **piccante** /ピッカンテ/(英 hot, pungent)
辛い〔塩辛い〕**salato** /サラート/(英 salty)
ガラス **vetro** *m.* /ヴェートロ/(英 glass)
体〔身体〕**corpo** *m.* /コルポ/(英 the body)
軽い **leggero** /レッジェーロ/(英 light, slight)
ガレージ **autorimessa** *f.* /アウトリメッサ/(英 garage)
カレンダー **calendario** *m.* /カレンダーリォ/(英 calendar)
川 **fiume** *m.* /フィユーメ/(英 river)
革 **pelle** *f.*, **cuoio** *m.* /ペッレ, クオイオ/(英 leather)
可愛い **carino** /カリーノ/(英 pretty, lovely)
缶 **scatola** *f.*, **lattina** *f.* /スカートラ, ラッティーナ/(英 can, tin)
観客 **spettatori** *m.pl.* /スペッタトーリ/(英 spectators)
環境 **ambiente** *m.* /アンビエンテ/(英 environment)
缶切り **apriscatole** *m.* /アプリスカートレ/(英 can opener)
観光 **turismo** *m.* /トゥーリズモ/(英 sightseeing)
観光客 **turista** *m.f.* /トゥーリスタ/(英 tourist)
観光バス **pullman (turismo)** *m.* /プルマン (トゥーリズモ)/(英 sightseeing bus)
監視カメラ **videocamera per telesorveglianza** *f.* /ヴィデオカーメラ ペル テレソルヴェッリアンツァ/(英 surveillance camera)
勘定（書）**conto** *m.* /コント/(英 bill)
簡単な **facile** /ファーチレ/(英 easy)
缶詰め **scatola** *f.* /スカートラ/(英 canned food)

看板 **insegna** *f.*, **cartello** *m.* /インセーニャ, カルテッロ/(英 signboard, billboard)
木 **albero** *m.* /アルベロ/(英 tree)
木〔木材〕 **legno** *m.* /レーニョ/(英 wood)
黄色い **giallo** /ジャッロ/(英 yellow)
気温 **temperatura** *f.* /テンペラトゥーラ/(英 temperature)
期間 **periodo** *m.* /ペリーオド/(英 period, term)
期限 **termine** *m.*, **scadenza** *f.* /テルミネ, スカデンツァ/(英 term, deadline)
危険な **pericoloso** /ペリコローゾ/(英 dangerous)
気候 **clima** *m.* /クリーマ/(英 climate)
岸 **riva** *f.* /リーヴァ/(英 the bank)
生地 **stoffa** *f.*, **panno** *m.* /ストッファ, パンノ/(英 cloth)
記事 **articolo** *m.* /アルティーコロ/(英 article)
傷 **ferita** *f.* /フェリータ/(英 wound, injury)
傷〔品物の〕 **difetto** *m.* /ディフェット/(英 flaw)
季節 **stagione** *f.* /スタジョーネ/(英 season)
北 **nord** *m.* /ノルド/(英 the north)
汚い **sporco** /スポルコ/(英 dirty)
貴重品 **oggetti di valori** *m.pl.* /オッジェッティ ディ ヴァローリ/(英 valuables)
きつい〔サイズが〕 **stretto** /ストレット/(英 tight)
喫茶店 **bar** *m.* /バール/(英 coffee shop)
切手 **francobollo** *m.* /フランコボッロ/(英 stamp)
切符 **biglietto** *m.* /ビリィエット/(英 ticket)
切符売り場 **biglietteria** *f.* /ビッリェッテリーア/(英 ticket [booking] office)
絹 **seta** *f.* /セータ/(英 silk)
昨日 **ieri** *m.* /イエーリ/(英 yesterday)
キノコ **fungo** *m.* /フンゴ/(英 mushroom)
キャッシュカード **tessera del bancomat** *f.* /テッセラ デル バンコマット/(英 bank card)
キャンセル **annullamento** *m.* /アンヌッラメント/(英 cancellation)
キャンセル待ち **lista d'attesa** /リスタ ダッテーザ/(英 standby)
キャンプ **campeggio** *m.* /カンペッジョ/(英 camp)

休暇 **ferie** *f.pl.* /フェーリエ/(英 holiday)
救急車 **ambulanza** *f.* /アンブランツァ/(英 ambulance)
急行（列車）**espresso** *m.* /エスプレッソ/(英 express)
休憩 **riposo** *m.* /リポーゾ/(英 rest)
休日 **giorno festivo** *m.* /ジョルノ フェスティーヴォ/(英 holiday)
牛乳 **latte** *m.* /ラッテ/(英 milk)
救命胴衣 **giubbotto di salvataggio** *m.* /ジュッボット ディ サルヴァタッジョ/(英 life jacket)
給料 **stipendio** *m.* /スティペンディオ/(英 pay, salary)
今日 **oggi** *m.* /オッジ/(英 today)
教会 **chiesa** *f.* /キエーザ/(英 church)
許可 **permesso** *m.* /ペルメッソ/(英 permission)
去年 **l'anno scorso** *m.* /ランノ スコルソ/(英 last year)
距離 **distanza** *f.* /ディスタンツァ/(英 distance)
きれいな **bello** /ベッロ/(英 beautiful, pretty)
きれいな〔清潔な〕**pulito** /プリート/(英 clean)
金 **oro** *m.* /オーロ/(英 gold)
銀 **argento** *m.* /アルジェント/(英 silver)
禁煙〔掲示〕**Vietato fumare** /ヴィエタート フマーレ/(英 No Smoking)
禁煙席 **posto non fumatori** *m.* /ポスト ノン フマトーリ/(英 nonsmoking seat)
緊急の **urgente** /ウルジェンテ/(英 urgent)
金庫 **cassaforte** *f.* /カッサフォルテ/(英 safe, vault)
銀行 **banca** *f.* /バンカ/(英 bank)
金属 **metallo** *m.* /メタッロ/(英 metal)
空気 **aria** *f.* /アーリア/(英 air)
空港 **aeroporto** *m.* /アエロポルト/(英 airport)
空席 **posto libero** *m.* /ポスト リーベロ/(英 vacant seat)
臭い **puzzolente** /プッツォレンテ/(英 smelly, stinking)
腐った **marcio, putrido** /マルチョ, プートリド/(英 rotten)
くしゃみ **starnuto** *m.* /スタルヌート/(英 sneeze)
薬 **medicina** *f.* /メディチーナ/(英 medicine, drug)
果物 **frutta** *f.* /フルッタ/(英 fruit)
口 **bocca** *f.* /ボッカ/(英 mouth)
唇 **labbro** *m.* (*le labbra* *f.pl.*) /ラッブロ (レラッブラ)/(英 lip)

靴 scarpe *f.pl.* /スカルペ/(英 shoes)
靴下 calzini *m.pl.* /カルツィーニ/(英 socks)
クッション cuscino *m.* /クッシーノ/(英 cushion)
首 collo *m.* /コッロ/(英 neck)
雲 nuvola *f.* /ヌーヴォラ/(英 cloud)
クモ(蜘蛛) ragno *m.* /ラーニョ/(英 spider)
暗い buio, scuro /ブイオ, スクーロ/(英 dark, gloomy)
グラス bicchiere *m.* /ビッキエーレ/(英 glass)
グラフ grafico *m.* /グラーフィコ/(英 graph)
クリーム crema *f.* /クレーマ/(英 cream)
クリスマス Natale *m.* /ナターレ/(英 Christmas, Xmas)
グループ gruppo *m.* /グルッポ/(英 group)
車 macchina *f.*, auto *f.* /マッキナ, アウト/(英 car)
車酔い mal d'auto *m.* /マルダウト/(英 carsickness)
グルメ〔食通〕 buongustaio(-a) *m.(f.)* /ブォングスタイオ(ア)/(英 gourmet)
クレジットカード carta di credito *f.* /カルタ ディ クレーディト/(英 credit card)
黒い nero /ネーロ/(英 black)
クローク guardaroba *m.* /グワルダローバ/(英 cloakroom)
警官 poliziotto *m.*, vigile *m.f.* /ポリツィオット, ヴィージレ/(英 policeman)
警察 polizia *f.* /ポリツィーア/(英 the police)
計算機 calcolatrice *f.* /カルコラトリーチェ/(英 calculator)
芸術 arte *f.* /アルテ/(英 art)
携帯電話 cellulare *m.*, telefonino *m.* /チェッルラーレ, テレフォニーノ/(英 cellular phone)
毛糸 lana *f.* /ラーナ/(英 wool)
契約(書) contratto *m.* /コントラット/(英 contract)
ケーキ torta *f.* /トルタ/(英 cake)
けが ferita *f.* /フェリータ/(英 wound, injury)
毛皮 pelliccia *f.* /ペッリッチャ/(英 fur)
劇場 teatro *m.* /テアートロ/(英 theater)
今朝 stamattina *f.* /スタマッティーナ/(英 this morning)
化粧室 toilette *f.* /トワレット/(英 dressing room)
化粧品 cosmetici *m.pl.* /コズメーティチ/(英 cosmetics)

結婚 **matrimonio** *m.* /マトリモーニォ/(英 marriage)
煙 **fumo** *m.* /フーモ/(英 smoke)
券 **biglietto** *m.* /ビリエット/(英 ticket)
現金で **in contanti** /イン コンタンティ/(英 in cash)
検査 **ispezione** *f.*, **esame** *m.* /イスペツィオーネ, エザーメ/(英 inspection, examination)
濃い〔色が〕**scuro** /スクーロ/(英 dark, deep)
濃い〔コーヒーが〕**forte** /フォルテ/(英 strong)
コイン〔硬貨〕**moneta** *f.* /モネータ/(英 coin)
公園 **parco** *m.* /パルコ/(英 park)
高価な **caro, prezioso** /カーロ, プレツィオーゾ/(英 expensive, precious)
豪華な **lussoso, di lusso** /ルッソーゾ, ディルッソ/(英 gorgeous, deluxe)
航空券 **biglietto aereo** *m.* /ビリエット アエーレオ/(英 airline ticket)
航空便 **posta aerea** *f.* /ポスタ アエーレア/(英 airmail)
合計で **in totale, in tutto** /イントターレ, イントゥット/(英 in all, altogether)
高校 **liceo** *m.* /リチェーオ/(英 high school)
広告 **pubblicità** *f.* /プブリチタ/(英 advertisement)
講座〔授業〕**corso** *m.* /コルソ/(英 course)
口座 **conto** *m.* /コント/(英 account)
交差点 **incrocio** *m.* /インクローチョ/(英 crossing, crossroads)
工事中 **Lavori in corso** /ラヴォーリ インコルソ/(英 Under Construction)
公衆電話 **telefono pubblico** *m.* /テレーフォノ プブリコ/(英 pay phone)
香辛料 **spezie** *f.pl.* /スペーツィエ/(英 spices)
香水 **profumo** *m.* /プロフーモ/(英 perfume)
高速道路 **autostrada** *f.* /アウトストラーダ/(英 expressway)
紅茶 **tè** *m.* /テ/(英 tea)
交通 **traffico** *m.* /トラッフィコ/(英 traffic)
強盗〔人〕**rapinatore** *m.* /ラピナトーレ/(英 robber, burglar)
声 **voce** *f.* /ヴォーチェ/(英 voice)
コース〔道順〕**itinerario** *m.* /イティネラーリオ/(英 course)

氷 ghiaccio *m.* /ギアッチョ/(㊧ ice)
ゴキブリ scarafaggio *m.* /スカラファッジョ/(㊧ cockroach)
国際線 volo internazionale *m.* /ヴォーロ インテルナツィオナーレ/ (㊧ international airline)
国籍 nazionalità *f.* /ナツィオナリタ/(㊧ nationality)
国内線 volo nazionale *m.* /ヴォーロ ナツィオナーレ/(㊧ domestic airline)
午後に nel pomeriggio /ネルポメリッジョ/(㊧ in the afternoon)
故障 guasto *m.* /グワスト/(㊧ breakdown, trouble)
小銭 spiccioli *m.pl.* /スピッチョリ/(㊧ change)
午前中に in mattinata /インマッティナータ/(㊧ in the morning)
国境 frontiera *f.* /フロンティエーラ/(㊧ frontier)
小包 pacco *m.*, pacchetto *m.* /パッコ, パッケット/(㊧ package, parcel)
骨董品 oggetti d'antiquariato *m.pl.* /オッジェッティ ダンティクワリアート/(㊧ curio, an antique)
コットン cotone *m.* /コトーネ/(㊧ cotton)
コップ bicchiere *m.* /ビッキエーレ/(㊧ glass)
今年 quest'anno *m.* /クェスタンノ/(㊧ this year)
子供 bambino(-a) *m.(f.)* /バンビーノ(ナ)/(㊧ child)
コピー fotocopia *f.*, copia *f.* /フォトコーピア, コーピア/(㊧ photocopy, copy)
ごみ rifiuti *m.pl.*, immondizie *f.pl.* /リフューティ, インモンディーツィエ/(㊧ refuse, garbage)
ごみ箱 pattumiera *f.* /パットゥミエーラ/(㊧ dustbin)
コメント commento *m.* /コンメント/(㊧ comment)
コレクトコール chiamata a carico del destinatario *f.* /キアマータ アカーリコ デル デスティナターリォ/(㊧ collect call)
壊れた rotto /ロット/(㊧ broken)
今月 questo mese *m.* /クェスト メーゼ/(㊧ this month)
コンサート concerto *m.* /コンチェルト/(㊧ concert)
今週 questa settimana *f.* /クエスタ セッティマーナ/(㊧ this week)
コンセント presa *f.* /プレーザ/(㊧ outlet)
コンタクトレンズ lenti a contatto *f.pl.* /レンティ ア コンタット/

日伊単語帳

(英 contact lenses)
今晩 stasera *f.* /スタセーラ/(英 this evening)

さ行

サービス料 servizio *m.* /セルヴィーツィオ/(英 service charge)
最後の ultimo /ウルティモ/(英 the last)
祭日 giorno festivo *m.* /ジョルノ フェスティーヴォ/(英 festival day)
最初の primo /プリーモ/(英 the first)
サイズ〔寸法〕 misura *f.* /ミズーラ/(英 size)
サイズ〔衣服の〕 taglia *f.* /タリア/(英 size)
サイズ〔靴・帽子の〕 numero *m.* /ヌーメロ/(英 size)
裁判所 tribunale *m.* /トリブナーレ/(英 court of justice)
財布 portafoglio *m.* /ポルタフォッリオ/(英 purse, wallet)
サイン firma *f.* /フィルマ/(英 signature)
魚 pesce *m.* /ペッシェ/(英 fish)
作品 opera *f.*, lavoro *m.* /オーペラ, ラヴォーロ/(英 piece, work)
酒 alcol *m.* /アルコル/(英 alcohol)
座席 posto *m.*, sedile *m.* /ポスト, セディーレ/(英 seat)
サッカー calcio *m.* /カルチョ/(英 soccer, football)
雑誌 rivista *f.* /リヴィスタ/(英 magazine)
砂糖 zucchero *m.* /ズッケロ/(英 sugar)
寒い freddo /フレッド/(英 cold, chilly)
皿 piatto *m.* /ピアット/(英 plate)
サングラス occhiali da sole *m.pl.* /オッキアーリ ダ ソーレ/(英 sunglasses)
酸素マスク maschera a ossigeno *f.* /マスケラ ア オッスィージェノ/(英 oxygen mask)
サンダル sandali *m.pl.* /サンダリ/(英 sandals)
詩 poesia *f.* /ポエズィーア/(英 poetry, poem)
試合 partita *f.*, gara *f.* /パルティータ, ガーラ/(英 game, match)
シーツ lenzuolo *m.* /レンツオーロ/(英 (bed) sheet)
シートベルト cintura di sicurezza *f.* /チントゥーラ ディ スィクレッツァ/(英 seatbelt)
自衛隊 Forze d'Autodifesa *f.pl.* /フォルツェ ダウトディフェーザ/

(英 the Self-Defence Force)
塩 **sale** *m.* /サーレ/(英 salt)
塩辛い **salato** /サラート/(英 salty)
時間 **tempo** *m.*, **ora** *f.* /テンポ, オーラ/(英 time, hour)
時期 **periodo** *m.*, **stagione** *f.* /ペリーオド, スタジョーネ/(英 time, season)
事故 **incidente** *m.* /インチデンテ/(英 accident)
時刻表 **orario** *m.* /オラーリオ/(英 timetable)
仕事 **lavoro** *m.*, **affare** *m.* /ラヴォーロ, アッファーレ/(英 work, business)
刺繍 **ricamo** *m.* /リカーモ/(英 embroidery)
辞書 **dizionario** *m.* /ディツィオナーリオ/(英 dictionary)
詩人 **poeta(-essa)** *m.(f.)* /ポエータ(ポエテッサ)/(英 poet, poetess)
地震 **terremoto** *m.* /テッレモート/(英 earthquake)
静かな **silenzioso** /スィレンツィオーゾ/(英 silent)
自然 **natura** *f.* /ナトゥーラ/(英 nature)
舌 **lingua** *f.* /リングワ/(英 the tongue)
下着 **biancheria intima** *f.* /ビアンケリーア インティマ/(英 underwear)
下へ **giù** /ジュ/(英 down)
試着室 **cabina di prova** *f.* /カビーナ ディ プローヴァ/(英 fitting room)
市長 **sindaco** *m.* /スィンダコ/(英 mayor)
湿気 **umidità** *f.* /ウミディタ/(英 moisture)
指定席 **posto prenotato [riservato]** *m.* /ポスト プレノタート (リセルヴァート)/(英 reserved seat)
自転車 **bicicletta** *f.* /ビチクレッタ/(英 bicycle)
自動車 **automobile** *f.* /アウトモービレ/(英 car, automobile)
自動販売機 **distributore automatico** *m.* /ディストリブトーレ アウトマーティコ/(英 vending machine)
品物 **articolo** *m.*, **oggetto** *m.* /アルティーコロ, オッジェット/(英 article, goods)
支払い **pagamento** *m.* /パガメント/(英 payment)
紙幣 **biglietto (di banca)** *m.* /ビリエット (ディ バンカ)/(英 bill)
島 **isola** *f.* /イーゾラ/(英 island)

姉妹都市 città gemella *f.* /チッタ ジェメッラ/(英 sister city)
市民 cittadino(-a) *m.(f.)* /チッタディーノ/(英 citizen)
氏名 nome e cognome *m.* /ノーメ エ コニョーメ/(英 name)
社員 dipendente *m.f.* /ディペンデンテ/(英 employee)
蛇口 rubinetto *m.* /ルビネット/(英 tap, faucet)
ジャケット giacca *f.* /ジャッカ/(英 jacket)
写真 fotografia *f.* /フォトグラフィーア/(英 photograph)
社長 presidente *m.f.* /プレスィデンテ/(英 the president)
シャツ camicia *f.* /カミーチャ/(英 shirt)
シャツ〔肌着〕 maglietta *f.* /マッリエッタ/(英 undershirt)
借金 debito *m.* /デービト/(英 debt, loan)
しゃっくり singhiozzo *m.* /スィンギオッツォ/(英 hiccup)
ジャム marmellata *f.* /マルメッラータ/(英 jam)
シャワー doccia *f.* /ドッチャ/(英 shower)
週 settimana *f.* /セッティマーナ/(英 week)
宗教 religione *f.* /レリジョーネ/(英 religion)
住所 indirizzo *m.* /インディリッツォ/(英 address)
ジュース succo *m.* /スッコ/(英 juice)
自由席 posto non prenotato *m.* /ポスト ノン プレノタート/(英 non-reserved seat)
渋滞 ingorgo *m.* /インゴルゴ/(英 traffic jam)
充電式(の) ricaricabile /リカリカービレ/(英 rechargeable)
充分な sufficiente, abbastanza /スッフィチェンテ, アッバスタンツァ/(英 sufficient, enough)
週末 fine settimana *m.* /フィーネ セッティマーナ/(英 weekend)
重要な importante /インポルタンテ/(英 important)
授業 lezione *f.* /レツィオーネ/(英 lesson)
祝日 giorno festivo *m.* /ジョルノ フェスティーヴォ/(英 holiday)
宿泊料 costo di pernottamento *m.* /コスト ディ ペルノッタメント/(英 lodging charges)
手術 operazione *f.*, intervento *m.* /オペラツィオーネ, インテルヴェント/(英 operation)
首相 il primo ministro *m.* /イル プリモ ミニストロ/(英 the prime minister)
出発 partenza *f.* /パルテンツァ/(英 departure)
種類 specie *f.*, genere *m.* /スペーチェ, ジェーネレ/(英 kind,

受話器 cornetta *f.*, ricevitore *m.* /コルネッタ, リチェヴィトーレ/(英 receiver)
順番 ordine *m.*, turno *m.* /オルディネ, トゥルノ/(英 order, turn)
消火器 estintore *m.* /エスティントーレ/(英 extinguisher)
奨学金 borsa di studio *f.* /ボルサ ディ ストゥーディオ/(英 scholarship)
正月 Capodanno *m.* /カポダンノ/(英 the New Year)
小学校 scuola elementare *f.* /スクォーラ エレメンターレ/(英 elementary school)
正午 mezzogiorno *m.* /メッゾジョルノ/(英 noon)
乗車券 biglietto *m.* /ビッリエット/(英 ticket)
少女 ragazza *f.* /ラガッツァ/(英 girl)
小説 romanzo *m.* /ロマンゾ/(英 novel)
招待（状）invito *m.* /インヴィート/(英 invitation)
使用中 occupato /オックパート/(英 occupied)
商店街 galleria urbana *f.* /ガッレリーア ウルバーナ/(英 shopping mall)
消毒 disinfezione *f.* /ディズインフェッツィオーネ/(英 disinfection)
少年 ragazzo *m.* /ラガッツォ/(英 boy)
商品 merce *f.*, articolo *m.* /メルチェ, アルティーコロ/(英 commodity, goods)
情報 informazione *f.* /インフォルマッツィオーネ/(英 information)
消防署 caserma dei pompieri *f.* /カゼルマ デイ ポンピエーリ/(英 firehouse)
照明 illuminazione *f.* /イッルミナッツィオーネ/(英 illumination)
証明書 certificato *m.*, attestato *m.* /チェルティフィカート, アッテスタート/(英 certificate)
正面 fronte *f.*, facciata *f.* /フロンテ, ファッチャータ/(英 the front)
使用料 noleggio *m.* /ノレッジョ/(英 fee)
ショー show *m.*, varietà *f.* /ショ, ヴァリエタ/(英 show)
職業 mestiere *m.*, professione *f.* /メスティエーレ, プロフェッスィオーネ/(英 occupation, profession)
食事 pasto *m.* /パスト/(英 meal)
食堂車 vagone ristorante *m.* /ヴァゴーネ リストランテ/(英 din-

ing car)
食費 spese per il vitto *f.pl.* /スペーゼ ペリル ヴィット/(⑱ food expenses)
食品 cibo *m.* /チーボ/(⑱ food)
女性 donna *f.* /ドンナ/(⑱ woman)
食器（類） stoviglie *f.pl.* /ストヴィッリェ/(⑱ tableware)
署名 firma *f.* /フィルマ/(⑱ signature)
書類 documento *m.* /ドクメント/(⑱ documents, papers)
白い bianco /ビアンコ/(⑱ white)
信号 semaforo *m.* /セマーフォロ/(⑱ signal)
新鮮な fresco /フレスコ/(⑱ fresh, new)
身長 statura *f.* /スタトゥーラ/(⑱ stature)
新聞 giornale *m.* /ジョルナーレ/(⑱ newspaper, the press)
スイッチ interruttore *m.* /インテッルットーレ/(⑱ switch)
水道水 acqua del rubinetto *f.* /アックワ デル ルビネット/(⑱ tap water)
数字 numero *m.*, cifra *f.* /ヌーメロ, チーフラ/(⑱ number, figure)
スーツ completo *m.* /コンプレート/(⑱ suit)
スーツケース valigia *f.* /ヴァリージャ/(⑱ suitcase)
スープ zuppa *f.*, minestra *f.* /ズッパ, ミネストラ/(⑱ soup)
スエード scamosciato *m.* /スカモッシャート/(⑱ suede)
スカート gonna *f.* /ゴンナ/(⑱ skirt)
スケジュール programma *m.*, orario *m.* /プログランマ, オラーリオ/(⑱ schedule)
少し un po', un poco /ウンポ, ウンポーコ/(⑱ a few, a little)
スタジアム stadio *m.* /スターディオ/(⑱ stadium)
スチュワーデス hostess *f.*, assistente di volo *f.* /オステス, アッシステンテ ディ ヴォーロ/(⑱ stewardess)
すっぱい acido, aspro /アーチド, アスプロ/(⑱ sour)
ストライキ sciopero *m.* /ショーペロ/(⑱ strike)
スプーン cucchiaio *m.* /クッキアイオ/(⑱ spoon)
スプレー spray *m.* /スプライ/(⑱ spray)
ズボン pantaloni *m.pl.*, calzoni *m.pl.* /パンタローニ, カルツォーニ/(⑱ trousers)
スポンジ spugna *f.* /スプーニャ/(⑱ sponge)

スリ borsaiolo(-a) *m.(f.)* /ボルサイオーロ(ラ)/(英 pickpocket)
スリッパ pantofole *f.pl.* /パントフォレ/(英 slippers)
寸法 misura *f.* /ミズーラ/(英 measure, size)
性（別） sesso *m.* /セッソ/(英 sex)
正確な esatto, preciso /エザット, プレチーゾ/(英 exact, correct)
税関 dogana *f.* /ドガーナ/(英 the customs, customhouse)
請求書 fattura *f.* /ファットゥーラ/(英 bill)
清潔な pulito /プリート/(英 clean, neat)
生年月日 data di nascita *f.* /ダータ ディ ナッシタ/(英 the date of birth)
セーター maglia *f.*, maglione *m.* /マッリア, マッリオーネ/(英 sweater, pullover)
セール saldi *m.pl.* /サルディ/(英 sale)
咳 tosse *f.* /トッセ/(英 cough)
席 posto *m.*, sedile *m.* /ポスト, セディーレ/(英 seat)
責任者 responsabile *m.f.* /レスポンサービレ/(英 person in charge)
石鹸 sapone *m.* /サポーネ/(英 soap)
絶対（に） assolutamente /アッソルータメンテ/(英 absolutely)
説明書 manuale *m.* /マヌアーレ/(英 manual)
瀬戸物 porcellana *f.*, ceramica *f.* /ポルチェッラーナ, チェラーミカ/(英 porcelain, china)
背中 schiena *f.* /スキエーナ/(英 the back)
狭い〔幅が〕 stretto /ストレット/(英 narrow)
狭い〔面積が〕 piccolo /ピッコロ/(英 small)
栓 tappo *m.* /タッポ/(英 stopper, plug)
線 linea *f.* /リーネア/(英 line)
先月 mese scorso *m.* /メーゼ スコルソ/(英 last month)
洗剤 detersivo *m.*, detergente *m.* /デテルスィーヴォ, デテルジェンテ/(英 detergent, cleanser)
前菜 antipasto *m.* /アンティパスト/(英 hors d'oeuvre)
先週 settimana scorsa *f.* /セッティマーナ スコルサ/(英 last week)
扇子 ventaglio *m.* /ヴェンタッリォ/(英 fan)

喘息 asma *m.f.* /アズマ/(英 asthma)
洗濯 bucato *m.*, lavaggio *m.* /ブカート, ラヴァッジョ/(英 washing, laundry)
選択 scelta *f.* /シェルタ/(英 choice)
栓抜き apribottiglie *m.* /アプリボッティリエ/(英 bottle opener)
栓抜き〔コルクの〕cavatappi *m.* /カヴァタッピ/(英 corkscrew)
全部 tutto *m.* /トゥット/(英 all, the whole)
扇風機 ventilatore *m.* /ヴェンティラトーレ/(英 electric fan)
洗面所 bagno *m.* /バーニョ/(英 lavatory, toilet)
掃除 pulizia *f.* /プリツィーア/(英 cleaning)
送料 spese di spedizione *f.pl.* /スペーゼ ディ スペディツィオーネ/(英 postage, carriage)
ソース salsa *f.*, sugo *m.* /サルサ, スーゴ/(英 sauce)
速達 espresso *m.* /エスプレッソ/(英 special delivery)
速度 velocità *f.* /ヴェロチタ/(英 speed, velocity)
素材 materiale *m.* /マテリアーレ/(英 material)
そで〔袖〕manica *f.* /マーニカ/(英 sleeve)
外で〔に〕fuori /フオーリ/(英 out, outside)
ソファー divano *m.* /ディヴァーノ/(英 sofa)
空 cielo *m.* /チェーロ/(英 sky)

た行

ダース dozzina *f.* /ドッズィーナ/(英 dozen)
ターミナル terminal *m.* /テルミナル/(英 terminal)
ダイエット dieta *f.* /ディエータ/(英 diet)
大学 università *f.* /ウニヴェルシタ/(英 university, college)
滞在 soggiorno *m.* /ソッジョルノ/(英 stay)
大使館 ambasciata *f.* /アンバッシャータ/(英 embassy)
大事な importante /インポルタンテ/(英 important, precious)
体重 peso *m.* /ペーソ/(英 weight)
大臣 ministro *m.* /ミニストロ/(英 minister)
大統領 presidente *m.f.* /プレシデンテ/(英 president)
代表 rappresentante *m.f.* /ラップレゼンタンテ/(英 representative)

タイヤ pneumatico *m.*, gomma *f.* /プネウマーティコ, ゴンマ/ (㊥ tire)
タオル asciugamano *m.* /アッシュガマーノ/(㊥ towel)
高い alto /アルト/(㊥ high, tall)
高い〔値段〕caro, costoso /カーロ, コストーソ/(㊥ expensive)
タクシー tassì *m.*, taxi *m.* /タッスィ, タクスィ/(㊥ taxi)
宅配 consegna a domicilio *f.* /コンセーニャ アドミチーリオ/(㊥ door-to-door delivery)
建物 edificio *m.* /エディフィーチョ/(㊥ building)
棚 scaffale *m.* /スカッファーレ/(㊥ shelf, rack)
谷 valle *f.* /ヴァッレ/(㊥ valley)
ダニ zecca *f.* /ゼッカ/(㊥ tick)
種 seme *m.* /セーメ/(㊥ seed)
楽しい divertente, piacevole /ディヴェルテンテ, ピアチェーヴォレ/ (㊥ happy, cheerful)
タバコ sigaretta *f.* /スィガレッタ/(㊥ cigarette)
食べ物 cibo *m.*, alimento *m.* /チーボ, アリメント/(㊥ food)
ダム diga *f.* /ディーガ/(㊥ dam)
単位 unità *f.* /ウニタ/(㊥ unit)
単語 parola *f.*, vocabolo *m.* /パローラ, ヴォカーボロ/(㊥ word)
誕生日 compleanno *m.* /コンプレアンノ/(㊥ birthday)
男性 uomo *m.*(*gli uomini pl.*) /ウオーモ(リウオーミニ)/(㊥ the male)
暖房 riscaldamento *m.* /リスカルダメント/(㊥ heating)
血 sangue *m.* /サングエ/(㊥ blood)
小さい piccolo /ピッコロ/(㊥ small, little)
チーズ formaggio *m.* /フォルマッジョ/(㊥ cheese)
チェックアウト check-out *m.* /チェカウト/(㊥ check out)
チェックイン check-in *m.* /チェキン/(㊥ check in)
地下(室) sotterraneo *m.* /ソッテッラーネオ/(㊥ basement)
近い vicino /ヴィチーノ/(㊥ near, close *to*)
違い differenza *f.* /ディッフェレンツァ/(㊥ difference)
地下鉄 metropolitana *f.*, metro *m.* /メトロポリターナ, メートロ/ (㊥ subway)
地下道 sottopassaggio *m.* /ソットパッサッジョ/(㊥ underpass)
近道 scorciatoia *f.* /スコルチャトイア/(㊥ short cut)

日伊単語帳

地球 terra *f.* /テッラ/(⑱ the earth)
地区 quartiere *m.* /クワルティエーレ/(⑱ district, area)
チケット biglietto *m.* /ビリィエット/(⑱ ticket)
地図 pianta *f.*, mappa *f.* /ピアンタ, マッパ/(⑱ map)
チップ mancia *f.* /マンチャ/(⑱ tip)
茶色の marrone, castano /マッローネ, カスターノ/(⑱ light brown)
着払い pagamento alla consegna *m.* /パガメント アッラ コンセーニャ/(⑱ collect on delivery)
着陸 atterraggio *m.* /アッテッラッジョ/(⑱ landing)
チャンネル canale *m.* /カナーレ/(⑱ channel)
チャンピオン campione(-*essa*) *m.*(*f.*) /カンピオーネ(ネッサ)/(⑱ champion)
注意 attenzione *f.* /アッテンツィオーネ/(⑱ attention, care)
中学校 scuola media *f.* /スクォーラ メーディア/(⑱ junior high school)
中古の usato, di seconda mano /ウザート, ディ セコンダ マーノ/(⑱ used, secondhand)
注射 iniezione *f.* /イニエツィオーネ/(⑱ injection)
駐車禁止 Divieto di sosta *m.* /ディヴィエート ディ ソスタ/(⑱ No Parking)
駐車場 parcheggio *m.* /パルケッジョ/(⑱ parking lot)
昼食 pranzo *m.* /プランゾ/(⑱ lunch)
中心 centro *m.* /チェントロ/(⑱ the center)
注文 ordine *m.* /オルディネ/(⑱ order)
彫刻 scultura *f.* /スクルトゥーラ/(⑱ sculpture)
朝食 (prima) colazione *f.* /(プリマ) コラツィオーネ/(⑱ breakfast)
彫像 statua *f.* /スタートゥア/(⑱ statue)
調味料 condimento *m.* /コンディメント/(⑱ seasoning)
直接(に) direttamente /ディレッタメンテ/(⑱ directly)
直行便 volo diretto *m.* /ヴォーロ ディレット/(⑱ direct flight)
ツアー viaggio organizzato *m.* /ヴィアッジョ オルガニッザート/(⑱ tour)
追加料金 supplemento *m.* /スップレメント/(⑱ additional charge)

ツイン（部屋）**camera a due letti** *f.* /カーメラ ア ドゥーエ レッティ/(英 twin (room))

通訳 **interprete** *m.f.* /インテルプレテ/(英 interpreter)

通路（側の席）**corridoio** *m.* /コッリドイオ/(英 aisle (seat))

使い捨ての **usa e getta** /ウーザ エ ジェッタ/(英 disposable)

月 **luna** *f.* /ルーナ/(英 moon)

月〔暦の〕**mese** *m.* /メーゼ/(英 month)

次の **prossimo, seguente** /プロッシモ, セグエンテ/(英 next, following)

机 **scrivania** *f.* /スクリヴァニーア/(英 desk, bureau)

爪 **unghia** *f.* /ウンギア/(英 nail)

爪切り **tagliaunghie** *m.* /タッリアウンギエ/(英 nail clipper)

冷たい **freddo** /フレッド/(英 cold, chilly)

強い **forte** /フォルテ/(英 strong, powerful)

釣り〔魚〕**pesca** *f.* /ペスカ/(英 fishing)

釣り（銭）**resto** *m.* /レスト/(英 change)

手 **mano** *f.*(**le mani** *pl.*) /マーノ (レマーニ)/(英 hand)

訂正 **correzione** *f.* /コッレツィオーネ/(英 correction)

ティッシュ **fazzoletto di carta** *m.* /ファッツォレット ディ カルタ/(英 tissue)

停電 **black out** *m.* /ブレカウト/(英 power failure)

停留所 **fermata** *f.* /フェルマータ/(英 stop)

テープ **nastro** *m.* /ナストロ/(英 tape)

テーブル **tavola** *f.* /ターヴォラ/(英 table)

手紙 **lettera** *f.* /レッテラ/(英 letter)

出口 **uscita** *f.* /ウッシータ/(英 exit, way out)

デザート **dessert** *m.* /デッセール/(英 dessert)

デザイン **design** *m.*, **disegno** *m.* /デザイン, ディゼーニョ/(英 design)

手数料 **commissione** *f.* /コンミッスィオーネ/(英 commission)

手続き **procedura** *f.* /プロチェドゥーラ/(英 the procedure)

鉄道 **ferrovia** *f.* /フェッロヴィーア/(英 railroad)

手荷物 **bagaglio a mano** *m.* /バガッリオ アマーノ/(英 baggage)

手荷物預かり証 **scontrino** *m.* /スコントリーノ/(英 claim tag)

デパート **grande magazzino** *m.* /グランデ マガッズィーノ/(英

department store)
テレビ **televisione** *f.* /テレヴィズィオーネ/(⊛ television)
テレフォンカード **scheda telefonica** *f.* /スケーダ テレフォーニカ/(⊛ phonecard)
テロ **terrorismo** *m.* /テッロリズモ/(⊛ terrorism)
点 **punto** *m.* /プント/(⊛ dot, point)
電圧 **voltaggio** *m.* /ヴォルタッジョ/(⊛ voltage)
店員 **commesso(-a)** *m.(f.)* /コンメッソ(サ)/(⊛ clerk)
電気〔電灯〕**luce** *f.* /ルーチェ/(⊛ light)
電球 **lampadina** *f.* /ランパディーナ/(⊛ electric bulb)
天気予報 **previsione del tempo** *f.* /プレヴィズィオーネ デル テンポ/(⊛ the weather forecast)
電車 **treno** *m.* /トレーノ/(⊛ train)
添乗員 **accompagna*tore*(-*trice*) turistico(-a)** *m.(f.)* /アッコンパニャトーレ(トリーチェ)トゥーリスティコ(カ)/(⊛ tour conductor)
電卓 **calcolatrice** *f.* /カルコラトリーチェ/(⊛ calculator)
電池 **pila** *f.*, **batteria** *f.* /ピーラ, バッテリーア/(⊛ electric cell)
伝票 **nota** *f.*, **distinta** *f.* /ノータ, ディスティンタ/(⊛ slip)
展望台 **belvedere** *m.* /ベルヴェデーレ/(⊛ observation tower)
電話 **telefono** *m.* /テレーフォノ/(⊛ telephone)
電話番号 **numero di telefono** *m.* /ヌーメロ ディ テレーフォノ/(⊛ telephone number)
電話ボックス **cabina telefonica** *f.* /カビーナ テレフォーニカ/(⊛ telephone booth)
度〔温度・角度〕**grado** *m.* /グラード/(⊛ degree)
ドア **porta** *f.* /ポルタ/(⊛ door)
ドアノブ **pomello** *m.* /ポメッロ/(⊛ doorknob)
トイレ **bagno** *m.*, **gabinetto** *m.* /バーニョ, ガビネット/(⊛ toilet, lavatory)
トイレットペーパー **carta igienica** *f.* /カルタ イジェーニカ/(⊛ toilet paper)
塔 **torre** *f.* /トッレ/(⊛ tower)
銅 **bronzo** *m.* /ブロンゾ/(⊛ bronze)
陶器 **ceramica** *f.* /チェラーミカ/(⊛ earthenware)
峠 **passo** *m.* /パッソ/(⊛ pass)
どうしても **ad ogni costo** /アドニコスト/(⊛ by all means)

搭乗ゲート **gate** *m.* /ゲイト/(英 boarding gate)
搭乗券 **carta d'imbarco** *f.* /カルタ ディンバルコ/(英 boarding pass)
到着 **arrivo** *m.* /アッリーヴォ/(英 arrival)
盗難 **furto** *m.* /フルト/(英 robbery)
道路標識 **segnale stradale** *m.* /セニャーレ ストラダーレ/(英 road sign)
遠い **lontano** /ロンターノ/(英 far, distant)
通り **via** *f.*, **strada** *f.* /ヴィーア, ストラーダ/(英 road, street)
特別な **speciale, particolare** /スペチャーレ, パルティコラーレ/(英 special, exceptional)
時計 **orologio** *m.* /オロロージョ/(英 watch, clock)
都市 **città** *f.* /チッタ/(英 city)
年 **anno** *m.* /アンノ/(英 year)
年〔年齢〕 **età** *f.* /エタ/(英 age)
図書館 **biblioteca** *f.* /ビブリオテーカ/(英 library)
特価 **prezzo speciale** *m.* /プレッツォ スペチャーレ/(英 special price)
取っ手 **maniglia** *f.*, **manico** *m.* /マニッリャ, マーニコ/(英 handle, knob)
とても **molto, tanto** /モルト, タント/(英 very, much)
隣の **accanto, vicino** /アッカント, ヴィチーノ/(英 next, next-door)
友達 **amico(-a)** *m.(f.)* /アミーコ(カ)/(英 friend)
ドライクリーニング **lavaggio a secco** *m.* /ラヴァッジョ ア セッコ/(英 dry cleaning)
ドライヤー **asciugacapelli** *m.* /アッシュガカペッリ/(英 drier)
トランク **baule** *m.* /バウーレ/(英 trunk)
トランジット **transito** *m.* /トランスィト/(英 transit)
トランプ **carte** *f.pl.* /カルテ/(英 cards)
鳥 **uccello** *m.* /ウッチェッロ/(英 bird)
ドル **dollaro** *m.* /ドッラロ/(英 dollar)
ドレス **abito** *m.* /アービト/(英 dress)
ドレッシング **condimento per l'insalata** *m.* /コンディメント ペル リンサラータ/(英 dressing)
泥 **fango** *m.* /ファンゴ/(英 mud)

泥棒 ladro *m.* /ラードロ/(英 thief)
トンネル tunnel *m.*, galleria *f.* /トゥンネル, ガッレリーア/(英 tunnel)

な行

ナイフ coltello *m.* /コルテッロ/(英 knife)
長い lungo /ルンゴ/(英 long)
夏 estate *f.* /エスターテ/(英 summer)
夏時間 ora legale *f.* /オーラ レガーレ/(英 summer time)
夏休み vacanze estive *f.pl.* /ヴァカンツェ エスティーヴェ/(英 summer vacation)
名前 nome *m.* /ノーメ/(英 name)
涙 lacrima *f.* /ラークリマ/(英 tears)
匂い odore *m.*, puzzo *m.* /オドーレ, プッツォ/(英 smell, odor)
二階 primo piano *m.* /プリモ ピアーノ/(英 the second floor)
苦い amaro /アマーロ/(英 bitter)
肉 carne *f.* /カルネ/(英 flesh, meat)
西 ovest *m.* /オーヴェスト/(英 the west)
日本 Giappone *m.* /ジャッポーネ/(英 Japan)
日本語 giapponese *m.* /ジャッポネーゼ/(英 Japanese)
日本の giapponese /ジャッポネーゼ/(英 Japanese)
荷物 bagaglio *m.* /バガッリォ/(英 baggage)
荷物預かり所 deposito bagagli *m.* /デポージト バガッリ/(英 baggage room)
入国管理事務所 Ufficio Immigrazione *m.* /ウッフィーチォ インミグラツィオーネ/(英 the Immigration Office)
入場券 biglietto d'ingresso *m.* /ビッリエット ディングレッソ/(英 admission ticket)
入場料 tariffa d'ingresso *f.* /タリッファ ディングレッソ/(英 admission fee)
ニュース notizia *f.* /ノティーツィア/(英 news)
乳製品 latticini *m.pl.* /ラッティチーニ/(英 dairy products)
尿 urina *f.* /ウリーナ/(英 urine)
ぬいぐるみ peluche *m./f.* /ペルシュ/(英 stuffed toy)
布 stoffa *f.*, tessuto *m.* /ストッファ, テッスート/(英 cloth)

濡れた bagnato /バニャート/(英 wet)
猫 gatto m. /ガット/(英 cat)
値段 prezzo m. /プレッツォ/(英 price)
熱〔病気の〕febbre f. /フェッブレ/(英 fever)
年 anno m. /アンノ/(英 year)
年齢 età f. /エタ/(英 age)
農場 fattoria f. /ファットリーア/(英 farm)
農薬 pesticida m. /ペスティチーダ/(英 agricultural chemicals)
残り resto m. /レスト/(英 the rest)
喉 gola f. /ゴーラ/(英 the throat)
ノミ（蚤）pulce f. /プルチェ/(英 flea)
飲み水 acqua potabile f. /アックワ ポタービレ/(英 drinking water)
飲み物 bevanda f. /ベヴァンダ/(英 drink, beverage)
糊（のり）colla f. /コッラ/(英 glue)
乗組員 equipaggio m. /エクィパッジョ/(英 the crew)

は行

歯 dente m. /デンテ/(英 tooth)
刃〔カミソリの〕lametta f. /ラメッタ/(英 edge, blade)
バーゲン svendita f. /ズヴェンディタ/(英 bargain sale)
パーセント percento m. /ペルチェント/(英 percent)
パーティー festa f. /フェスタ/(英 party)
灰色の grigio /グリージョ/(英 gray)
灰皿 portacenere m. /ポルタチェーネレ/(英 ashtray)
売店 chiosco m., edicola f. /キオスコ, エディーコラ/(英 stall, stand)
ハエ（蠅）mosca f. /モスカ/(英 fly)
葉書 cartolina f. /カルトリーナ/(英 postal card)
爆弾 bomba f. /ボンバ/(英 bomb)
博物館 museo m. /ムゼーオ/(英 museum)
箱 scatola f. /スカートラ/(英 box, case)
橋 ponte m. /ポンテ/(英 bridge)
箸 bastoncini m.pl. /バストンチーニ/(英 chopsticks)
初めて per la prima volta /ペルラプリマヴォルタ/(英 for the

日伊単語帳

first time)
場所 **posto** *m.*, **luogo** *m.* /ポスト, ルオーゴ/(㊩ place, site)
バス **autobus** *m.* /アウトブス/(㊩ bus)
バスターミナル **stazione degli autobus** *f.* /スタツィオーネデッリアウトブス/(㊩ bus terminal)
バス停 **fermata dell'autobus** *f.* /フェルマータ デッラウトブス/(㊩ bus stop)
パスポート **passaporto** *m.* /パッサポルト/(㊩ passport)
バター **burro** *m.* /ブッロ/(㊩ butter)
蜂蜜 **miele** *m.* /ミエーレ/(㊩ honey)
はっきりと **chiaro** /キアーロ/(㊩ clearly)
罰金 **multa** *f.* /ムルタ/(㊩ fine)
バッグ **borsa** *f.* /ボルサ/(㊩ bag)
派手な **vistoso, chiassoso** /ヴィストーゾ, キアッソーゾ/(㊩ gay, showy)
パトカー **volante** *f.* /ヴォランテ/(㊩ squad [police] car)
波止場 **molo** *m.* /モーロ/(㊩ wharf, pier)
花 **fiore** *m.* /フィオーレ/(㊩ flower)
鼻 **naso** *m.* /ナーゾ/(㊩ nose)
浜辺 **spiaggia** *f.* /スピアッジャ/(㊩ beach, seashore)
ハム **prosciutto** *m.* /プロシュット/(㊩ ham)
速い **veloce** /ヴェローチェ/(㊩ fast)
早く **presto** /プレスト/(㊩ early)
払い戻し **rimborso** *m.* /リンボルソ/(㊩ repayment, refund)
針 **ago** *m.* /アーゴ/(㊩ needle)
春 **primavera** *f.* /プリマヴェーラ/(㊩ spring)
晴れ **bel tempo** *m.* /ベルテンポ/(㊩ fine weather)
バレエ **balletto** *m.* /バッレット/(㊩ ballet)
晩 **sera** *f.*, **notte** *f.* /セーラ, ノッテ/(㊩ evening, night)
パン **pane** *m.* /パーネ/(㊩ bread)
ハンカチ **fazzoletto** *m.* /ファッツォレット/(㊩ handkerchief)
半券 **scontrino** *m.* /スコントリーノ/(㊩ stub)
番号 **numero** *m.* /ヌーメロ/(㊩ number)
絆創膏 **cerotto** *m.* /チェロット/(㊩ plaster)
反対側 **parte opposta** *f.* /パルテ オッポスタ/(㊩ the opposite side)

半島 penisola *f.* /ペニーゾラ/(英 peninsula)
ハンドバッグ borsetta *f.* /ボルセッタ/(英 handbag, purse)
パンフレット opuscolo *m.*, dépliant *m.* /オプスコロ, デプリアン/(英 pamphlet, brochure)
半分 metà *f.*, mezzo *m.* /メタ, メッゾ/(英 half)
火 fuoco *m.* /フオーコ/(英 fire)
日〔暦の〕 giorno *m.* /ジョルノ/(英 day)
ビーズ perline *f.pl.* /ペルリーネ/(英 beads)
ビール birra *f.* /ビッラ/(英 beer)
冷えた freddo, fresco /フレッド, フレスコ/(英 cold)
東 est *m.* /エスト/(英 the east)
光 luce *f.* /ルーチェ/(英 light, ray)
低い basso /バッソ/(英 low)
飛行機 aeroplano *m.*, aereo *m.* /アエロプラーノ, アエーレオ/(英 airplane, plane)
飛行機酔い mal d'aria *m.* /マルダーリア/(英 airsickness)
ビザ visto *m.* /ヴィスト/(英 visa)
ピザ pizza *f.* /ピッツァ/(英 pizza)
ビジネス affare *m.*, lavoro *m.* /アッファーレ, ラヴォーロ/(英 business)
美術館 museo d'arte *m.*, galleria *f.* /ムゼーオ ダルテ, ガッレリーア/(英 art museum)
非常階段 scala antincendio *f.* /スカーラ アンティンチェンディオ/(英 emergency staircase)
非常口 uscita di sicurezza *f.* /ウッシータ ディ スィクレッツァ/(英 emergency exit)
左 sinistra *f.* /スィニストラ/(英 the left)
日付 data *f.* /ダータ/(英 date)
必要な necessario /ネチェッサーリオ/(英 necessary)
ひも（紐）spago *m.*, laccio *m.* /スパーゴ, ラッチョ/(英 string)
ヒューズ fusibile *m.* /フズィービレ/(英 fuse)
表 tabella *f.*, tavola *f.* /タベッラ, ターヴォラ/(英 table, diagram)
費用 spese *f.pl.*, costo *m.* /スペーゼ, コスト/(英 expense, cost)
秒 secondo *m.* /セコンド/(英 second)
美容院 parrucchiere *m.* /パルッキエーレ/(英 beauty salon)

日伊単語帳

病院 **ospedale** *m.* /オスペダーレ/(英 hospital)
病気 **malattia** *f.* /マラッティーア/(英 sickness, disease)
表示 **indicazione** *f.* /インディカツィオーネ/(英 indication)
昼〔正午〕**mezzogiorno** *m.* /メッゾジョルノ/(英 noon)
ビル **edificio** *m.*, **palazzo** *m.* /エディフィーチョ, パラッツォ/(英 building)
広い〔幅が〕**largo** /ラルゴ/(英 wide, broad)
広い〔面積が〕**ampio, spazioso** /アンピオ, スパツィオーゾ/(英 large, spacious)
広場 **piazza** *f.* /ピアッツァ/(英 open space)
瓶 **bottiglia** *f.* /ボッティッリア/(英 bottle)
便〔飛行機の〕**volo** *m.* /ヴォーロ/(英 flight)
ピン **spillo** *m.*, **spilla** *f.* /スピッロ, スピッラ/(英 pin)
品質 **qualità** *f.* /クワリタ/(英 quality)
ファスナー **chiusura lampo** *f.*, **zip** *f./m.* /キウズーラ ランポ, ズィップ/(英 fastener)
分厚い **spesso** /スペッソ/(英 thick)
ファッション **moda** *f.* /モーダ/(英 fashion)
フィアンセ **fidanzato(-a)** *m.(f.)* /フィダンツァート(ア)/(英 fiancé(e))
フィルム **pellicola** *f.* /ペッリーコラ/(英 film)
ブーツ **stivali** *m.pl.* /スティヴァーリ/(英 boots)
封筒 **busta** *f.* /ブスタ/(英 envelope)
プール **piscina** *f.* /ピッシーナ/(英 swimming pool)
フェリー **traghetto** *m.* /トラゲット/(英 ferry)
フォーク **forchetta** *f.* /フォルケッタ/(英 fork)
深い **profondo** /プロフォンド/(英 deep, profound)
服 **vestito** *m.* /ヴェスティート/(英 clothes)
服作用 **effetto collaterale** *m.* /エッフェット コッラテラーレ/(英 side effect)
袋 **sacco** *m.* /サッコ/(英 bag, sac)
ふた〔蓋〕**coperchio** *m.* /コペルキオ/(英 lid, cover)
舞台 **palcoscenico** *m.* /パルコッシェーニコ/(英 the stage)
ふち〔縁〕**bordo** *m.*, **orlo** *m.* /ボルド, オルロ/(英 edge, brink)
部長 **direttore(-trice)** *m.(f.)* /ディレットーレ(トリーチェ)/(英 director)

復活祭 Pasqua *f.* /パスクワ/(㊇ Easter)
太い grosso /グロッソ/(㊇ big, thick)
船便（で）via mare /ヴィアマーレ/(㊇ by surface mail)
船酔い mal di mare *m.* /マルディマーレ/(㊇ seasickness)
船 barca *f.*, nave *f.* /バルカ, ナーヴェ/(㊇ boat, ship)
部品 pezzo *m.* /ペッツォ/(㊇ parts)
部分 parte *f.* /パルテ/(㊇ part)
冬 inverno *m.* /インヴェルノ/(㊇ winter)
プラグ spina *f.* /スピーナ/(㊇ plug)
プラスチック plastica *f.* /プラスティカ/(㊇ plastic)
プラチナ platino *m.* /プラーティノ/(㊇ platinum)
フラッシュ flash *m.* /フレシュ/(㊇ flashlight)
フリーダイヤル numero verde *m.* /ヌーメロ ヴェルデ/(㊇ toll-free telephone service)
古い vecchio, antico /ヴェッキォ, アンティーコ/(㊇ old, ancient)
プレゼント regalo *m.* /レガーロ/(㊇ present)
フロント〔受付〕reception *f.* /レセプション/(㊇ front desk)
分 minuto *m.* /ミヌート/(㊇ minute)
平日 giorno feriale *m.* /ジョルノ フェリアーレ/(㊇ weekday)
ページ pagina *f.* /パージナ/(㊇ page)
別荘 villa *f.* /ヴィッラ/(㊇ villa)
ベッド letto *m.* /レット/(㊇ bed)
ペット pet *m.* /ペット/(㊇ pet)
ヘッドホン cuffia *f.* /クッフィア/(㊇ headphone)
別の altro /アルトロ/(㊇ another, other)
部屋 camera *f.*, stanza *f.* /カーメラ, スタンツァ/(㊇ room)
ベル campanello *m.* /カンパネッロ/(㊇ bell)
ベルト cintura *f.* /チントゥーラ/(㊇ belt)
ペン penna *f.* /ペンナ/(㊇ pen)
返事 risposta *f.* /リスポスタ/(㊇ answer, reply)
便秘 stipsi *f.*, stitichezza *f.* /スティプスィ, スティティケッツァ/(㊇ constipation)
便利な comodo, conveniente /コーモド, コンヴェニエンテ/(㊇ convenient)
法王 papa *m.* /パーパ/(㊇ the Pope)
方向 direzione *f.* /ディレツィオーネ/(㊇ direction)

帽子 cappello m. /カッペッロ/(英 hat)
防水の impermeabile /インペルメアービレ/(英 waterproof)
宝石〔装身具の〕gioiello m. /ジョイエッロ/(英 jewel)
包帯 benda f., fascia f. /ベンダ, ファッシャ/(英 bandage)
防犯ベル sirena antifurto f. /スィレーナ アンティフルト/(英 burglar alarm)
方法 metodo m. /メートド/(英 way, method)
法律 legge f. /レッジェ/(英 law)
ボーイ cameriere m. /カメリエーレ/(英 waiter, bellboy)
ポーター facchino m. /ファッキーノ/(英 porter)
ボート barca (a remi) f. /バルカ (アレーミ)/(英 boat, rowboat)
ホーム〔駅の〕binario m. /ビナーリオ/(英 platform)
ボールペン biro f., penna a sfera f. /ビーロ, ペンナ アスフェーラ/(英 ball-point)
ポケット tasca f. /タスカ/(英 pocket)
保険 assicurazione f. /アッスィクラツィオーネ/(英 insurance)
星 stella f. /ステッラ/(英 star)
保証書 certificato di garanzia m. /チェルティフィカート ディ ガランツィーア/(英 written guarantee)
ポスト〔郵便〕cassetta postale f. /カッセッタ ポスターレ/(英 mailbox)
細い sottile /ソッティーレ/(英 thin)
ボタン bottone m. /ボットーネ/(英 button)
ホテル albergo m., hotel m. /アルベルゴ, オテル/(英 hotel)
歩道 marciapiede m. /マルチャピエーデ/(英 sidewalk)
骨 osso m.(le ossa f.pl.) /オッソ (レオッサ)/(英 bone)
本 libro m. /リーブロ/(英 book)
盆 vassoio m. /ヴァッソイオ/(英 tray)
本屋 libreria f. /リブレリーア/(英 bookstore)
翻訳 traduzione f. /トラドゥツィオーネ/(英 translation)

ま行

マーク segno m. /セーニョ/(英 mark)
迷子 bambino(-a) smarrito(-a) m.(f.) /バンビーノ (ナ) ズマッリート (タ)/(英 stray child)

前 parte anteriore *f.*, davanti *m.* /パルテ アンテリオーレ, ダヴァンティ/(英 the front)
枕 guanciale *m.* /グワンチャーレ/(英 pillow)
町・街 città *f.* /チッタ/(英 town, city)
待合室 sala d'aspetto *f.* /サーラ ダスペット/(英 waiting room)
間違い sbaglio *m.*, errore *m.* /ズバッリォ, エッローレ/(英 mistake, error)
真っ直ぐ diritto /ディリット/(英 straight)
マッチ fiammifero *m.* /フィアンミーフェロ/(英 match)
祭り festa *f.* /フェスタ/(英 festival)
窓 finestra *f.* /フィネストラ/(英 window)
窓〔乗物の〕finestrino *m.* /フィネストリーノ/(英 window)
窓口 sportello *m.* /スポルテッロ/(英 window)
真夜中 mezzanotte *f.* /メッザノッテ/(英 midnight)
円[丸]い rotondo /ロトンド/(英 round)
万年筆 penna stilografica *f.* /ペンナ スティログラーフィカ/(英 fountain pen)
右 destra *f.* /デストラ/(英 the right)
岬 promontorio *m.* /プロモントーリォ/(英 cape)
短い corto, breve /コルト, ブレーヴェ/(英 short, brief)
水 acqua *f.* /アックワ/(英 water)
湖 lago *m.* /ラーゴ/(英 lake)
水着 costume da bagno *m.* /コストゥーメ ダ バーニョ/(英 swimming suit)
店 negozio *m.*, bottega *f.* /ネゴーツィオ, ボッテーガ/(英 store, shop)
未成年 minorenne *m.f.* /ミノレンネ/(英 minor)
道 strada *f.*, via *f.* /ストラーダ, ヴィーア/(英 way, road)
緑の verde /ヴェルデ/(英 green)
港 porto *m.* /ポルト/(英 harbor, port)
南 sud *m.* /スッド/(英 the south)
見本 campione *m.* /カンピオーネ/(英 sample)
見本市 fiera *f.* /フィエーラ/(英 trade fair)
耳 orecchio *m.* /オレッキオ/(英 ear)
名字 cognome *m.* /コニョーメ/(英 family name, surname)
ミルク latte *m.* /ラッテ/(英 milk)

虫〔昆虫〕 **insetto** *m.* /インセット/(英 insect)
虫歯 **dente cariato** *m.* /デンテカリアート/(英 decayed tooth)
難しい **difficile** /ディッフィーチレ/(英 difficult)
胸 **petto** *m.*, **seno** *m.* /ペット, セーノ/(英 chest, breast)
村 **villaggio** *m.* /ヴィッラッジョ/(英 village)
無料の **gratuito, libero** /グラトゥイト, リーベロ/(英 free)
目 **occhio** *m.* /オッキオ/(英 eye)
メーカー **fabbricante** *m.*, **produttore** *m.* /ファッブリカンテ, プロドゥットーレ/(英 maker)
眼鏡 **occhiali** *m.pl.* /オッキアーリ/(英 glasses)
目覚まし時計 **sveglia** *f.* /ズヴェリア/(英 alarm clock)
メッセージ **messaggio** *m.* /メッサッジョ/(英 message)
メニュー **menu** *m.* /メヌー/(英 menu)
メモ **appunto** *m.* /アップント/(英 memo)
メロディー **melodia** *f.* /メロディーア/(英 melody)
綿 **cotone** *m.* /コトーネ/(英 cotton)
免許証 **patente** *f.* /パテンテ/(英 license)
免税店 **duty-free** *m.* /デュティフリ/(英 duty-free shop)
毛布 **coperta** *f.* /コペルタ/(英 blanket)
目的地 **destinazione** *f.*, **meta** *f.* /デスティナツィオーネ, メータ/(英 destination)
模型 **modellino** *m.* /モデリーノ/(英 model)
文字 **lettera** *f.* /レッテラ/(英 letter)
物 **cosa** *f.*, **oggetto** *m.* /コーザ, オッジェット/(英 thing, object)
模様 **disegno** *m.* /ディゼーニョ/(英 pattern, design)
門 **porta** *f.*, **portone** *m.* /ポルタ, ポルトーネ/(英 gate)
問題 **questione** *f.*, **problema** *m.* /クェスティオーネ, プロブレーマ/(英 question, problem)

や行

やけど(火傷) **bruciatura** *f.* /ブルチャトゥーラ/(英 burn)
野菜 **verdura** *f.* /ヴェルドゥーラ/(英 vegetables)
易しい **facile** /ファーチレ/(英 easy, plain)
矢印 **freccia** *f.* /フレッチャ/(英 arrow)
安い **a buon mercato, economico** /アブォンメルカート, エコ

ノーミコ/(英 cheap, inexpensive)
薬局 **farmacia** *f.* /ファルマチーア/(英 drugstore)
山 **monte** *m.*, **montagna** *f.* /モンテ, モンターニャ/(英 mountain)
柔[軟]らかい **tenero, morbido** /テーネロ, モルビド/(英 soft, tender)
湯 **acqua calda** *f.* /アックワ カルダ/(英 hot water)
夕方 **sera** *f.* /セーラ/(英 evening)
夕食 **cena** *f.* /チェーナ/(英 supper, dinner)
郵便局 **ufficio postale** *m.* /ウッフィーチョ ポスターレ/(英 post office)
ゆうべ(昨夜) **stanotte** *f.* /スタノッテ/(英 last night)
有名な **famoso, noto** /ファモーゾ, ノート/(英 famous, well-known)
有料の **a pagamento** /ア パガメント/(英 pay)
ユーロ **euro** *m.* /エウロ/(英 Euro)
雪 **neve** *f.* /ネーヴェ/(英 snow)
指 **dito** *m.*(*le dita* *f.pl.*) /ディート (レディータ)/(英 finger)
良い **buono** /ブオーノ/(英 good)
容器 **recipiente** *m.*, **contenitore** *m.* /レチピエンテ, コンテニトーレ/(英 receptacle)
用紙 **modulo** *m.* /モードゥロ/(英 form)
幼児 **bambino(-a)** *m.*(*f.*) /バンビーノ(ナ)/(英 baby, child)
幼稚園 **scuola materna** *f.* /スクォーラ マテルナ/(英 kindergarten)
浴室 **bagno** *m.* /バーニョ/(英 bathroom)
浴槽 **vasca da bagno** *f.* /ヴァスカ ダ バーニョ/(英 bathtub)
汚れ **sporcizia** *f.*, **macchia** *f.* /スポルチーツィア, マッキア/(英 dirt, stain)
酔った〔酒に〕 **ubriaco** /ウブリアーコ/(英 drunk)
予定 **programma** *m.* /プログランマ/(英 plan, program)
予防接種 **vaccinazione** *f.* /ヴァッチナツィオーネ/(英 vaccination)
予約 **prenotazione** *f.* /プレノタツィオーネ/(英 reservation)
夜 **sera** *f.*, **notte** *f.* /セーラ, ノッテ/(英 night)
弱い **debole** /デーボレ/(英 weak)

ら行

来月 il mese prossimo *m.* /イルメーゼ プロッスィモ/(英 next month)

来週 la settimana prossima *f.* /ラセッティマーナ プロッスィマ/(英 next week)

ライター accendino *m.* /アッチェンディーノ/(英 lighter)

来年 l'anno prossimo *m.* /ランノ プロッスィモ/(英 next year)

ラジオ radio *f.* /ラーディオ/(英 radio)

ラジカセ radioregistratore *m.* /ラディオレジストラトーレ/(英 boom box)

リクエスト richiesta *f.* /リキエスタ/(英 request)

リクライニングシート sedile reclinabile *m.* /セディーレ レクリナービレ/(英 reclining seat)

リサイクル riciclaggio *m.* /リチクラッジョ/(英 recycling)

リスク rischio *m.* /リスキォ/(英 risk)

リスト lista *f.*, elenco *m.* /リスタ, エレンコ/(英 list)

率 tasso *m.* /タッソ/(英 rate)

リボン nastro *m.* /ナストロ/(英 ribbon)

リモコン telecomando *m.* /テレコマンド/(英 remote control)

理由 ragione *f.* /ラジョーネ/(英 reason, cause)

量 quantità *f.* /クワンティタ/(英 quantity)

両替 cambio *m.* /カンビオ/(英 exchange)

領事館 consolato *m.* /コンソラート/(英 consulate)

領収書 ricevuta *f.* /リチェヴータ/(英 receipt)

料理〔総称〕cucina *f.* /クチーナ/(英 cooking)

料理〔個別の〕piatto *m.* /ピアット/(英 dish)

旅行 viaggio *m.* /ヴィアッジョ/(英 travel, trip)

旅行会社 agenzia di viaggo *f.* /アジェンツィーア ディ ヴィアッジョ/(英 travel agency)

離陸 decollo *m.* /デコッロ/(英 takeoff)

冷蔵庫 frigorifero *m.* /フリゴリーフェロ/(英 refrigerator)

レース〔編物〕merletto *m.* /メルレット/(英 lace)

歴史 storia *f.* /ストーリア/(英 history)

レシート scontrino *m.*, ricevuta *f.* /スコントリーノ, リチェヴータ/
(英 receipt)
レジャー tempo libero *m.* /テンポ リーベロ/(英 leisure)
レストラン ristorante *m.* /リストランテ/(英 restaurant)
列車 treno *m.* /トレーノ/(英 train)
レンタカー macchina a noleggio *f.* /マッキナ ア ノレッジョ/
(英 rent-a-car)
廊下 corridoio *m.* /コッリドイオ/(英 corridor)
ロッカー armadietto *m.* /アルマディエット/(英 locker)
ロビー hall *f.* /オール/(英 lobby)

わ行

ワイシャツ camicia *f.* /カミーチャ/(英 shirt)
ワイン vino *m.* /ヴィーノ/(英 wine)
若い giovane /ジョーヴァネ/(英 young)
忘れ物取扱所〔遺失物取扱所〕ufficio oggetti smarriti
m. /ウッフィーチョ オッジェッティ ズマッリーティ/(英 lost-and-found)
綿 cotone *m.* /コトーネ/(英 cotton)
割引 sconto *m.* /スコント/(英 discount)
悪い cattivo /カッティーヴォ/(英 bad, wrong)
湾 golfo *m.*, baia *f.* /ゴルフォ, バイア/(英 bay, gulf)

基本動詞

あ行

愛する amare /アマーレ/(英 love)
上がる salire /サリーレ/(英 go up)
開ける aprire /アプリーレ/(英 open)
預ける depositare /デポズィターレ/(英 deposit)
謝る scusare /スクザーレ/(英 apologize)
洗う lavare /ラヴァーレ/(英 wash)
歩く camminare /カンミナーレ/(英 walk)
言う dire /ディーレ/(英 say)
行く andare /アンダーレ/(英 go)
痛い avere mal di /アヴェーレ マル/(英 have a pain *in*)
いびきをかく russare /ルッサーレ/(英 snore)
居る stare /スターレ/(英 be, stay)
入れる mettere /メッテレ/(英 put in)
受け取る ricevere /リチェーヴェレ/(英 receive)
失う perdere /ペルデレ/(英 lose)
歌う cantare /カンターレ/(英 sing)
生まれる nascere /ナッシェレ/(英 be born)
売る vendere /ヴェンデレ/(英 sell)
運転する guidare /グィダーレ/(英 drive)
選ぶ scegliere /シェッリエレ/(英 select)
演奏する suonare /スオナーレ/(英 play)
起きる alzarsi /アルツァルスィ/(英 get up)
置く mettere /メッテレ/(英 put)
送る spedire, mandare /スペディーレ, マンダーレ/(英 send)
起こる succedere /スッチェーデレ/(英 happen)
怒る arrabbiarsi /アッラビアルスィ/(英 anger)
おごる〔提供する〕offrire /オッフリーレ/(英 treat)
教える insegnare /インセニャーレ/(英 teach)
押す spingere /スピンジェレ/(英 push, press)
落ちる cadere /カデーレ/(英 fall)
覚えている ricordarsi /リコルダルスィ/(英 remember)

思う pensare /ペンサーレ/(英 think)
泳ぐ nuotare /ヌオターレ/(英 swim)
下りる scendere /シェンデレ/(英 go [come] down, get off)
降ろす scaricare /スカリカーレ/(英 unload)
終わる finire /フィニーレ/(英 finish)

か行

買う comprare /コンプラーレ/(英 buy)
返す〔返却〕restituire /レスティトゥイーレ/(英 return)
変える cambiare /カンビアーレ/(英 change)
帰る tornare /トルナーレ/(英 go back)
掛かる〔時間・費用〕volerci /ヴォレルチ/(英 take)
書く scrivere /スクリーヴェレ/(英 write)
欠く mancare /マンカーレ/(英 lack)
確認する confermare /コンフェルマーレ/(英 confirm)
貸す prestare /プレスターレ/(英 lend)
語る raccontare /ラッコンターレ/(英 talk)
勝つ vincere /ヴィンチェレ/(英 win)
借りる〔レンタル〕noleggiare /ノレッジャーレ/(英 rent)
乾かす asciugare /アッシュガーレ/(英 dry)
考える pensare /ペンサーレ/(英 think)
感じる sentire /センティーレ/(英 feel)
着替える cambiarsi /カンビアルスィ/(英 change)
聴く ascoltare /アスコルターレ/(英 listen *to*)
聞く〔尋ねる〕chiedere, domandare /キエーデレ, ドマンダーレ/ (英 ask, inquire)
期待する sperare /スペラーレ/(英 expect)
気に入る piacere /ピアチェーレ/(英 like)
キャンセルする annullare /アンヌッラーレ/(英 cancel)
切る〔切断〕tagliare /タッリアーレ/(英 cut)
切る〔スイッチを〕spegnere /スペーニェレ/(英 turn off)
着る mettersi, indossare /メッテルスィ, インドッサーレ/(英 put on)
繰り返す ripetere /リペーテレ/(英 repeat)
来る venire /ヴェニーレ/(英 come)
下車する scendere /シェンデレ/(英 get off)

結婚する **sposare, sposarsi** (*di*) /スポザーレ, スポザルスィ/ (英 marry)
決心する **decidere** /デチーデレ/(英 decide)
殺す **uccidere** /ウッチーデレ/(英 kill)
壊す **rompere** /ロンペレ/(英 destroy)
壊れる **rompersi** /ロンペルスィ/(英 break, be broken)

さ行

サインする **firmare** /フィルマーレ/(英 sign)
探す **cercare** /チェルカーレ/(英 look for)
下がる **scendere** /シェンデレ/(英 fall)
叫ぶ **gridare** /グリダーレ/(英 shout)
触る **toccare** /トッカーレ/(英 touch)
散歩する **fare una passeggiata** /ファーレ ウナ パッセッジャータ/ (英 take a walk)
死ぬ **morire** /モリーレ/(英 die)
閉める **chiudere** /キューデレ/(英 shut, close)
出発する **partire** /パルティーレ/(英 start, depart)
紹介する **presentare** /プレゼンターレ/(英 introduce)
知らせる **far sapere, informare** /ファル サペーレ, インフォルマーレ/ (英 inform, tell, report)
調べる **esaminare, consultare** /エザミナーレ, コンスルターレ/(英 examine, look into, check up)
知る **sapere, conoscere** /サペーレ, コノッシェレ/(英 know)
申告する **dichiarare** /ディキアラーレ/(英 report, declare)
心配する **preoccuparsi** *di* /プレオックパルスィ/(英 be worried about)
吸う〔タバコを〕**fumare** /フマーレ/(英 smoke)
捨てる **buttare** /ブッターレ/(英 throw away)
住む **abitare** /アビターレ/(英 live)
する〔作る〕**fare** /ファーレ/(英 do, make)
座る **sedersi** /セデルスィ/(英 sit)
説明する **spiegare** /スピエガーレ/(英 explain)
掃除する **pulire** /プリーレ/(英 clean)

た行

- 助ける aiutare /アユターレ/(英 help, relieve)
- 尋ねる domandare /ドマンダーレ/(英 ask)
- 訪ねる visitare /ヴィズィターレ/(英 visit)
- 食べる mangiare, prendere /マンジャーレ, プレンデレ/(英 eat)
- 試す provare /プロヴァーレ/(英 try, test)
- 中止する sospendere /ソスペンデレ/(英 cancel, call off)
- 注文する ordinare /オルディナーレ/(英 order)
- 追加する aggiungere /アッジュンジェレ/(英 add)
- 通過する passare /パッサーレ/(英 pass by)
- 使う usare /ウザーレ/(英 use)
- 着く arrivare /アッリヴァーレ/(英 arrive at, in)
- つける〔点火・点灯〕accendere /アッチェンデレ/(英 light, put on)
- 続ける continuare /コンティヌアーレ/(英 continue)
- 包む incartare /インカルターレ/(英 wrap)
- 連れていく accompagnare /アッコンパニャーレ/(英 go (together) with)
- 訂正する correggere /コッレッジェレ/(英 correct, revise)
- できる〔状態〕potere /ポテーレ/(英 can, may)
- できる〔能力〕sapere /サペーレ/(英 can, know how to)
- 出る uscire /ウッシーレ/(英 go out)
- 電話する telefonare /テレフォナーレ/(英 telephone)
- 到着する arrivare /アッリヴァーレ/(英 arrive at)
- 通る passare /パッサーレ/(英 pass)
- 留まる restare, fermarsi /レスターレ, フェルマルスィ/(英 stay, remain)
- 止まる fermarsi /フェルマルスィ/(英 stop, halt)
- 飛ぶ volare /ヴォラーレ/(英 fly)
- 跳ぶ saltare /サルターレ/(英 jump)
- 泊まる alloggiare, pernottare /アッロッジャーレ, ペルノッターレ/(英 stay at)

日伊単語帳

基本動詞

な行

- 泣く piangere /ピアンジェレ/(英 cry)
- 習う imparare /インパラーレ/(英 learn)
- 成る diventare /ディヴェンターレ/(英 become)
- 脱ぐ togliersi /トッリエルスィ/(英 put off)
- 盗む rubare /ルバーレ/(英 steal)
- 眠い avere sonno /アヴェーレ ソンノ/(英 be sleepy)
- 眠る dormire /ドルミーレ/(英 sleep)
- 寝る andare a letto /アンダーレ アレット/(英 go to bed)
- 残る restare, rimanere /レスターレ, リマネーレ/(英 stay, remain)
- 登る salire /サリーレ/(英 go up, climb)
- 飲む bere, prendere /ベーレ, プレンデレ/(英 drink, take)
- 乗り換える cambiare /カンビアーレ/(英 change)
- 乗る〔バス・電車〕prendere, salire /プレンデレ, サリーレ/(英 take, get into)

は行

- 配達する consegnare /コンセニャーレ/(英 deliver)
- 入る entrare /エントラーレ/(英 enter, go in)
- 運ぶ portare /ポルターレ/(英 carry)
- 始まる cominciare, iniziare /コミンチャーレ, イニツィアーレ/(英 begin, start)
- 走る correre /コッレレ/(英 run)
- 働く lavorare /ラヴォラーレ/(英 work)
- 発車する partire /パルティーレ/(英 leave, start)
- 話す parlare /パルラーレ/(英 speak, talk)
- 払う pagare /パガーレ/(英 pay)
- 腫れる gonfiarsi /ゴンフィアルスィ/(英 become swollen)
- 返事する rispondere /リスポンデレ/(英 answer)
- 返品する rimandare /リマンダーレ/(英 return)
- 包装する incartare, impacchettare /インカルターレ, インパッケッターレ/(英 wrap)
- 干す asciugare /アッシュガーレ/(英 dry, air)

ま行

- 曲がる volgere, voltare /ヴォルジェレ, ヴォルターレ/(英 turn)
- 間違う sbagliare /ズバリアーレ/(英 mistake)
- 待つ aspettare /アスペッターレ/(英 wait)
- 学ぶ studiare /ストゥディアーレ/(英 study)
- 招く invitare /インヴィターレ/(英 invite)
- まねる imitare /イミターレ/(英 imitate)
- 迷う〔道に〕smarrirsi, perdersi /ズマッリルスィ, ペルデルスィ/(英 lose *one's* way)
- 回る girare /ジラーレ/(英 turn, go around)
- 見える vedere /ヴェデーレ/(英 see, be seen)
- 見つける trovare /トロヴァーレ/(英 find)
- 見る vedere, guardare /ヴェデーレ, グワルダーレ/(英 see, look *at*)
- 目覚める svegliarsi /ズヴェッリアルスィ/(英 wake up)
- 申し込む chiedere, presentare domanda /キエーデレ, プレゼンターレ ドマンダ/(英 apply *for, to*)
- 持つ〔携帯〕avere, averci /アヴェーレ, アヴェルチ/(英 have)

や行

- 約束する promettere /プロメッテレ/(英 promise)
- 休む riposarsi /リポザルスィ/(英 rest)
- 止める finire, smettere /フィニーレ, ズメッテレ/(英 stop, end)
- 許す〔許可〕permettere /ペルメッテレ/(英 permit)
- 酔う ubriacarsi /ウブリアカルスィ/(英 get drunk)
- 酔う〔車に〕avere il mal d'auto /アヴェーレ イル マル ダウト/(英 get carsick)
- 酔う〔船に〕avere il mal di mare /アヴェーレ イル マル ディ マーレ/(英 get seasick)
- 用意する preparare /プレパラーレ/(英 prepare)
- 横切る attraversare /アットラヴェルサーレ/(英 cross)
- 読む leggere /レッジェレ/(英 read)
- 予約する prenotare /プレノターレ/(英 reserve, book)

ら行

料理する cucinare /クチナーレ/(英 cook)
旅行する viaggiare /ヴィアッジャーレ/(英 travel)

わ行

分かる capire /カピーレ/(英 understand, see)
忘れる dimenticare /ディメンティカーレ/(英 forget)
笑う ridere /リーデレ/(英 laugh)

伊日単語帳

A

abbonamento *m.* /アッボナメント/ (英 subscription) 定期契約
abbronzante *m.* /アッブロンザンテ/ (英 suntan oil) 〔肌を美しく焼くための〕オイルやクリーム
accappatoio *m.* /アッカッパトイオ/ (英 bathrobe) バスローブ
accendino *m.* /アッチェンディーノ/ (英 lighter) ライター
accesso *m.* /アッチェッソ/ (英 access) 接近, アクセス
acciuga *f.* /アッチューガ/ (英 anchovy) アンチョビ
acconciatura *f.* /アッコンチャトゥーラ/ (英 hairstyle) 髪型, ヘアスタイル
aceto *m.* /アチェート/ (英 vinegar) 酢
acqua *f.* /アックワ/ (英 water) 水
adagio /アダージョ/ (英 slow) ゆっくり; 慎重に
adatto /アダット/ (英 suitable) 適した, ふさわしい
adulto *m.* /アドゥルト/ (英 adult) 成人, 大人
aeroplano *m.* /アエロプラーノ/ (英 airplane) 飛行機
aeroporto *m.* /アエロポルト/ (英 airport) 空港
affitto *m.* /アッフィット/ (英 rent) 賃貸料, 家賃
affollato /アッフォッラート/ (英 crowded) 混んだ, 満員の
affresco *m.* /アッフレスコ/ (英 fresco) フレスコ画
affumicato /アッフミカート/ (英 smoked) 燻製の
agenzia *f.* /アジェンツィーア/ (英 agency) 代理店, サービス業者
aglio *m.* /アッリォ/ (英 garlic) ニンニク
agnello *m.* /アニェッロ/ (英 lamb) 子羊
ago *m.* /アーゴ/ (英 needle) 針
agosto *m.* /アゴスト/ (英 August) 8月
albergo *m.* /アルベルゴ/ (英 hotel) ホテル, 旅館
albero *m.* /アルベロ/ (英 tree) 樹木, 木
albicocca *f.* /アルビコッカ/ (英 apricot) 杏 (アンズ)
alcol/alcool *m.* /アルコル/ (英 alcohol) アルコール (飲料)
alcolico *m.* /アルコーリコ/ (英 alcohol) アルコール飲料

allergia *f.* /アッレルジーア/(英 allergy) アレルギー
alt /アルト/(英 stop) 〔信号の〕止まれ
alto /アルト/(英 high) (背などが) 高い
altrettanto /アルトレッタント/(英 same to you) 〔お返しの言葉〕あなたも
amaca *f.* /アマーカ/(英 hammock) ハンモック
amaretto *m.* /アマレット/(英 macaroon) アーモンド・クッキー;(アーモンド風味の) リキュール
amaro /アマーロ/(英 bitter) 苦い;苦味酒
ambasciata *f.* /アンバッシャータ/(英 embassy) 大使館
ambulanza *f.* /アンブランツァ/(英 ambulance) 救急車
amica *f.* /アミーカ/(英 friend) 友だち〔女性〕
amico *m.* /アミーコ/(英 friend) 友だち〔男性〕
ammalato /アンマラート/(英 ill) 病気の
ammobiliato /アンモビリアート/(英 furnished) 家具付の
analcolico /アナルコーリコ/(英 nonalcoholic) ノンアルコールの
ananas *m.* /アーナナス/(英 pineapple) パイナップル
anatra *f.* /アーナトラ/(英 duck) アヒル, カモ
anche /アンケ/(英 also) 〜もまた
ancora /アンコーラ/(英 still; again) まだ;再び
anello *m.* /アネッロ/(英 ring) 指輪, リング
angelo *m.* /アンジェロ/(英 angel) 天使
angolo *m.* /アンゴロ/(英 angle) 角(かど), 隅(すみ);角度
anno *m.* /アンノ/(英 year) 年;年齢
antibiotico *m.* /アンティビオーティコ/(英 antibiotic) 抗生物質
antico /アンティーコ/(英 ancient) 古い, 昔の;古代の
antipasto *m.* /アンティパスト/(英 antipasto) 前菜
anziano /アンツィアーノ/(英 elderly) 年配の
aperitivo *m.* /アペリティーヴォ/(英 aperitif) 食前酒
aperto /アペルト/(英 open) 開いた
appartamento *m.* /アッパルタメント/(英 apartment) 住居, マンション
appuntamento *m.* /アップンタメント/(英 appointment) 約束, アポ;デート
aprile *m.* /アプリーレ/(英 April) 4月
arachidi *f.pl.* /アラーキディ/(英 peanuts) ピーナッツ
aragosta *f.* /アラゴスタ/(英 lobster) 伊勢エビ, ロブスター

arancia *f.* /アランチャ/(英 orange) オレンジ
arancione /アランチョーネ/(英 orange) オレンジ色の
architetto(-a) *m.*(*f.*) /アルキテット(タ)/(英 architect) 建築家
arcobaleno *m.* /アルコバレーノ/(英 rainbow) 虹
arena *f.* /アレーナ/(英 arena) 円形劇場；闘技場，アリーナ
argento *m.* /アルジェント/(英 silver) 銀；銀色
aria *f.* /アーリア/(英 air) 空気；〔音楽の〕アリア
aringa *f.* /アリンガ/(英 herring) ニシン
arrivo *m.* /アッリーヴォ/(英 arrival) 到着
arrosto /アッロスト/(英 roast) ローストした
arte *f.* /アルテ/(英 art) 芸術，アート
artigiano(-a) *m.*(*f.*) /アルティジャーノ(ナ)/(英 artisan) 職人
ascensore *m.* /アッシェンソーレ/(英 elevator) エレベーター
asciugacapelli *m.* /アッシュガカペッリ/(英 hair drier) ヘアドライヤー
asciugamano *m.* /アッシュガマーノ/(英 towel) タオル
asciutto /アッシュット/(英 dry) 乾いた，乾燥した
assegno *m.* /アッセーニョ/(英 cheque) 小切手
assicurazione *f.* /アッスィクラツィオーネ/(英 insurance) 保険；保証
auguri *m.pl.* /アウグーリ/(英 Congratulations) おめでとう；お大事に
autista *m.f.* /アウティスタ/(英 driver) 運転手
auto *f.* /アウト/(英 car) 車，自動車
autobus *m.* /アウトブス/(英 bus) バス
autorimessa *f.* /アウトリメッサ/(英 garage) ガレージ
autostrada *f.* /アウトストラーダ/(英 expressway) 高速道路
autunno *m.* /アウトゥンノ/(英 autumn) 秋
avanti /アヴァンティ/(英 ahead) (信号の)進め；前へ
avviso *m.* /アッヴィーゾ/(英 notice) 通知，掲示
avvocato *m.* /アッヴォカート/(英 lawyer) 弁護士
azienda *f.* /アズィエンダ/(英 company, firm) 会社，企業
azzurro /アッズッロ/(英 azure) 青い；イタリア代表選手

B

babbo *m.* /バッボ/(英 daddy) 父さん，親父（おやじ）
bacio *m.* /バーチョ/(英 kiss) 接吻，キス

bagaglio *m.* /バガッリォ/(英 baggage) 荷物
bagno *m.* /バーニョ/(英 bath) 風呂, 浴室；トイレ
ballo *m.* /バッロ/(英 dance) 踊り, ダンス
bambino(-a) *m.(f.)* /バンビーノ(ナ)/(英 baby) 〔8歳ぐらいまでの〕子供
bambola *f.* /バンボラ/(英 doll) 人形
banca *f.* /バンカ/(英 bank) 銀行
bancarella *f.* /バンカレッラ/(英 stall) 〔露店商の〕屋台；陳列台
bancomat *m.* /バンコマット/(英 A.T.M.) 現金自動支払機
banconota *f.* /バンコノータ/(英 banknote) 紙幣, 札
bandiera *f.* /バンディエーラ/(英 flag) 旗
bar *m.* /バール/(英 café, bar) 喫茶店, スナック
barba *f.* /バルバ/(英 beard) 〔頬と顎の〕ひげ
barbabietola *f.* /バルバビエートラ/(英 Japanese radish) 大根
baule *m.* /バウーレ/(英 trunk) トランク
bello /ベッロ/(英 beautiful) 美しい
bene /ベーネ/(英 well, O.K.) いいよ, 了解
benzina *f.* /ベンズィーナ/(英 gasoline) ガソリン
biancheria *f.* /ビアンケリーア/(英 underwear; linen) 下着類；リネン類
bianco /ビアンコ/(英 white) 白い
bibita *f.* /ビービタ/(英 soft drink) 清涼飲料水
biblioteca *f.* /ビブリオテーカ/(英 library) 図書館
bicchiere *m.* /ビッキエーレ/(英 glass) グラス, コップ
bicicletta *f.* /ビチクレッタ/(英 bicycle) 自転車
biglietteria *f.* /ビッリェッテリーア/(英 ticket office) 切符売り場
biglietto *m.* /ビッリエット/(英 ticket) 切符, チケット
binario *m.* /ビナーリオ/(英 track) 〔駅の〕ホーム, 線路
biondo /ビオンド/(英 blond) 金髪の
biro *f.* /ビーロ/(英 ballpoint) ボールペン
birra *f.* /ビッラ/(英 beer) ビール
biscotto *m.* /ビスコット/(英 biscuit) ビスケット, クッキー
bistecca *f.* /ビステッカ/(英 (beef) steak) ステーキ
boccale *m.* /ボッカーレ/(英 beer mug) ジョッキ
borsa *f.* /ボルサ/(英 bag) かばん, バッグ；財布；袋
borsetta *f.* /ボルセッタ/(英 handbag) ハンドバッグ
bottiglia *f.* /ボッティッリァ/(英 bottle) ビン, ボトル

bottone *m.* /ボットーネ/(英 button) ボタン；押しボタン
braccialetto *m.* /ブラッチャレット/(英 bracelet) 腕輪, ブレスレット
braccio *m.(f.pl. le braccia)* /ブラッチョ(レブラッチャ)/(英 arm) 腕
brindisi *m.* /ブリンディズィ/(英 toast) 乾杯
brodo *m.* /ブロード/(英 broth) コンソメスープ
bruno /ブルーノ/(英 brown) 茶褐色［暗褐色］の
brutto /ブルット/(英 ugly) 嫌な；醜い
buccia *f.* /ブッチャ/(英 peel) 〔野菜や果物の〕皮
buco *m.* /ブーコ/(英 hole) 穴, 孔
budino *m.* /ブディーノ/(英 pudding) プディング, プリン
bugia *f.* /ブジーア/(英 lie) 嘘
buio /ブイオ/(英 dark) 暗い；暗闇
buono /ブオーノ/(英 good) 良い；おいしい
burro *m.* /ブッロ/(英 butter) バター
busta *f.* /ブスタ/(英 envelope) 封筒；ケース

C

cabina *f.* /カビーナ/(英 cabin) 小部屋；船室
caccia *f.* /カッチャ/(英 hunting) 狩り, 狩猟
cacciavite *m.* /カッチャヴィーテ/(英 screw driver) ねじ回し, ドライバー
caffè *m.* /カッフェ/(英 coffee) コーヒー；喫茶店
calamaro *m.* /カラマーロ/(英 squid) ヤリイカ
calcio *m.* /カルチョ/(英 football) サッカー
calcolatrice *f.* /カルコラトリーチェ/(英 calculator) 計算機
caldo /カルド/(英 hot) 熱い；暑い
calendario *m.* /カレンダーリオ/(英 calendar) カレンダー, 暦
calza *f.* /カルツァ/(英 stocking) 靴下, ストッキング
calzini *m.pl.* /カルツィーニ/(英 socks) ソックス
calzoni *m.pl.* /カルツォーニ/(英 trousers) ズボン
cambio *m.* /カンビオ/(英 exchange) 両替
camera *f.* /カーメラ/(英 room) 〔ホテルの〕部屋；寝室
cameriera *f.* /カメリエーラ/(英 waitress) ウエートレス
cameriere *m.* /カメリエーレ/(英 waiter) ウエーター, ボーイ
camicetta *f.* /カミチェッタ/(英 blouse) ブラウス
camicia *f.* /カミーチャ/(英 shirt) シャツ；ワイシャツ

camion *m.* /カミオン/ (英 truck) トラック
camomilla *f.* /カモミッラ/ (英 camomile-tea) カモミール茶
campanello *m.* /カンパネッロ/ (英 bell) 呼び鈴，チャイム
campanile *m.* /カンパニーレ/ (英 belfry) 鐘楼
campeggio *m.* /カンペッジョ/ (英 camping) キャンプ；キャンプ場
canale *m.* /カナーレ/ (英 canal) 運河；海峡；チャンネル
candela *f.* /カンデーラ/ (英 candle) ロウソク；プラグ
cane *m.* /カーネ/ (英 dog) 犬
cannuccia *f.* /カンヌッチャ/ (英 straw) ストロー
cantina *f.* /カンティーナ/ (英 cellar) 〔地下の〕貯蔵室，ワインセラー
canzone *f.* /カンツォーネ/ (英 song) 歌
caparra *f.* /カパッラ/ (英 earnest money) 保証金，手付金
capelli *m.pl.* /カペッリ/ (英 hair) 髪の毛
capitano *m.* /カピターノ/ (英 captain) 隊長，キャプテン
Capodanno *m.* /カポダンノ/ (英 the New Year) 正月
capolinea *m.* /カーポリーネア/ (英 terminus) 始発駅，終点
cappella *f.* /カッペッラ/ (英 chapel) 礼拝堂
cappello *m.* /カッペッロ/ (英 cap) 帽子
cappotto *m.* /カッポット/ (英 coat) コート，外套
carciofo *m.* /カルチョーフォ/ (英 artichoke) アーティチョーク
carello *m.* /カレッロ/ (英 trolley) 台車，カート
carino /カリーノ/ (英 pretty) 可愛らしい
carne *f.* /カルネ/ (英 flesh) 肉，食肉
Carnevale *m.* /カルネヴァーレ/ (英 carnival) 謝肉祭
caro /カーロ/ (英 expensive) 〔値段が〕高い
carota *f.* /カロータ/ (英 carrot) ニンジン
carta *f.* /カルタ/ (英 paper) 紙；カード
cartolina *f.* /カルトリーナ/ (英 postcard) (絵)葉書
cartone *m.* /カルトーネ/ (英 cardboard) 厚紙
cartuccia *f.* /カルトゥッチャ/ (英 cartridge) カートリッジ
casa *f.* /カーザ/ (英 house) 家
cassa *f.* /カッサ/ (英 cashier) レジ
cassaforte *f.* /カッサフォルテ/ (英 safe) 金庫(室)，貸し金庫
cassetta *f.* /カッセッタ/ (英 box) 小箱；カセット
castello *m.* /カステッロ/ (英 castle) 城，城塞
catena *f.* /カテーナ/ (英 chain) 鎖

cattivo /カッティーヴォ/(英 bad) 〔性格や質が〕悪い
cattolico /カットーリコ/(英 Catholic) カトリックの
cavallo *m.* /カヴァッロ/(英 horse) 馬
cavatappi *m.* /カヴァタッピ/(英 corkscrew) コルクの栓抜き
caviale *m.* /カヴィアーレ/(英 caviar) キャビア
caviglia *f.* /カヴィッリア/(英 ankle) 踝〔くるぶし〕,足首
cavolfiore *m.* /カヴォルフィオーレ/(英 cauliflower) カリフラワー
cavolo *m.* /カーヴォロ/(英 cabbage) キャベツ
cece *m.* /チェーチェ/(英 chickpea) ヒヨコマメ
celibe *m.* /チェーリベ/(英 bachelor) 独身男性
cellulare *m.* /チェッルラーレ/(英 cellphone) 携帯電話
cena *f.* /チェーナ/(英 supper) 夕食
centro *m.* /チェントロ/(英 center) 中央;中心街
ceramica *f.* /チェラーミカ/(英 ceramics) 陶器
cerotto *m.* /チェロット/(英 plaster) (救急)絆創膏
certificato *m.* /チェルティフィカート/(英 certificate) 証明書
cetriolo *m.* /チェトリオーロ/(英 cucumber) キュウリ
chiaro /キアーロ/(英 bright; clear) 明るい;澄んだ
chiave *f.* /キアーヴェ/(英 key) 鍵,キー
chiesa *f.* /キエーザ/(英 church) 教会
chiodo *m.* /キオード/(英 nail) 釘(くぎ)
chitarra *f.* /キタッラ/(英 guitar) ギター
chiuso /キューゾ/(英 closed) 閉まった
cibo *m.* /チーボ/(英 food) 食べ物
cieco /チェーコ/(英 blind) 目の不自由な;行き止まりの
cielo *m.* /チェーロ/(英 sky) 空,天
cifra *f.* /チーフラ/(英 figure) 数字;合計額
ciliegia *f.* /チリエージャ/(英 cherry) サクランボ
cinema *m.* /チーネマ/(英 cinema) 映画;映画館
cintura *f.* /チントゥーラ/(英 belt) ベルト
cioccolata *f.* /チョッコラータ/(英 chocolate) ココア〔飲み物〕
cipolla *f.* /チポッラ/(英 onion) タマネギ
circa /チルカ/(英 about) 約,ほぼ
città *f.* /チッタ/(英 city) 町,市,都市
clima *m.* /クリーマ/(英 climate) 気候
cocomero *m.* /ココーメロ/(英 watermelon) スイカ
coda *f.* /コーダ/(英 tail) 尾;後部,後尾

cognome *m.* /コニョーメ/(英 surname) 姓，名字
colla *f.* /コッラ/(英 glue) 糊，接着剤
collana *f.* /コッラーナ/(英 necklace) ネックレス
collina *f.* /コッリーナ/(英 hill) 丘，小山
collo *m.* /コッロ/(英 neck) 首
colonna *f.* /コロンナ/(英 column) 円柱；コラム
colore *m.* /コローレ/(英 color) 色
colpa *f.* /コルパ/(英 fault) 罪，過ち
coltello *m.* /コルテッロ/(英 knife) ナイフ；包丁
comodo /コーモド/(英 comfortable) 心地よい；便利な
compressa *f.* /コンプレッサ/(英 tablet) 錠剤
concerto *m.* /コンチェルト/(英 concert) 音楽会，コンサート
condimento *m.* /コンディメント/(英 seasoning, dressing) 味付け；調味料
consolato *m.* /コンソラート/(英 consulate) 領事館
contento /コンテント/(英 glad) 満足な，嬉しい
conto *m.* /コント/(英 bill) 勘定(書)
convento *m.* /コンヴェント/(英 convent) 修道院
coperto *m.* /コペルト/(英 cover charge) 席料
corda *f.* /コルダ/(英 rope, cord) ロープ，綱
corridoio *m.* /コッリドイオ/(英 corridor) 通路；廊下
corto /コルト/(英 short) 短い
cotone *m.* /コトーネ/(英 cotton) 綿；脱脂綿
cotto /コット/(英 cooked) 調理した
crostata *f.* /クロスタータ/(英 pie) パイ〔ケーキ〕
crudo /クルード/(英 raw) 生の
cucchiaio *m.* /クッキアイオ/(英 spoon) スプーン
cucina *f.* /クチーナ/(英 kitchen) 台所；料理〔総称〕
cuoco(-a) *m.*(*f.*) /クオーコ(カ)/(英 cook) コック，料理人
cupola *f.* /クーポラ/(英 dome) ドーム
curva *f.* /クルヴァ/(英 curve) カーブ，曲線
cuscino *m.* /クッシーノ/(英 cushion) クッション；枕

D

data *f.* /ダータ/(英 date) 日付
debole /デーボレ/(英 weak) 弱い

denaro *m.* /デナーロ/(英 money) お金，貨幣
dente *m.* /デンテ/(英 tooth) 歯
dentiera *f.* /デンティエーラ/(英 false teeth) 入れ歯
dentifricio *m.* /デンティフリーチョ/(英 toothpaste) 歯磨き(粉)
destinatario *m.* /デスティナターリオ/(英 addressee) 宛名，受取人
destra *f.* /デストラ/(英 the right) 右
detersivo *m.* /デテルスィーヴォ/(英 detergent) 洗剤；洗浄剤
deviazione *f.* /デヴィアツィオーネ/(英 diversion) 迂回，方向転換
diamante *m.* /ディアマンテ/(英 diamond) ダイヤモンド
diapositiva *f.* /ディアポズィティーヴァ/(英 slide) スライド
diarrea *f.* /ディアッレーア/(英 diarrhea) 下痢
dicembre *m.* /ディチェンブレ/(英 December) 12月
dieta *f.* /ディエータ/(英 diet) ダイエット
difficile /ディッフィーチレ/(英 difficult) 難しい
diretto *m.* /ディレット/(英 rapid train) 準急行(列車)
diritto /ディリット/(英 straight) まっすぐ
disinfettante *m.* /ディズィンフェッタンテ/(英 disinfectant) 消毒薬，殺菌剤
dito *m.* (*f.pl. le dita*) /ディート(レ ディータ)/(英 finger, toe) 指
divieto *m.* /ディヴィエート/(英 prohibition) 禁止
doccia *f.* /ドッチャ/(英 shower) シャワー；シャワー室
dogana *f.* /ドガーナ/(英 customs) 税関
dolce *m.* /ドルチェ/(英 sweet, cake) 菓子，ケーキ；甘い
dolore *m.* /ドローレ/(英 pain) 痛み
domani *m.* /ドマーニ/(英 tomorrow) あした，明日
domenica *f.* /ドメーニカ/(英 Sunday) 日曜日
donna *f.* /ドンナ/(英 woman) 女性
droga *f.* /ドローガ/(英 drug) 麻薬
duomo *m.* /ドゥオーモ/(英 cathedral) 大聖堂
duro /ドゥーロ/(英 hard) 硬[固]い

E

elastico *m.* /エラスティコ/(英 rubber band) (輪)ゴム
emorragia *f.* /エモッラジーア/(英 hemorrhage) 出血
entrata *f.* /エントラータ/(英 entrance; admission fee) 入口；入場(料)

errore *m.* /エッローレ/(英 error, mistake) 間違い，ミス
esatto /エザット/(英 exact) 正確な
esaurito /エザウリート/(英 sold out) 品切れの
espresso *m.* /エスプレッソ/(英 express) 急行(列車)；速達
est *m.* /エスト/(英 east) 東
estate *f.* /エスターテ/(英 summer) 夏
età *f.* /エタ/(英 age) 年齢；時代
etto *m.* /エット/(英 hectogram) 100g〔単位〕

F

facciata *f.* /ファッチャータ/(英 front) 正面，ファサード
facile /ファーチレ/(英 easy) 簡単な，易しい
facoltativo /ファコルタティーヴォ/(英 elective, optional) 任意の，自由選択の
fagioli *m.pl.* /ファジョーリ/(英 green beans) インゲン豆
falso /ファルソ/(英 false) 嘘の，偽の
fame *f.* /ファーメ/(英 hunger) 空腹
famiglia *f.* /ファミッリァ/(英 family) 家族
farina *f.* /ファリーナ/(英 flour) 小麦粉
farmacia *f.* /ファルマチーア/(英 pharmacy) 薬局
faro *m.* /ファーロ/(英 headlight) ヘッドライト；灯台
fazzoletto *m.* /ファッツォレット/(英 handkerchief) ハンカチ
febbraio *m.* /フェブライオ/(英 February) 2月
febbre *f.* /フェッブレ/(英 fever) 熱
fegato *m.* /フェーガト/(英 liver) 肝臓；レバー
femmina /フェンミナ/(英 female) 女性，雌
ferie *f.pl.* /フェーリエ/(英 holidays) 休暇；休業
ferita *f.* /フェリータ/(英 injury, wound) けが，傷
fermata *f.* /フェルマータ/(英 stop) 停留所
ferragosto *m.* /フェッラゴスト/(英 feast of the Assumption) 聖母被昇天の祝日〔8月15日〕
ferro *m.* /フェッロ/(英 iron) 鉄
ferrovia *f.* /フェッロヴィーア/(英 railroad) 鉄道
festa *f.* /フェスタ/(英 feast) 祝祭日，パーティー
fetta *f.* /フェッタ/(英 slice) スライス，一切れ
fiammifero *m.* /フィアンミーフェロ/(英 match) マッチ

fibbia *f.* /フィッビア/ (英 buckle) 留め金
fiera *f.* /フィエーラ/ (英 fair) 見本市, フェア
figlia *f.* /フィッリア/ (英 daughter) 娘
figlio *m.* /フィッリオ/ (英 son) 息子
filetto *m.* /フィレット/ (英 fillet) ヒレ肉
film *m.* /フィルム/ (英 film) 映画(作品)
filo *m.* /フィーロ/ (英 thread) 糸
fine *f.* /フィーネ/ (英 end) 終わり
finestrino *m.* /フィネストリーノ/ (英 window) 〔乗物の〕窓
fiore *m.* /フィオーレ/ (英 flower) 花
firma *f.* /フィルマ/ (英 signature) 署名, サイン
fiume *m.* /フィユーメ/ (英 river) 川
fontana *f.* /フォンターナ/ (英 fountain) 噴水
forchetta *f.* /フォルケッタ/ (英 fork) フォーク
formaggio *m.* /フォルマッジョ/ (英 cheese) チーズ
forno *m.* /フォルノ/ (英 oven) オーブン;窯
forse /フォルセ/ (英 perhaps) たぶん, 恐らく
forte /フォルテ/ (英 strong) 強い
fotografia *f.* /フォトグラフィーア/ (英 photograph) 写真
fragola *f.* /フラーゴラ/ (英 strawberry) イチゴ
francobollo *m.* /フランコボッロ/ (英 stamp) 切手
freddo /フレッド/ (英 cold) 寒い, 冷たい
fresco /フレスコ/ (英 cool; fresh) 涼しい;新鮮な
frigobar *m.* /フリゴバール/ (英 refrigerator) 〔ホテルの〕冷蔵庫
fritto /フリット/ (英 fried) フライにした;揚げ物
frontiera *f.* /フロンティエーラ/ (英 frontier) 国境
fumatore *m.* /フマトーレ/ (英 smoker) 喫煙者(席)
fungo *m.* /フンゴ/ (英 fungus) キノコ
funicolare *f.* /フニコラーレ/ (英 funicular railway) ケーブルカー
funivia *f.* /フニヴィーア/ (英 ropeway) ロープウェー
fuoco *m.* /フオーコ/ (英 fire) 火;撃て〔号令〕

G

gabinetto *m.* /ガビネット/ (英 lav) トイレ
galleria *f.* /ガッレリーア/ (英 gallery) 画廊;アーケード;桟敷席;トンネル

gallo *m.* /ガッロ/(英 cock) 鶏
gamberetto *m.* /ガンベレット/(英 shrimp) 小エビ
gambero *m.* /ガンベロ/(英 prawn) 車海老
gara *f.* /ガーラ/(英 competition) 競技, レース
garanzia *f.* /ガランツィーア/(英 guarantee) 保証(書)
garofano *m.* /ガローファノ/(英 carnation) カーネーション
gelato *m.* /ジェラート/(英 ice-cream) アイスクリーム
gennaio *m.* /ジェンナイオ/(英 January) 1月
gettone *m.* /ジェットーネ/(英 token) 〔代用貨幣の〕コイン
ghiaccio *m.* /ギアッチョ/(英 ice) 氷
giallo *m.* /ジャッロ/(英 yellow) 黄色;推理小説
ginocchio *m.* /ジノッキオ/(英 knee) ひざ
giocattolo *m.* /ジョカットロ/(英 toy) オモチャ
gioiello *m.* /ジョイエッロ/(英 jewel) 宝石
giorno *m.* /ジョルノ/(英 day) 日
giovane /ジョーヴァネ/(英 young) 若い;若者
giovedì *m.* /ジョヴェディ/(英 Thursday) 木曜日
giugno *m.* /ジューニョ/(英 June) 6月
giusto /ジュスト/(英 just) 正しい
gonna *f.* /ゴンナ/(英 skirt) スカート
gradinata *f.* /グラディナータ/(英 the stands) スタンド, 階段席
grande /グランデ/(英 great) 大きい
grasso /グラッソ/(英 fat) 脂肪分の多い;肥えた
gratis /グラーティス/(英 free) 無料で, ただで
gratuito /グラトゥイート/(英 free) 無料の;ただの
grave /グラーヴェ/(英 grave) 重大な;重症の
grigio /グリージョ/(英 grey) 灰色の, グレーの
grotta *f.* /グロッタ/(英 cave) 洞窟;穴蔵
guanciale *m.* /グワンチャーレ/(英 pillow) 枕
guanto *m.* /グワント/(英 glove) 手袋
guasto *m.* /グワスト/(英 break-down) 故障
guida *f.* /グイーダ/(英 guide) 案内書, 案内人

H

hostess *f.* /オステス/(英 stewardess) スチュワーデス
hotel *m.* /オテル/(英 hotel) ホテル

I

ieri *m.* /イエーリ/(英 yesterday) 昨日
igienico /イジェーニコ/(英 hygienic) 衛生上の
incendio *m.* /インチェンディオ/(英 fire) 火事
incidente *m.* /インチデンテ/(英 accident) 事故
incrocio *m.* /インクローチョ/(英 crossing) 交差点
indirizzo *m.* /インディリッツォ/(英 address) 住所, アドレス
infettivo /インフェッティーヴォ/(英 infectious) 感染性の
influenza *f.* /インフルエンツァ/(英 flu) インフルエンザ
ingegnere *m.* /インジェニエーレ/(英 engineer) 技師, エンジニア
ingrandimento *m.* /イングランディメント/(英 enlargement) 拡大
ingrediente *m.* /イングレディエンテ/(英 ingredient) 成分, 原料, 食材
ingresso *m.* /イングレッソ/(英 entrance) 入口；入場(料)
iniezione *f.* /イニエッツィオーネ/(英 injection) 注射
insalata *f.* /インサラータ/(英 salad) サラダ
insieme /インスィエーメ/(英 together) 一緒に
insonnia *f.* /インソンニア/(英 insomnia) 不眠症
interprete *m.f.* /インテルプレテ/(英 interpreter) 通訳
intossicazione *f.* /イントッスィカツィオーネ/(英 intoxication) 中毒
inverno *m.* /インヴェルノ/(英 winter) 冬
investimento *m.* /インヴェスティメント/(英 crash) 交通事故, 人身事故
isola *f.* /イーゾラ/(英 island) 島
itinerario *m.* /イティネラーリオ/(英 itinerary) コース, 旅程

L

lago *m.* /ラーゴ/(英 lake) 湖
laguna *f.* /ラグーナ/(英 lagoon) 潟 (かた)
lampada *f.* /ランパダ/(英 lamp) 電灯；ランプ
lampadina *f.* /ランパディーナ/(英 light bulb) 電球
lana *f.* /ラーナ/(英 wool) ウール
lapis *m.* /ラービス/(英 pencil) 鉛筆
largo /ラルゴ/(英 broad) 〔幅が〕広い；〔サイズが〕大きい

伊日単語帳

latte *m.* /ラッテ/(英 milk) 牛乳
lavanderia *f.* /ラヴァンデリーア/(英 laundry) クリーニング店
legge *f.* /レッジェ/(英 law) 法律
leggero /レッジェーロ/(英 light) 軽い
legno *m.* /レーニョ/(英 wood) 木材
legumi *m.pl.* /レグーミ/(英 legume) マメ科の総称
lento /レント/(英 slow) 遅い
lenzuolo *m.* /レンツォーロ/(英 sheet) シーツ
lesso /レッソ/(英 boiled) ゆでた
lettera *f.* /レッテラ/(英 letter) 手紙；文字
letto *m.* /レット/(英 bed) ベッド
libero /リーベロ/(英 free) 空いた；無料の
libro *m.* /リーブロ/(英 book) 本
lido *m.* /リード/(英 shore) 海岸
limonata *f.* /リモナータ/(英 lemonade) レモネード, レモンスカッシュ
limone *m.* /リモーネ/(英 lemon) レモン
lingua *f.* /リングワ/(英 tongue) 舌；言語
lino *m.* /リーノ/(英 hemp) 麻
lista *f.* /リスタ/(英 list) リスト
litro *m.* /リートロ/(英 litre) リットル
locanda *f.* /ロカンダ/(英 inn) 簡易ホテル, 安宿
lontano /ロンターノ/(英 far, distant) 遠い
luce *f.* /ルーチェ/(英 light) 電灯；光
luglio *m.* /ルッリォ/(英 July) 7月
luna *f.* /ルーナ/(英 moon) 月
lunedì *m.* /ルネディ/(英 Monday) 月曜日
lungo /ルンゴ/(英 long) 長い

M

macchia *f.* /マッキア/(英 stain) 染み, 汚れ
macchina *f.* /マッキナ/(英 machine) 機械；自動車
macedonia *f.* /マチェドーニア/(英 fruit cocktail) フルーツポンチ
macelleria *f.* /マチェッレリーア/(英 butcher's) 精肉店
magazzino *m.* /マガッズィーノ/(英 store) 倉庫
maggio *m.* /マッジョ/(英 May) 5月

maglia *f.* /マッリァ/(英 knitwear, jersey) ニットウェア, ジャージ

magro /マーグロ/(英 thin) やせた；脂肪の少ない

maiale *m.* /マイアーレ/(英 pig) 豚

maiuscola *f.* /マユスコラ/(英 capital letter) 大文字

malattia *f.* /マラッティーア/(英 illness, disease) 病気

mancia *f.* /マンチャ/(英 tip) チップ

mano *f.* (*pl.* **le mani**) /マーノ(レ マーニ)/(英 hand) 手

manzo *m.* /マンゾ/(英 beef) 牛肉, ビーフ

mare *m.* /マーレ/(英 sea) 海

marito *m.* /マリート/(英 husband) 夫

marmellata *f.* /マルメッラータ/(英 jam) ジャム

marmo *m.* /マルモ/(英 marble) 大理石

marrone *m.* /マッローネ/(英 chestnut) 栗；茶色

martedì *m.* /マルテディ/(英 Tuesday) 火曜日

marzo *m.* /マルツォ/(英 March) 3月

maschio *m.* /マスキォ/(英 male) 男性, 雄

matita *f.* /マティータ/(英 pencil) 鉛筆

matrimonio *m.* /マトリモーニォ/(英 marriage) 結婚

mattina *f.* /マッティーナ/(英 morning) 朝〔正午まで〕

maturità *f.* /マトゥリタ/(英 matriculation) 高卒〔大学入学〕資格試験

maturo /マトゥーロ/(英 mature) 熟した, 成熟した

meccanico(-a) *m.*(*f.*) /メッカーニコ(カ)/(英 mechanic) 整備[修理]工

medicina *f.* /メディチーナ/(英 medicine) 薬

medico *m.* /メーディコ/(英 doctor) 医者

medievale /メディエヴァーレ/(英 medieval) 中世の

meglio /メッリォ/(英 better) より良く, より上手に

mela *f.* /メーラ/(英 apple) リンゴ

melanzana *f.* /メランザーナ/(英 egg-plant) 茄子 (ナス)

meno /メーノ/(英 less) より少なく, マイナス

mercato *m.* /メルカート/(英 market) 市場, マーケット

mercoledì *m.* /メルコレディ/(英 Wednesday) 水曜日

merletto *m.* /メルレット/(英 lace) (編物) レース

mese *m.* /メーゼ/(英 month) 〔年月の〕月

messa *f.* /メッサ/(英 mass) ミサ；(髪の) セット

伊日単語帳

metà *f.* /メタ/(㊇ half) 半分
metro *m.* /メートロ/(㊇ metre) メートル
metropolitana *f.* /メトロポリターナ/(㊇ subway) 地下鉄
mezzanotte *f.* /メッザノッテ/(㊇ midnight) 午前0時
mezzo /メッソ/(㊇ half) 半分の；中間の
mezzogiorno *m.* /メッゾジョルノ/(㊇ midday) 正午
miele *m.* /ミエーレ/(㊇ honey) 蜂蜜
migliore /ミッリオーレ/(㊇ better) より良い
minimo /ミーニモ/(㊇ minimum) 最小［最低］の
minuscola *f.* /ミヌスコラ/(㊇ small letter) 小文字
minuto *m.* /ミヌート/(㊇ minute) 分（ふん）
mirtillo *m.* /ミルティッロ/(㊇ blueberry) ブルーベリー；コケモモ
misto /ミスト/(㊇ mixed) 盛り合せの
misura *f.* /ミズーラ/(㊇ measure) 寸法，サイズ
mittente *m.f.* /ミッテンテ/(㊇ sender) 差出人
moda *f.* /モーダ/(㊇ fashion) 流行；ファッション
modulo *m.* /モードゥロ/(㊇ form) 書式，用紙，申込書
moglie *f.* /モッリェ/(㊇ wife) 妻
molto /モルト/(㊇ much; very) たくさんの，多くの；とても
monastero *m.* /モナステーロ/(㊇ monastery) 修道院
moneta *f.* /モネータ/(㊇ coin) 貨幣，コイン
morbido /モルビド/(㊇ soft) 柔らかい
mostra *f.* /モストラ/(㊇ show) 展示［展覧］会
moto(cicletta) *f.* /モート(モトチクレッタ)/(㊇ motorcycle) オートバイ
motorino *m.* /モトリーノ/(㊇ motorbike) 小型バイク
motoscafo *m.* /モトスカーフォ/(㊇ motorboat) モーターボート
muffa *f.* /ムッファ/(㊇ mould) カビ
multa *f.* /ムルタ/(㊇ fine) 罰金
municipio *m.* /ムニチーピオ/(㊇ city hall) 市役所
museo *m.* /ムゼーオ/(㊇ museum) 博物館，美術館
musica *f.* /ムーズィカ/(㊇ music) 音楽
mutande *f.pl.* /ムタンデ/(㊇ pants) 〔下着の〕パンツ，ショーツ
muto /ムート/(㊇ mute) 口の利けない；無声の

N

nascita *f.* /ナッシタ/(㊇ birth) 誕生，出生

nastro *m.* /ナストロ/(英 ribbon) リボン；テープ
Natale *m.* /ナターレ/(英 Christmas) クリスマス
naturale /ナトゥラーレ/(英 natural) 自然の，天然の
nausea *f.* /ナウゼア/(英 nausea) 吐き気
nave *f.* /ナーヴェ/(英 ship) 船
nebbia *f.* /ネッピア/(英 fog) 霧
nero /ネーロ/(英 black) 黒い
neve *f.* /ネーヴェ/(英 snow) 雪
niente /ニエンテ/(英 nothing) 何も（〜ない）
nocciola *f.* /ノッチョーラ/(英 nut)（ヘーゼル）ナッツ
noce *f.* /ノーチェ/(英 walnut) クルミ
noleggio *m.* /ノレッジォ/(英 hire) レンタル（料）
nome *m.* /ノーメ/(英 name) 名前
nord *m.* /ノルド/(英 north) 北
notizia *f.* /ノティーツィア/(英 news) ニュース
notte *f.* /ノッテ/(英 night) 夜
novembre *m.* /ノヴェンブレ/(英 November) 11月
nubile *f.* /ヌービレ/(英 unmarried woman) 独身女性
numero *m.* /ヌーメロ/(英 number) 数，数字
nuoto *m.* /ヌオート/(英 swimming) 水泳
nuovo /ヌオーヴォ/(英 new) 新しい

O

obbligatorio /オッブリガトーリォ/(英 compulsory) 義務的な，必須の
occhiali *m.pl.* /オッキアーリ/(英 glasses) メガネ
occhio *m.* /オッキオ/(英 eye) 目
occupato /オックパート/(英 occupied) 忙しい；使用中の
oculista *m.f.* /オクリスタ/(英 ophthalmologist) 眼科医
odore *m.* /オドーレ/(英 smell) におい
officina *f.* /オッフィチーナ/(英 workshop) 作業場，工場
oggi *m.* /オッジ/(英 today) 今日
olio *m.* /オーリオ/(英 oil) 油
ombra *f.* /オンブラ/(英 shadow) 影，日陰
opera *f.* /オーペラ/(英 work) 作品；オペラ
ora *f.* /オーラ/(英 hour; now) 時間，時刻；今，さあ

orario *m.* /オラーリオ/(英 timetable) 時刻表；営業時間
orata *f.* /オラータ/(英 gilthead) 黒鯛
orecchino *m.* /オレッキーノ/(英 earring) イヤリング，ピアス
orecchio *m.* /オレッキオ/(英 ear) 耳
oro *m.* /オーロ/(英 gold) 金；金色
orologio *m.* /オロロージョ/(英 watch) 時計
ospedale *m.* /オスペダーレ/(英 hospital) (総合)病院
ossigeno *m.* /オッスィージェノ/(英 oxygen) 酸素
osso *m.* (*f.pl. le ossa*) /オッソ(レ オッサ)/(英 bone) 骨
ottobre *m.* /オットーブレ/(英 October) 10月
ovest *m.* /オーヴェスト/(英 west) 西

P

pace *f.* /パーチェ/(英 peace) 平和
padella *f.* /パデッラ/(英 frying pan) フライパン
padre *m.* /パードレ/(英 father) 父；神父
padrone(-a) *m.*(*f.*) /パドローネ(ナ)/(英 master) 主(あるじ)；店主；オーナー
paesaggio *m.* /パエザッジョ/(英 landscape) 景色
pagamento *m.* /パガメント/(英 payment) 支払い
palazzo *m.* /パラッツォ/(英 building; palace) ビル；宮殿
palla *f.* /パッラ/(英 ball) ボール
panchina *f.* /パンキーナ/(英 bench) ベンチ
pane *m.* /パーネ/(英 bread) パン
panetteria *f.* /パネッテリーア/(英 bakery) パン屋
panna *f.* /パンナ/(英 cream) 生クリーム
papa *m.* /パーパ/(英 pope) 教皇
papà *m.* /パパー/(英 dad) お父さん，パパ
parcheggio *m.* /パルケッジョ/(英 parking) 駐車(場)
parco *m.* /パルコ/(英 park) 公園，大庭園
parete *f.* /パレーテ/(英 wall) 〔部屋の〕壁
parrucchiere(-a) *m.*(*f.*) /パッルッキエーレ(ラ)/(英 hairdresser) 美容師；美容院
partita *f.* /パルティータ/(英 match) 試合，ゲーム
Pasqua *f.* /パスクワ/(英 Easter) 復活祭
passaporto *m.* /パッサポルト/(英 passport) パスポート

pasta *f.* /パスタ/(英 pasta) パスタ；小ケーキ
pasticceria *f.* /パスティッチェリーア/(英 pastry shop) ケーキ店
pasticcino *m.* /パスティッチーノ/(英 pastry) プチパイ，小ケーキ
pasto *m.* /パスト/(英 meal) 食事
patata *f.* /パターナ/(英 potato) ポテト
patente *f.* /パテンテ/(英 licence) 免許 (証)
pelliccia *f.* /ペッリッチャ/(英 fur) 毛皮
penna *f.* /ペンナ/(英 pen) ペン
pepe *m.* /ペーペ/(英 pepper) 胡椒
peperoncino *m.* /ペペロンチーノ/(英 cayenne) 唐辛子
peperone *m.* /ペペローネ/(英 sweet pepper) ピーマン，パプリカ
pera *f.* /ペーラ/(英 pear) ナシ
pericolo *m.* /ペリーコロ/(英 danger) 危険
pericoloso /ペリコローゾ/(英 dangerous) 危険な
periferia *f.* /ペリフェリーア/(英 suburbs) 郊外
persiana *f.* /ペルスィアーナ/(英 shutter, blind) よろい戸，ブラインド
pesca *f.* /ペスカ/(英 peach; fishing) モモ；釣り
pesce *m.* /ペッシェ/(英 fish) 魚
pettine *m.* /ペッティネ/(英 comb) 櫛 (くし)
petto *m.* /ペット/(英 chest) 胸；バスト
pianterreno *m.* /ピアンテッレーノ/(英 ground floor) 地上階，1階
piatto *m.* /ピアット/(英 plate; dish) 皿；〔個別の〕料理
piazza *f.* /ピアッツァ/(英 square) 広場
piccante /ピッカンテ/(英 hot) ピリッと辛い
piccolo /ピッコロ/(英 small) 小さい
piede *m.* /ピエーデ/(英 foot) 足；脚
pieno /ピエーノ/(英 full) 満ちた，一杯の
pietra *f.* /ピエートラ/(英 stone) 石
pigiama *m.* /ピジャーマ/(英 pajamas) パジャマ
pila *f.* /ピーラ/(英 battery) 電池；懐中電灯
pillola *f.* /ピッロラ/(英 pill) 丸薬；ピル
pioggia *f.* /ピオッジャ/(英 rain) 雨
piscina *f.* /ピッシーナ/(英 pool) プール
piselli *m.pl.* /ピゼッリ/(英 peas) エンドウ豆

伊日単語帳

pista *f.* /ピスタ/(英 runway) 滑走路；トラック
pit*tore*(*-trice*) *m.*(*f.*) /ピットーレ(トリーチェ)/(英 painter) 画家
più /ピユ/(英 more) より多く，プラス
pizzo *m.* /ピッツォ/(英 lace) 〔編物〕レース
platea *f.* /プラテーア/(英 stalls) 〔劇場1階の〕舞台正面席
pneumatico *m.* /プネウマーティコ/(英 pneumatic) タイヤ
polizia *f.* /ポリツィーア/(英 police) 警察
poliziotto *m.* /ポリツィオット/(英 police officer) 警官，巡査
pollo *m.* /ポッロ/(英 chicken) チキン
polpetta *f.* /ポルペッタ/(英 meatball) 肉団子
poltrona *f.* /ポルトローナ/(英 armchair) 肘掛け椅子
pomeriggio *m.* /ポメリッジョ/(英 afternoon) 〔日没までの〕午後
pomodoro *m.* /ポモドーロ/(英 tomato) トマト
ponte *m.* /ポンテ/(英 bridge) 橋；甲板
porcellana *f.* /ポルチェッラーナ/(英 china) 磁器
porta *f.* /ポルタ/(英 door) ドア；門
portafoglio *m.* /ポルタフォッリョ/(英 wallet, briefcase) 財布；書類かばん
portamonete *m.* /ポルタモネーテ/(英 purse) 小銭入れ
port*iere*(*-a*) *m.*(*f.*) /ポルティエーレ(ラ)/(英 doorkeeper) 門衛；ゴールキーパー
porto *m.* /ポルト/(英 port) 港
porzione *f.* /ポルツィオーネ/(英 portion) 〔料理の〕1人前
posate *f.pl.* /ポザーテ/(英 knife, fork, spoon) 食器〔ナイフ，フォーク，スプーン〕
posta *f.* /ポスタ/(英 post office) 郵便局；郵便物
pranzo *m.* /プランゾ/(英 lunch) 昼食
prezzo *m.* /プレッツォ/(英 price) 値段，価格
primavera *f.* /プリマヴェーラ/(英 spring) 春
primo /プリーモ/(英 first) 一番目の，最初の
problema *m.* /プロブレーマ/(英 problem) 問題
professione *f.* /プロフェッスィオーネ/(英 profession) 職業
profondo /プロフォンド/(英 profound) 深い
profumo *m.* /プロフーモ/(英 perfume) 香り；香水
programma *m.* /プログランマ/(英 program) 予定，プログラム
proibito /プロイビート/(英 forbidden) 禁止された
pronto /プロント/(英 ready; hallo) 準備［用意］ができた；〔電

話の〕もしもし
prosciutto *m.* /プロシュット/(英 ham) ハム
prugna *f.* /プルーニャ/(英 plum) プラム；プルーン
pullman *m.* /プルマン/(英 coach, tour bus) 観光バス
punto *m.* /プント/(英 point) 点
puntuale /プントゥワーレ/(英 punctual) 時間厳守の

Q

qua /クワ/(英 here) ここ，こちら
quadro *m.* /クワードロ/(英 picture) 絵
quasi /クワーズィ/(英 almost) ほぼ，約
questura *f.* /クェストゥーラ/(英 police headquarters) 警察署，本署
qui /クィ/(英 here) ここ，こちら

R

raccomandata *f.* /ラッコマンダータ/(英 registered mail) 書留
raffreddore *m.* /ラッフレッドーレ/(英 cold) 風邪
ragazza *f.* /ラガッツァ/(英 girl) 女の子；恋人
ragazzo *m.* /ラガッツォ/(英 boy) 男の子；恋人
ragione *f.* /ラジョーネ/(英 reason) 理由；正当性
rapido *m.* /ラーピド/(英 rapid) 特急（列車）
raso *m.* /ラーゾ/(英 satin) サテン，繻子（しゅす）
rasoio *m.* /ラゾイオ/(英 razor) カミソリ
reclamo *m.* /レクラーモ/(英 complaint) 苦情，クレーム
regalo *m.* /レガーロ/(英 gift) プレゼント
reggipetto *m.* /レッジペット/(英 brassiere) ブラジャー
reggiseno *m.* /レッジセーノ/(英 brassiere) ブラジャー
registratore *m.* /レジストラトーレ/(英 recorder) 録音機
rene *m.* /レーネ/(英 kidney) 腎臓（じんぞう）
rete *f.* /レーテ/(英 net) 網；ネット（ワーク）
ricambio *m.* /リカンビオ/(英 exchange) 交換；スペア
ricamo *m.* /リカーモ/(英 embroidery) 刺繍
ricetta *f.* /リチェッタ/(英 recipe) レシピ；処方箋
ricevuta *f.* /リチェヴータ/(英 receipt) 領収書，レシート

伊日単語帳

ridotto /リドット/(英 reduced) 割引の
Rinascimento *m.* /リナッシメント/(英 Renaissance) ルネサンス〔14〜16世紀の文芸復興期〕
riscaldamento *m.* /リスカルダメント/(英 heating) 暖房(装置)
riso *m.* /リーゾ/(英 rice) 米
Risorgimento *m.* /リソルジメント/ 国家統一運動〔19世紀〕
ristorante *m.* /リストランテ/(英 restaurant) レストラン
ritardo *m.* /リタルド/(英 delay) 遅れ;遅刻
rosa /ローザ/(英 pink) ピンクの
rossetto *m.* /ロッセット/(英 lipstick) 口紅
rosso /ロッソ/(英 red) 赤い
rotto /ロット/(英 broken) 壊れた, 割れた
rotondo /ロトンド/(英 round) 丸い, 円形の
rubinetto *m.* /ルビネット/(英 tap) 蛇口, コック
rucola *f.* /ルーコラ/(英 rocket) ルーコラ〔野菜〕
rullo *m.* /ルッロ/(英 roll) 〔フィルムの〕巻

S

sabato *m.* /サーバト/(英 Saturday) 土曜日
sabbia *f.* /サッビァ/(英 sand) 砂
sala *f.* /サーラ/(英 hall) 広間, ホール
salame *m.* /サラーメ/(英 salami) サラミ
salato /サラート/(英 salty) 塩辛い;(値段が)高い
saldi *m.pl.* /サルディ/(英 on sale) 安売り, セール
sale *m.* /サーレ/(英 salt) 塩
salita *f.* /サリータ/(英 ascent) 上り坂
salsa *f.* /サルサ/(英 sauce) ソース
salsiccia *f.* /サルスィッチャ/(英 sausage) ソーセージ
salvagente *m.* /サルヴァジェンテ/(英 life jacket) 救命具, 救命胴衣
sangue *m.* /サングェ/(英 blood) 血
sapone *m.* /サポーネ/(英 soap) 石鹸
sarto(-a) *m.*(*f.*) /サルト(タ)/(英 tailor) 洋服屋, テーラー
scadenza *f.* /スカデンツァ/(英 expiration) 有効期限, 支払期日
scala *f.* /スカーラ/(英 stair) 階段
scapolo *m.* /スカーポロ/(英 bachelor) 独身男性

scarpa *f.* /スカルパ/(英 shoe) 靴
scatola *f.* /スカートラ/(英 box) ケース；缶詰
schiena *f.* /スキエーナ/(英 back) 背，背中
sci *m.* /シー/(英 ski) スキー
sciarpa *f.* /シャルパ/(英 scarf) スカーフ
sciopero *m.* /ショーペロ/(英 strike) ストライキ
sconto *m.* /スコント/(英 discount) 値引き
scopa *f.* /スコーパ/(英 broom) 箒（ほうき）；〔トランプの〕ゲーム名
scrivania *f.* /スクリヴァニーア/(英 desk) 机
scultura *f.* /スクルトゥーラ/(英 sculpture) 彫刻
scuola *f.* /スクォーラ/(英 school) 学校
scuro /スクーロ/(英 dark) 暗い，暗色の
secco /セッコ/(英 dry) 乾燥した；〔酒が〕辛口の
secolo *m.* /セーコロ/(英 century) 世紀
secondo *m.* /セコンド/(英 second) 二番目；メインディッシュ
sedano *m.* /セーダノ/(英 celery) セロリ
sedia *f.* /セーディア/(英 chair) 椅子
selz *m.* /セルツ/(英 soda water) ソーダ水
semaforo *m.* /セマーフォロ/(英 traffic lights) 信号 (機)
senape *f.* /セーナペ/(英 mustard) 芥子（からし）
senza /センツァ/(英 without) 〜無し［抜き］で
sera *f.* /セーラ/(英 evening) 夕方，晩，夜
sereno /セレーノ/(英 clear) 晴天の
serie *f.* /セーリエ/(英 series) シリーズ；〔プロスポーツの〕リーグ
serratura *f.* /セッラトゥーラ/(英 lock) 錠前，ロック
sesso *m.* /セッソ/(英 sex) 性，性別
seta *f.* /セータ/(英 silk) シルク
sete *f.* /セーテ/(英 thirst) 〔喉の〕渇き
settembre *m.* /セッテンブレ/(英 September) 9月
settimana *f.* /セッティマーナ/(英 week) 週
signora *f.* /スィニョーラ/(英 lady; Mrs.) 〔大人の女性に〕奥さん；〜夫人
signore *m.* /スィニョーレ/(英 gentleman; Mr.) 〔大人の男性に〕ご主人；〜氏
signorina *f.* /スィニョリーナ/(英 young lady; Miss) 〔若い女性に〕

伊日単語帳

お嬢さん；〜嬢
simile /スィーミレ/(英 similar) 似た，同じような
sindaco *m.* /スィンダコ/(英 town mayor) 市［町・村］長
sinistra *f.* /スィニストラ/(英 the left) 左
siringa *f.* /スィリンガ/(英 syringe) 注射器
smalto *m.* /ズマルト/(英 enamel) エナメル；マニキュア
sogliola *f.* /ソッリオラ/(英 sole) 舌平目
sole *m.* /ソーレ/(英 sun) 太陽
sonno *m.* /ソンノ/(英 drowsiness) 眠気
sordo /ソルド/(英 deaf) 耳の不自由な
sosta *f.* /ソスタ/(英 stop) 停車；駐車
sottaceto *m.* /ソッタチェート/(英 pickles) ピクルス
sottile /ソッティーレ/(英 thin) 薄い，細い
sottopassaggio *m.* /ソットパッサッジョ/(英 underpass) 地下道
spazzola *f.* /スパッツォラ/(英 brush) ブラシ
specchio *m.* /スペッキオ/(英 mirror) 鏡
spesso /スペッソ/(英 often) よく，頻繁に；分厚い
spettacolo *m.* /スペッターコロ/(英 show) 〔観客の前で〕上演されるもの
spiaggia *f.* /スピアッジャ/(英 beach) 海岸，浜辺
spiccioli *m.pl.* /スピッチョリ/(英 coins) 小銭
spilla *f.* /スピッラ/(英 brooch) 〔アクセサリーの〕ピン，ブローチ
spinaci *m.pl.* /スピナーチ/(英 spinach) ホウレン草
spingere /スピンジェレ/(英 push) 〔ドアの標示〕押す
sporco /スポルコ/(英 dirty) 汚い，よごれた
spugna *f.* /スプーニャ/(英 sponge) 海綿，スポンジ
stadio *m.* /スターディオ/(英 stadium) スタジアム
stagione *f.* /スタジョーネ/(英 season) 季節
stanco /スタンコ/(英 tired) 疲れた
stanza *f.* /スタンツァ/(英 room) 部屋
statua *f.* /スタートゥア/(英 statue) 彫像
stazione *f.* /スタツィオーネ/(英 station) 駅；保養地
stella *f.* /ステッラ/(英 star) 星；星印
stesso /ステッソ/(英 same) 同じ
stomaco *m.* /ストーマコ/(英 stomach) 胃
strada *f.* /ストラーダ/(英 street) 道，道路

studente(-essa) *m.(f.)* /ストゥデンテ(テッサ)/(英 student) 学生
subito /スービト/(英 immediately) すぐに
succo *m.* /スッコ/(英 juice) ジュース
sud *m.* /スッド/(英 south) 南
sughero *m.* /スーゲロ/(英 cork) コルク
sugo *m.* /スーゴ/(英 juice; sauce) 果汁 ; 〔パスタ用の〕ソース
suono *m.* /スオーノ/(英 sound) 音 ; サウンド
suora *f.* /スオーラ/(英 sister) 尼僧, 修道女
supplemento *m.* /スップレメント/(英 supplement) 追加[割増]料金
supposta *f.* /スッポスタ/(英 suppository) 座薬
surgelato *m.* /スルジェラート/(英 frozen food) 冷凍食品
sveglia *f.* /ズヴェリア/(英 alarm) 目覚まし(時計)
svendita *f.* /ズヴェンディタ/(英 sale) バーゲンセール

T

tabellone *m.* /タベッローネ/(英 timetable board) 〔発着時刻の〕掲示板
tacchino *m.* /タッキーノ/(英 turkey) 七面鳥
tacco *m.* /タッコ/(英 heel) 〔靴の〕かかと
taglia *f.* /タッリア/(英 size) 〔衣類の〕サイズ
tagliando *m.* /タッリアンド/(英 coupon) クーポン ; 半券
talco *m.* /タルコ/(英 talcum powder) 〔汗止めの〕パウダー
tappo *m.* /タッポ/(英 bung) 栓
targa *f.* /タルガ/(英 number plate) 〔車の〕プレート
tariffa *f.* /タリッファ/(英 tariff) 料金(表), 運賃(表)
tasca *f.* /タスカ/(英 pocket) ポケット
tassa *f.* /タッサ/(英 tax) 税金
tavola *f.* /ターヴォラ/(英 table) 食卓
tazza *f.* /タッツァ/(英 cup) カップ, 茶碗
tè *m.* /テ/(英 tea) 紅茶
teatro *m.* /テアートロ/(英 theater) 劇場 ; 演劇
tela *f.* /テーラ/(英 cloth) 布 ; 画布
telecomando *m.* /テレコマンド/(英 remote control) リモコン
telefonino *m.* /テレフォニーノ/(英 cellular phone) 携帯電話
telefono *m.* /テレーフォノ/(英 telephone) 電話(機)

televisore *m.* /テレヴィゾーレ/(英 television set) テレビ(受像機)
tempio *m.* (*pl. templi*) /テンピオ(テンプリ)/(英 temple) 神殿;寺院
tenda *f.* /テンダ/(英 curtain) カーテン;テント
terrazza *f.* /テッラッツァ/(英 terrace) テラス
tesoro *m.* /テゾーロ/(英 treasure) 宝物;最愛の人
tessuto *m.* /テッスート/(英 cloth) 生地
testa *f.* /テスタ/(英 head) 頭;先端
tiepido /ティエービド/(英 tepid) ぬるい,生暖かい
timbro *m.* /ティンブロ/(英 stamp) 消印,スタンプ
tinto /ティント/(英 dyed) 染めた
tintoria *f.* /ティントリーア/(英 laundry) 洗濯屋
tirare /ティラーレ/(英 pull) 〔ドアの標示〕引く
tomba *f.* /トンバ/(英 tomb) 墓,墓地
tonno *m.* /トンノ/(英 tuna) マグロ
tonsilla *f.* /トンスィッラ/(英 tonsil) 扁桃腺
Topolino *m.* /トポリーノ/(英 Mickey Mouse) ミッキーマウス
torre *f.* /トッレ/(英 tower) 塔
torta *f.* /トルタ/(英 cake) ケーキ
tosse *f.* /トッセ/(英 cough) 咳(せき)
tovaglia *f.* /トヴァリア/(英 table cloth) テーブルクロス
tovagliolo *m.* /トヴァッリオーロ/(英 napkin) ナプキン
traghetto *m.* /トラゲット/(英 ferry-boat) フェリー
tram *m.* /トラム/(英 tram) 路面電車,市電
treno *m.* /トレーノ/(英 train) 列車,電車
trota *f.* /トローフ/(英 trout) 鱒(マス)
trucco *m.* /トゥルッコ/(英 trick) トリック;化粧
turistico /トゥーリスティコ/(英 tourist) 観光(客)の
turno *m.* /トゥルノ/(英 turn) 番,順番

U

uccello *m.* /ウッチェッロ/(英 bird) 鳥
uguale /ウグワーレ/(英 equal) 同じ
ultimo /ウルティモ/(英 last) 最後の;最新の
umido (*m.*) /ウーミド/(英 damp) 湿った;シチュー料理
uomo *m.* (*pl. uomini*) /ウオーモ(ウオーミニ)/(英 human) 人間;男

伊日単語帳

性
uovo *m.* (*f.pl.* **le uova**) /ウオーヴォ(レ ウオーヴァ)/(英 egg) 卵
urgente /ウルジェンテ/(英 urgent) 緊急の
urina *f.* /ウリーナ/(英 urine) 尿
usato /ウザート/(英 used) 中古の
uscita *f.* /ウッシータ/(英 exit) 出口
uso *m.* /ウーゾ/(英 use) 使用, 利用
utile /ウーティレ/(英 useful) 役に立つ
uva *f.* /ウーヴァ/(英 grape) ブドウ

V

vaglia *m.* /ヴァッリァ/(英 money-order) 為替
vagone *m.* /ヴァゴーネ/(英 van) 車両
valido /ヴァーリド/(英 valid) 有効な
valigia *f.* /ヴァリージャ/(英 suitcase) スーツケース
valore *m.* /ヴァローレ/(英 value) 価値
valuta *f.* /ヴァルータ/(英 currency) 貨幣
vaporetto *m.* /ヴァポレット/(英 water-bus) 水上バス
vecchio /ヴェッキオ/(英 old) 年取った; 古い, 昔の
vela *f.* /ヴェーラ/(英 sail) 帆
veleno *m.* /ヴェレーノ/(英 poison) 毒
veloce /ヴェローチェ/(英 fast) 速い
venerdì *m.* /ヴェネルディ/(英 Friday) 金曜日
vento *m.* /ヴェント/(英 wind) 風
verde /ヴェルデ/(英 green) 緑の
verdura *f.* /ヴェルドゥーラ/(英 vegetables) 野菜
vestito *m.* /ヴェスティート/(英 dress, suit) 服, 服装
vetrina *f.* /ヴェトリーナ/(英 shop window) ショーウィンドー
vetro *m.* /ヴェートロ/(英 glass) ガラス
vicino /ヴィチーノ/(英 near) 近い
vigile *m.f.* /ヴィージレ/(英 policeman) 〔市内巡回の〕警官
villaggio *m.* /ヴィッラッジョ/(英 village) 村
vino *m.* /ヴィーノ/(英 wine) ワイン
vitello *m.* /ヴィテッロ/(英 calf) 子牛; 子牛の肉
vitto *m.* /ヴィット/(英 meal) 食事
vulcano *m.* /ヴルカーノ/(英 volcano) 火山

伊日単語帳

Z

zaino *m.* /ザイノ/(英 rucksack) リュックサック；ランドセル
zanzara *f.* /ザンザーラ/(英 mosquito) 蚊
zia *f.* /ズィーア/(英 aunt) おば〔伯母，叔母〕
zio *m.* /ズィーオ/(英 uncle) おじ〔伯父，叔父〕
zona *f.* /ゾーナ/(英 zone) 地域，地帯；ゾーン
zoo *m.* /ゾー/(英 zoo) 動物園
zucca *f.* /ズッカ/(英 pumpkin) カボチャ
zucchero *m.* /ズッケロ/(英 sugar) 砂糖
zuppa *f.* /ズッパ/(英 soup) スープ

2007年1月10日　　初版発行
2016年8月1日　　カジュアル版 初版発行

デイリー日伊英3か国語会話辞典
カジュアル版

2016年8月1日　　第1刷発行

監　修　藤村昌昭（ふじむら・まさあき）

編　者　三省堂編修所

発行者　株式会社 三省堂　代表者 北口克彦

印刷者　三省堂印刷株式会社

発行所　株式会社 三省堂
　　　　〒101-8371
　　　　東京都千代田区三崎町二丁目22番14号
　　　　　電話 編集　（03）3230-9411
　　　　　　　営業　（03）3230-9412
　　　　http://www.sanseido.co.jp/
　　　　振替口座　00160-5-54300

〈カジュアル日伊英会話・384pp.〉

落丁本・乱丁本はお取替えいたします

ISBN978-4-385-12261-8

Ⓡ 本書を無断で複写複製することは、著作権法上の例外を除き、禁じられています。本書をコピーされる場合は、事前に日本複製権センター（03-3401-2382）の許諾を受けてください。また、本書を請負業者等の第三者に依頼してスキャン等によってデジタル化することは、たとえ個人や家庭内での利用であっても一切認められておりません。

シンプルな3か国語辞典

デイリー日仏英・仏日英辞典
村松定史[監修]日仏英は1万3千項目、仏日英は5千項目。カナ発音付き。2色刷。

デイリー日独英・独日英辞典
渡辺 学[監修]日独英は1万4千項目、独日英は6千項目。カナ発音付き。2色刷。

デイリー日伊英・伊日英辞典
藤村昌昭[監修]日伊英は1万5千項目、伊日英は9千項目。カナ発音付き。2色刷。

デイリー日西英・西日英辞典
上田博人・アントニオ=ルイズ=ティノコ[監修]日西英は1万5千、西日英は6千。カナ発音付き。2色刷。

デイリー日葡英・葡日英辞典
黒沢直俊・ホナウヂ=ポリート・武田千香[監修]日葡英は1万5千、葡日英は7千。カナ発音付き。2色刷。

デイリー日露英・露日英辞典
井桁貞義[監修]日露英は1万4千項目、露日英は9千項目。カナ発音付き。2色刷。

デイリー日韓英・韓日英辞典
福井 玲・尹 亭仁[監修]日韓英は1万4千項目、韓日英は6千項目。カナ発音付き。2色刷。

デイリー日中英・中日英辞典
池田 巧[監修]日中英は1万3千項目、中日英は5千項目。カナ発音付き。2色刷。

デイリー日タイ英・タイ日英辞典
宇戸清治[監修]日タイ英は1万2千項目、タイ日英は9千項目。カナ発音付き。2色刷。